경암집
鏡巖集

| 동국대학교 불교기록문화유산아카이브사업단(ABC)
본서는 문화체육관광부 지원으로 동국대학교 불교학술원에서 간행하였습니다.

한글본 한국불교전서 조선 47
경암집

2019년 1월 15일 초판 1쇄 인쇄
2019년 1월 25일 초판 1쇄 발행

지은이 경암 응윤
옮긴이 김재희
펴낸이 한태식
펴낸곳 동국대학교출판부

주소 04620 서울시 중구 필동로 1길 30
전화 02-2260-3483~4
팩스 02-2268-7851
Homepage http://dgpress.dongguk.edu
E-mail book@dongguk.edu
출판등록 제2-163(1973. 6. 28)
편집디자인 나라연
인쇄처 (주)네오프린텍

© 2019, 동국대학교(불교학술원)

ISBN 978-89-7801-942-2 93220

값 18,000원

이 책의 무단 전재나 복제 행위는 저작권법 제98조에 따라 처벌받게 됩니다.

한글본 한국불교전서 조선 47

경암집
鏡巖集

경암 응윤 鏡巖應允
김재희 옮김

동국대학교출판부

경암집鏡巖集 해제

이 대 형
동국대학교 불교학술원 교수

1. 개요

『경암집鏡巖集』은 조선 후기 18세기에 지리산 등지에서 활약한 경암 응윤鏡巖應允의 시문집이다. 경암이 오래 주석했던 함양의 벽송사碧松寺에 문집의 책판冊版이 남아 있다.

2. 저자

경암 응윤은 1743년(영조 19)에 태어나 1804년(순조 4) 1월 13일에 입적하였다. 속성은 여흥驪興 민씨閔氏로서 영남의 거족 출신이다. 처음 법명은 관식慣拭인데 뒤에 응윤應允으로 고쳤다. 집이 경호鏡湖에 있었기 때문에 사람들이 호를 '경암'이라고 하였다.

어려서 부모를 여의고 15세에 입산하여 진희震熙 장로를 만나 삭발하고, 한암寒巖 화상에게 구족계를 받았다. 여러 산문의 스님들을 두루 참배하고 추파 홍유秋波泓宥(1718~1774)의 문하로 들어갔다. 28세에 개당開堂하여 20여 년 대중을 교화한 후, 환암喚庵 화상을 좇아 선지禪旨를 받았다. 이에 사방의 학자가 양종兩宗의 대종사大宗師로 칭송하였다. 말년에는 여러 번 포살범망회布薩梵網會를 개설하여 사부대중이 운집하니, 모두들 당대 총림의 최고 설법으로 여겼다.

3. 서지 사항

『경암집』은 1804년(순조 4)에 경암의 제자 팔관八關이 경상남도 함양군 함양읍 추성리에 있는 벽송사에서 목판본으로 간행하였다. 책판이 현재 벽송사에 남아 있고, 간행본이 동국대학교 도서관과 규장각에 전한다. 규격은 10행 21자로, 반곽半郭의 크기는 20.3×14.7cm이다. 『한국불교전서』 10권에 활자화되어 실려 있다.

4. 내용과 성격

문집 처음에 목만중睦萬中(1727~1810)과 유숙지柳肅之의 서序가 있고, 끝에 팔관이 쓴 대사의 행장과 목만중의 영찬影贊, 이재기李在璣의 발跋이 있다. 권상에는 오언절구 19편, 오언사운五言四韻 11편, 칠언절구 29편, 칠언사운 15편, 고시 4편이 수록되어 있다. 권중에는 서書 23편이 수록되어 있다. 권하에는 서序 4편, 기記 25편, 잡저雜著 9편, 소疏 5편, 한화록문답閑話錄問答 4편이 수록되어 있다.

1) 서발 : 유자儒者들과 교류

목만중의 서에서는, 경암이 불경을 궁구하고 선교禪敎에 아울러 능통하여 양종의 대종사가 되었는데 여전히 스승을 잘 받들어서, 유자들 간에 사라진 사제 간의 도의를 잘 실천했다고 칭송하였다. 이재기의 발문도 이러한 점을 지적하였다. 김포군수를 지낸 유숙지는 경암과 10여 년 교류하였는데, 경암에 대해 '뛰어난 선비로 불문에 은둔한 자'라고 평하였다.

목만중은 정조 때 문과중시에 장원을 하고 대사간에 오른 인물이다. 경암과 편지를 주고받을 때는 참판 직에 있었다. 목만중과 함께 거론할 만한 인물은 편지 수신인 가운데 첫 번째로 기록된 채제공蔡濟恭(1720~1799)이다. 채제공은 목만중과 수창酬唱한 것이 여러 편 남아 있을 정도로 친분이 있었던 인물인데, 영조 때부터 중앙의 관직을 두루 역임하고 정조 때 영의정까지 올랐으며 문장도 뛰어나 많은 글을 남겼다. 경암의 스승 추파선사가 어릴 적에 채팽윤蔡彭胤에게 수학하였는데, 채팽윤은 채제공의 종조부가 된다. 그 인연으로 채제공의 부친 채응일蔡膺一이 충북 단양에서 수령을 할 때 경암이 채제공을 만날 수 있었다. 채제공은 「해월대사부도비명海月大師浮屠碑銘」을 비롯하여 승려들의 비명 6편을 남길 정도로 승려들과 교분을 맺었던 인물이다. 목만중과 관련된 글은 몇 편 되는데, 채제공과 관련된 글은 한 편뿐이어서 경암과 채제공의 교류가 활발하지는 않았던 듯하다.

2) 시 : 정情과 일상의 시화詩化

권상에 실린 시들은 형식별로 편집되어 있다. 내용을 보면 선미禪味를 담은 것보다는 정情을 읊거나 일상을 시화한 것들이 눈에 띈다. 맨 처음에 실린 〈차운하여 고향 사람에게 답하다(次答鄕人)〉를 보면, "집안이 쓰러진 뒤 출가하여, 선조를 거듭 욕되게 했네."라고 자평하고 있다. '거듭'이라는 것은 쓰러진 집안을 일으켜 세우지 못했다는 것과 출가하였다는 점 두 가지를 가리킨다. 이는 경암의 유교적 사유를 보여 주는 대목인데, 이러한 유교적 사유가 『경암집』 곳곳에서 노출된다. 〈계연 스님을 보내며(送戒淵師)〉에서는 활달한 표현과 장쾌한 스케일로 석별의 정을 표현하였다. 이렇게 승려지만 정을 숨기지 않고 드러낸 시들이 몇 편 있다. 〈산중에 홀로 돌아가다, 죽은 어린 제자를 생각하며(山中獨歸憶亡少神足)〉에서는 봄이 와서 만물이 돌아오는데 너는 어이하여 돌아오지 않느냐고, 어린 나이에 죽은 행자에 대한 그리움을 토로하였고, 〈죽은 친구의 영가를 마주하여(亡友對靈)〉에서는 서풍이 사람을 슬프게 한다며 친구 잃은 슬픔을 쏟아 냈다.

　시에서 보이는 또 다른 특징은 승려 사회의 일상적 모습을 시로 표현하고 있다는 점이다. 〈두 절의 스님이 소송을 화해한 것을 축하하며 앞 운을 써서(奉賀兩寺僧和訟押前韵)〉에서는 무슨 사건인지는 알 수 없으나 사찰 간에 분쟁이 일어났음을 알려 주는데, 〈북쪽 손님이 몽허 스님의 제사답 소송을 파함을 듣고 부쳐 주다(聞北客罷夢虛祀畓訟寄贈)〉를 보면 토지 문제로 소송이 일어나곤 하였음을 알 수 있다. 이 당시 승려들 사이에 토지 문제가 빈번했음은 편지에서도 보인다. 화림花林 장실에게 보낸 편지에서 "듣자니, 전지田地를 잃어 근심하고 분하게 여긴다고 하시니 위로드립니다."라고 하였다. 제사 지내기 위해 수전水田을 마련한 일과 관련한 기록인 「화봉 화상 위답록 후華峯和尙位畓錄后」도 토지 문제가 승려들에게도 중요한 사안임을 알게 한다.

　토지 문제와 아울러 승려들의 일탈을 시화한 경우도 있다. 대표적인 작품이 〈선거에서 탄식함(禪居嘆)〉이다. 총림의 말을 들어 보니 황당하여 참으로 탄식한다며 그 말을 소개하는데, "악한 것은 진제와 같다 하고, 도둑질 살생을 꺼리지 말라 하네. 기생집이나 술가게든지 간에, 어디든 편안히 거처하며, 부처를 사모하되 부처에 매이면, 도를 배운 것 모두 헛되도다. 우바리는 작은 계율에 구속되어, 무여열반에 들지 못한다."라는 것이다. 망상妄想과 습기習氣를 버리기 위해 수행하는 과정에서, 마군이 오면 마군을 베고 부처가 오면 부처를 베라는 말이 있는 것처럼 분별하는 마음에 매이지 말라고 하는데, 이것이 잘못 이해되어 계율을 무시하고 배움을 무시하는 태도로 변질된 행태들이 보였던 것이다. 「거듭 기록하는 쌍계사 사적기(重錄雙溪寺寺蹟記)」에서 "승려 모습에 이리의 마음으로 스스로 그 도를 멸하는 자는 나도 어찌할 수가 없다."라고 탄식한 게 이러한 행태였을 것으로 보인다.

〈취한 스님(醉僧)〉의 경우에는 안면이 없는 스님이 술에 취해서 아는 척 하다가 멍하니 있는 경암에게 "고승이 왜 산에서 나왔냐."고 하며 등을 돌리고 가 버렸다고 하였다. 이 작품에서는 승려의 일탈을 재미있게 시로 표현하였는데, 일탈에 대한 지적은 문집 여러 곳에서 보인다. 일례를 들면, 화림 장실에게 보낸 편지에서 "사찰 승려들의 무례함은 불법佛法의 시운이 그러하니 어찌 개의할 것이 있겠습니까? 오늘날 우리들은 둥지가 불탄 새와 같습니다."라고 한탄하였다.

3) 산문 : 유교적 경향과 불교 변론

권중에 실린 편지들에서는 스승인 추파와 관련된 사연들이 많다. 추파와 교류한 유자들에게 편지를 보내 스승의 장례나 문집에 필요한 글을 청하는 편지들이다. 예를 들면, 스승의 상례喪禮에 사용할 찬문贊文을 구하기 위해 번암 채제공에게 쓴 편지, 스승의 시문이 있으면 베껴서 보내 달라고 진주의 수령 정홍순鄭弘淳에게 쓴 편지 등이 그렇다.

한편 함양 수령의 자제에게 보내는 답장에서는 "밝은 세상에 재주 있는 선비가 숨어 지내서는 안 되는 것입니다."라고 하였는데, 이것은 추파

선사가 김 동자金童子를 권한 뜻과 같다고 발문을 쓴 이재기가 평하였다. 추파가 김 동자 형제에게 보낸 편지『추파집秋波集』 권2의 「김수팽·김수대 두 사촌 아우에게 주는 편지(與金壽彭壽大兩從弟書)」를 보면, "남자의 사업은 부모를 섬기고 인군을 섬기며 부지런히 공부하여 이름을 내는 데에 있다. 부모의 마음을 저버리지 말라."라고 하였다. 이 편지에 대해『추파집』서문에서 목만중은 "대사는 자신이 그 나이 10세 때 수백 권의 글을 읽었음에도 늙어서 중노릇을 면하지 못하는 것을 슬퍼하여, 그 자신이 얻지 못한 것을 다른 사람에게서 바란 것이리라."라고 하였다. 스승인 추파와 마찬가지로 경암도 어려서 유학 공부를 하다가 불문에 귀의하였는데 이후의 성향도 비슷하다 할 것이다.

권하에는 여러 산문이 실려 있다. 여기서 우선 주목되는 것은, 발문에서 이재기가 지적한 것처럼 유가의 문장과 매우 흡사한 「오효자전吳孝子傳」과 「박열부전朴烈婦傳」이다. 두 글에는 불교적 요소가 삽화 형태로 들어가 있을 뿐, 글 전체의 의미는 효와 열의 찬양이라는 유가적 윤리관을 표방하고 있다. 「박열부전」은 국문학계에서 주요하게 언급되는 박지원朴趾源의 「열녀함양박씨전烈女咸陽朴氏傳」과 동일한 인물에 대한 글이므로 비교 연구할 만하다.

기문記文이 여러 편인데, 역사와 경치에 대한 서술이 꼭 들어간다는 점이 특징이다. 역사에 대한 관심은 기문에 이전 기록을 다수 인용한다는 점이나, 스승을 기리는 정신과 상통하는 것으로 보인다. 옛 기록에 대한 인용은 「조계산 송광사기曹溪山松廣寺記」에서 사적비를 읽었다는 것에서 보이고, 「영원암 설회 사적기靈源庵設會事蹟記」에서는 '암자가 불에 타서 사적을 고찰할 수가 없다'고 아쉬워하는 대목에서 사적에 대한 관심을 읽을 수 있다. 「거듭 기록하는 쌍계사 사적기」에서는 석도잠釋道岑의 기문과 두 무명씨의 것을 비교하면서 정확성을 기하려 하였다. 이전 기록에 대한 관심은 유자들의 기문도 수용하는 것으로 확장된다. 「불일암기佛日庵記」에 조식曺植(1501~1572)의 「지리산기智異山記」를 언급하였고, 「두류산 회화기 頭流山會話記」에서는 김종직金宗直(1431~1492)의 「유두류록遊頭流錄」 내용과 현재의 상황을 비교하였다. 유가의 기본 서적이나 한서漢書 등을 활용하는 것은 이전 승려들에게서도 보이지만 이렇게 유자의 기문까지 활용하는 것은 이전 시대에 보이지 않던 현상으로서, 그만큼 독서의 폭이 확대된 것이고 유자들과의 교류가 이전보다 더욱 활발해진 까닭에 발생한 현상이라 하겠다.

「두류산 회화기」에는 지리산을 유람하는 수령들을 배행한 경암에 대해 비판했던 목소리를 기록하고 있어 흥미롭다.(이 부분만 단행본으로 전하는 것이 한국국학진흥원에 소장되어 있다.) "무례한 부도암의 광승狂僧이 돌을 들어 우리를 향해 치면서 말하기를, 선교禪敎의 도총섭이 본분의 계율은 지키지 않고 관가의 수령만을 따라다니니 어찌 공양받을 수 있으랴."라고 했다는 것이다. '광승狂僧'에 대한 정보는 더 찾아보기 어렵지만, 유불 간의 대화를 추구한 흐름에 반대하는 승려도 있었는데, 경암은 이들과 대화하려 하지 않고 피하는 방향을 택한다. 유불 간의 대화만큼이나 불교 내부에서의 대화도 중요할 터인데 그러한 점은 발견되지 않는 것이다.

유불선을 회통하는 논리는 조선 시대 승려들의 대체적인 경향인데, 경암도 「삼교의 동이를 논하다(論三敎同異)」에서 유불선 삼교가 같다고 주장하였다. "불교 가운데 인승人乘과 천승天乘이 있는데, 인승은 유교와 같고 천승은 도교와 같으니 회삼귀일會三歸一의 요체에 이르지 못한다면 모순되어 서로 부딪힘을 면치 못할 것이다."라 하였고, 삼교의 대지大旨에 대해 "불도는 마음을 밝히고 노자의 도는 기를 전일하게 하고, 유가의 도는 마음과 기 두 가지를 이해하고 소식消息하는 것이다."라고 하였다. 이러한 주장에 대한 반론으로, 선유先儒가 노불老佛에 대해 비판했다고 말하자, 경암은 노불을 인정한 공자의 말을 인용하여 이를 타파한다. 공자가 "서방에 성인이 있는데 그 이름이 부처이다. 노하지 않아도 위엄이 있으며 명령하지 않아도 백성들이 따르니, 말로 표현할 수가 없다."라고 하였다는 것이다. 이 말은 『열자列子』 제4 「중니仲尼」에 나오는데, 다만 '그 이름이 부처이다.'라는 표현은 없다. 이 글귀는 『동문선東文選』에 실린 「나옹 화상 어록 발懶翁和尙語錄跋」에도 보인다. 이 글은 이달충李達衷(?~1385)이 지은 것인데, 이달충은 서방 대성인을 석가모니를 가리킨 것으로 여긴다. 이러한 인식은 일반적이었던 것으로 보인다. 서거정徐居正(1420~1488)의 『필원잡기筆苑雜記』 권2에 실린 불화佛畫 관련 기록에도 이 문구가 등장하는데 여기에는 '그 이름이 부처이다.'라는 표현도 있다. 서거정은 『열자』의 기록을 소식蘇軾이 취해서 쓴 것이라고 하면서 이 문구에 대해 그다지 신뢰하지 않는 태도를 보인다. 불화에 쓰인 "공자가 찬하고, 오도자가 그리고, 소식이 썼다.(孔子贊。吳道子畫。蘇軾書)"라는 문구의 진위를 문제 삼은 것인데, 공자가 말했다는 구절에 대한 진위 여부도 포함된 것으로 보인다. 열자는 중국 전국시대 도교 사상가로 알려졌을 뿐 생애에 대해서는 자세히 알려져 있지 않다. 어쨌거나 도교 입장의 문헌이므로 유가 입장에서 준거로 삼을 만한 책은 아니어서 반론의 근거로 삼기에는 부족해 보인다.

삼교가 같다는 입장에서 불교에 대한 비판을 변론하는 글이 「논한자설論韓子說」이다. 당나라 한유韓愈의 「원도原道」를 읽고 혹자가 불교를 비판하는 발언을 하는 설정을 하고, 이에 대해 반박하는 것으로 글이 시작된다. 여기서는 한유만이 아니라 한유가 스스로 계승했다고 한 맹자孟子까지도 비판의 대상이 된다. "맹자는 성인의 호연지기는 얻었으나 전체를 갖추는 데에 이르지 못했기 때문에 혹 변론을 좋아하고 매이지 않는 기풍으로 흘렀고, 한문공은 다만 문장의 찌꺼기로 비슷하게 도를 말하였을 뿐이니 그 발언이 많은 흠을 면하지 못한다."라고 하였다. 그래서 결론에서는 "당나라 성리性理의 학문이 도와 유사한 한문공의 문장으로 말미암아 정도正道로 돌아가지 못하였다."라고까지 평하였다.

한유는 당나라 때 고문古文을 확립한 인물이다. 한유의 도학道學이 문장만큼 성숙하지는 못하다는 평가를 받기 때문에 사상적인 면에서 한유에 대한 비판은 수용될 수 있다. 그러나 맹자의 경우는 사정이 다르다. 맹자 당시에 변론을 좋아한다는 비판이 있었다고 『맹자』 「등문공장구 하滕文公章句下」에 나오지만, 그것은 사설邪說을 막기 위해 부득이하게 그렇게 된 것이라는 게 일반적인 유자들의 견해이다. 일례로 조선 중기의 성리학자 기대승奇大升(1527~1572)은 「성인聖人의 도를 보려면 반드시 『맹자』부터 시작해야 한다는 데 대한 논(求觀聖人之道。必自孟子始論。)」(『고봉집高峯集』 권2)에서 '성인의 도를 보려면 반드시 『맹자』부터 시작해야 한다.'는 한유의 말이 기준이 된다고 하였다. 맹자는 유자들에게 아성亞聖으로 확고한 자리를 잡고 있다. 그러나 한유의 경우 맹자를 존숭하였지만 제대로 계승하지는 못하였다. 그래서 기대승은 한유의 말을 수정하여, "성인의 도를 보려고 하면 반드시 사서四書로부터 시작해야 하고, 사서의 책을 보려고 하는 자는 반드시 정주程朱로부터 시작해야 한다."라고 하였다. 도학적으로 부족한 점이 있으나 한유 또한 중요한 역할을 하였다고 평가하고 있는 것이다. 그런데 이러한 맹자와 한유에 대해 유자들과 교류가 많았던 승려가 비판하는 글을 썼다는 것은 이례적인 일이다. 그만큼 자신이 변론에 자신 있기 때문에 할 수 있는 발언이고, 문집의 서발문에 이에 대한 부정이 없는 것으로 보아 당시 유자들에게도 어느 정도 수용되었던 것으로 보인다.

5. 가치

『경암집』은 18세기 들어 유교적 성향이 더 짙어진 불교의 모습을 보여준다. 대표적인 것이 「오효자전」과 「박열부전」이다. 「박열부전」은 박지원의 「열녀함양박씨전」과 동일 인물을 다루고 있어 비교 연구될 만하다. 유교적 성향이 강화되면서 불교에 대한 변론도 강화되고 있는데 한유에 대한 비판을 담은 「논한자설」이 이에 해당한다. 유자들이 존중하는 인물인 한유를 비판하고 나아가 맹자까지 비판하는 이러한 글은 달리 찾아보기 어렵다. 유교 문헌을 두루 섭렵하고 아울러 유자들과 교류를 통해 형성된 자신감의 발로로 볼 수 있겠다.

6. 참고 자료

『맹자孟子』
『동문선東文選』
『필원잡기筆苑雜記』
『고봉집高峯集』
『추파집秋波集』
이종찬, 「경암의 시문」, 『한국불가 시문학사론』, 불광출판부, 1993.
이대형, 「鏡巖應允과 그의 傳 연구」, 『한국선학』 27, 한국선학회, 2010.

차례

경암집鏡巖集 해제 / 5
일러두기 / 22
경암집 서鏡巖集序 / 23
경암고 서鏡巖稿序 / 26

주 / 29

경암집 상권 鏡巖集 卷之上

오언절구五言絶句-19편

차운하여 고향 사람에게 답하다 次答鄕人 ……… 33
쌍계사 선실에서 雙溪室中 ……… 34
승안사를 회고하다 承安寺懷古 ……… 35
천왕봉에 쓰다 題天王峰 ……… 36
인 두타를 보내며 送印頭陀 ……… 37
어떤 선비가 나의 〈천왕봉〉 시를 읊고~ 有士人誦余天王峯詩來訪口次酬之 ……… 38
인 스님과 이별하며 贈別仁師 ……… 39
관찰사 김 공의 상산시를 삼가 차운하다 奉次巡相金公上山韵 ……… 40
선명 스님이 말을 구한 것에 대해 답하다 賽善明師求語 ……… 41
진허 스님에게 주다 贈振虛師 ……… 42
청려장을 관에 바치고 藜杖納官 ……… 43
근심과 즐거움으로, 단풍을 알리자는 시를 삼가~ 憂樂奉次丹楓報狀韵 ……… 44
환응 스님의 면례에 주다【팔괘체】 贈幻應緬禮【八卦體】 ……… 45
산에 올라 풍경을 보고 登山卽景 ……… 46
바위틈 나무로 만든 주장자 磊木柱杖 ……… 47
박 심은 밭 匏圃 ……… 48
기 스님을 이별하며 別玘師 ……… 49
서봉 제자를 송별하며 送瑞鳳弟子 ……… 50

진 스님을 이별하며 別珍師 ········ 51

오언 사운 五言四韻-11편
천광암에서 선비와 함께 운을 잡아 天光共儒士拈韻 ········ 52
박고촌 집에 묵다 宿朴孤村 ········ 53
병든 거처에 病居 ········ 54
음식을 보내 준 영산의 네 분 스님에게 보내다 送靈山四師送饋 ········ 55
은신암 그윽한 거처에서 隱身幽居 ········ 56
일 스님을 보내며 送馹師 ········ 57
급 스님과 이별하며 別及師 ········ 58
은신암에서 눈을 읊다 隱身庵咏雪 ········ 59
북해 형의 시를 차운하다 次北海兄 ········ 60
또 백련실을 차운하다 又次白蓮室 ········ 61
토굴 잡영 土堀雜咏 ········ 62

칠언절구 七言絶句-29편
은신암의 엽 스님을 이별하며 隱身庵留別曄師 ········ 63
계연 스님을 보내며 送戒淵師 ········ 64
강동으로 순 스님을 보내며 送淳師之江東 ········ 65
쾌민 스님의 시축에 차운하다 次快旻師軸中 ········ 66
은신암 방 안에서 隱身室中 ········ 67
화문석 花紋席 ········ 68
취한 스님 醉僧 ········ 69
늙은 선달에게 주다 贈老人先達 ········ 70
병중에 불러, 설악 장실의 내방에 사례하다 病呼謝雪岳丈室來訪 ········ 71
인 총섭스님에게 차운하여 부치다 次寄忍揔攝 ········ 72
퇴암 선백께 부치고 아울러 세 시자에게 보이다 寄退庵禪伯兼示三侍者 ········ 73
병든 뒤 저녁에 앉아 病後夜坐 ········ 74
산중에 홀로 돌아가다, 죽은 어린 제자를 생각하며 山中獨歸憶亡少神足 ········ 75
죽은 친구의 영가를 마주하여 亡友對靈 ········ 76
북해 형의 〈꽃밭 김매기〉 시를 차운하다 次北海兄鋤花 ········ 77

우연히 '마음 심心' 자를 읊다 偶吟心字 78
연월 선제가 북해 형을 잇기를 바라며 推淵月禪弟嗣北海兄 79
벗에게 음식을 보내며 送饋友人 80
낙서 화주승이 백련암 화엄회에서 와서~ 樂西化僧自白蓮華嚴會來戱贈 81
묵계에 쓰다 題默溪 82
본관에게 새해 인사하다 歲賀本官 83
법어를 구하는 징 스님에게 답하다 賽澄師求法語 84
경파의 수계 제자에게 주다 贈鏡波戒子 85
과거 보러 가는 선비를 보내며 送科士 86
용화가 병중에 보인 시를 차운하여 답하다 次答龍華病示 87
오 일사에게 주다 贈吳逸士 88
순천 관아 손님의 시를 차운하다 次順天衙客 89
서운 스님에게 부치다 寄瑞雲師 90
천축 순 상인의 시축에 차하다 次天竺淳上人軸中 91

칠언 사운 七言四韻-15편

입춘에 차운하여 최생에게 부치다 立春次寄崔生 92
운흥사 준 스님에게 부치다 寄雲興寺俊師 93
약명체로 써서 눈병을 앓는 급 스님에게 부치다 藥名體寄及師病眼 94
사면 후에 혜암 화상에게 부쳐 드림 赦后寄呈惠庵和尙 95
북쪽 손님이 몽허 스님의 제사답 소송을 파함을~ 聞北客罷夢虛祀畓訟寄贈 96
어제 채 상국 문집의 운에 공경히 차하다 伏次御製蔡相國文集韻 97
실덕서재에 쓰다 題實德書齋 98
하풍의 죽로관 시를 차운하다 奉次荷風竹露舘韵【二首】 99
두 절의 스님이 소송을 화해한 것을 축하하며~ 奉賀兩寺僧和訟押前韵 100
병중에 부르다 病呼 101
계정 스님에게 주다 贈戒定師 102
이생의 시를 차운하다 次李生 103
성흔 스님에게 주다 贈性欣師 104
차운하여 목서재에 답하다 次答木犀齋 105
서봉사로 행각 가는 사순 스님을 보내며 送司順師遊方之棲鳳 106

고시古詩-4편

선거에서 탄식함 禪居嘆 107
강사행講師行 109
차운하여 목서재에 답하다 次答木犀齋 110
임종게臨終偈 112

주 / 113

경암집 중권 鏡巖集 卷之中

서書-23편

채 상국 번암공께 올림 上蔡相國樊巖公 121
정 진주 표천께 올림 上鄭晋州瓢泉 123
신 승지 여암공께 올림 上申承旨旅庵公 125
유 익위 풍암공께 올림 上柳翊楓巖公 130
유백실께 올림 上柳白室 131
목 참판 여와공께 올림 上睦叅判餘窩公 132
산청군수 이후께 올림 上山淸官李侯 133
안의군수 한후께 올림 上安義官韓侯 134
함양 자사께 답하여 올림 答上咸陽子舍 135
김 천총 수대에게 주다 與金千摠【壽大】 136
역암 화상께 답장하여 올림 答上櫟庵和尙 138
화림 장실에게 주다 與花林室 140
금대 신실에게 보내는 답장 答金臺新室 141
도솔암 법형께 올려 새해를 축하하다 上兜率法兄歲賀 142
구연 형께 보내는 답장 答九淵兄 143
징월 장실에게 與澄月丈室 144
진 스님에게 與珍師 146
정 스님에게 與淨師 147
또 별지에 又別紙 148

친구 승통에게 與朋僧統 149
언 장실에게 與彦丈室 150
영파 법제에게 주다 與瑩波法弟 151
목 참판께 올림 上睦叅判 153

주 / 155

경암집 하권 鏡巖集 卷之下

서序-4편
법화암 비보 상주청 서 法華庵裨補常住廳序 161
계정 승려에게 준 서 贈定師序 163
사순 승려에게 준 서 贈順師序 164
금강산을 유람하고 온 급 승려와 문답하고 준 서 贈及師遊金剛問答序 165

기記-25편
해인사 백련암 중창기 海印寺白蓮庵重刱記 168
옥천사 탐진당 중수기 玉泉寺探眞堂重修記 170
대원암 번와 중수기 大源庵燔瓦重修記 172
옥천사 대법당·명부전 단청 중수~ 玉泉寺大法堂冥府殿重修丹艧及三尊像~ 174
대원암기 大源庵記 176
무주암기 無住庵記 178
금대암기 金臺庵記 180
벽송암기 碧松庵記 182
칠불암기 七佛庵記 184
불일암기 佛日庵記 187
화장암기 華藏庵記 188
화엄사기 華嚴寺記 189
오산기 鰲山記 190
조계산 송광사기 曹溪山松廣寺記 191

선암사기仙巖寺記 194
덕유산 심진동기德裕山尋眞洞記 195
오대산 서대 중건기五臺山西臺重建記 196
다솔사 팔상전 중건기多率寺八相殿重建記 197
소양자기搔癢子記 200
영원암 설회 사적기靈源庵設會事蹟記 201
꿈에 풍탁을 듣고 기록하다 夢聽風鐸記 204
목탁기木鐸記 205
지리산기智異山記 207
거듭 기록하는 쌍계사 사적기 重錄雙溪寺事蹟記 209
두류산 회화기頭流山會話記 212

잡저雜著-9편

논한자설論韓子說 225
여의 대사의 변괴설에 대하여 논함 論如意大師卞恠說 231
화복이 없다는 윤씨의 설에 대하여 논함 論尹氏無禍福說 234
무학 대사의 사적을 논한 설 論無學事蹟說 235
오효자전吳孝子傳 237
박열부전朴烈婦傳 242
연적전硯滴傳 245
조제축竈祭祝 247
화봉 화상 위답록 후華峰和尙位畓錄后 249

소疏-5편

정사년 6월 일 원자 탄일의 불공소 丁巳六月日元子誕日佛供疏【玉泉寺爲祝】 252
을미년 6월 불공소 乙未六月佛供疏 254
기미년 9월 대전 탄신일 불공소 己未九月大殿誕日佛供疏 256
경신년 2월 2일 책봉 때의 불공 경찬소 庚申二月初二日冊封佛供慶讚疏 258
관음 불공 축觀音佛供祝 260

한화록문답閑話錄問答 -4편
칠불암에서 상당하여 당승이 묵언하는 연유를~ 七佛上堂答唐僧嘿言來由 **262**
벽송사에서 정토에 답한 설 碧松社答淨土說 **264**
삼교의 동이를 논하다 論三敎同異 **271**
서운 장실이 법어를 구한 데 대하여 답하다 賽瑞雲丈室求語 **273**

행장行狀 / **275**
경암 대사 영찬鏡巖大師影贊 / **278**
경암집 발鏡巖集跋 / **279**

주 / **282**

찾아보기 / **293**

일러두기

1 '한글본 한국불교전서'는 문화체육관광부의 지원을 받아 동국대학교 불교학술원에서 수행하고 있는 '불교기록문화유산아카이브(ABC)사업'의 결과물을 출간한 것이다.
2 이 책은 『한국불교전서』(동국대학교출판부 간행) 제10책의 『경암집鏡巖集』을 저본으로 하여 번역하였다.
3 번역문에 이어 원문을 병기하였다. 원문은 『한국불교전서』를 저본으로 하였으며, 문文과 행장行狀의 원문에 간단한 표점 부호를 넣었다.
4 원문은 『한국불교전서』를 기본으로 하되 그 저본이 되는 목판본을 대교하여 제시하였다. 역자의 교감 내용에서 '저본'이라 함은 『한국불교전서』의 저본(목판본)을 말한다.
5 원문 교감 내용은 원문 아래에 표기하였다. ㉠은 『한국불교전서』의 교감 내용을, ㉡은 번역자의 교감 내용을 가리킨다.

경암집 서

 지난겨울 경암 응윤鏡巖應允 대사의 뛰어난 제자인 팔관 상인八關上人이 와서 스님의 편지를 전했는데, 편지에 이르기를 "저는 곧 죽을 것인데 문도들이 한두 가지 거친 시문을 모아서 추파秋波 선사의 유집에 붙이려고 합니다. 아마도 어느 날 죽게 되면 금지하지 못할 것 같으니, 바라건대 붓으로 한 구절 내려 주시어 분수에 넘치는 일을 끊어 주십시오."라고 하였다. 나는 한창 약초에 관심이 있어서 사양하고 우선 훗날을 기다리기로 했다.
 팔관 상인이 이제 또 와서 말하기를 "경암 스님이 정월 상순에 방장산方丈山[1] 벽송암碧松菴에서 시적示寂하시고 열반하여 떠나셨으니 탑을 세우기를 도모합니다."라고 하여, 서로 마주 보고 눈물을 흘렸다. 이윽고 또 영찬影贊과 문집의 서문을 간청하였다.
 나는 경암 스님과 문자로 방외의 교유를 의탁한 지 30년이 되었으니 어찌 노쇠하다고 하여 사양할 수 있겠는가? 그러나 나는 선문의 지결旨訣을 알지 못하니 스님의 조예는 내가 말할 수 있는 바가 아니다. 우리 유학의 실천하는 공부에 준해 보면 스님은 진실로 인륜에 독실한 분이다. 대저 사제는 군신·부자의 인륜에 끼지 않지만 생삼사일生三事一[2]의 의리는 옛 성현이 가르치고 행하던 바이니 도리어 그 높고 무거움이 어떠한가? 세상 사람이 이 도를 멸시하고 버린 지 오래다. 혹자는 말하기를 "경사의 구두만을 전습할 뿐이니 제자라 이를 수 있겠는가?"라고 하고, 혹자는 말하기를 "과거科擧의 문자만 가르칠 뿐이니 스승이라 이를 수 있겠는가?"라고 한다. 심지어는 등을 돌려 배척하고 무기를 잡아서 공격하여 초나라, 월나라보다 더 심한 지경에 이르니, 이는 다른 까닭이 없고 다만 이해를 따져 진퇴하는 데에 미혹되었을 뿐이다.

 경암 스님은 총명하고 바르고 자상한 자태로 일찍 추파 대사의 장실丈室에 들어가 일심으로 귀의하여 종신토록 섬기었다. 두루 내전內典을 궁구하고 선교禪敎에 아울러 능통하여 불자拂子를 세우고 법좌에 오르시면 대중이 운집하였다. 자신은 양종兩宗(선종·교종)의 대종사가 되었는데 잠시라도 스승의 은혜를 잊지 아니하시어 첫째도 우리 스승, 둘째도 우리 스승이라고 우러러, 진영을 그리고 탑을 세우며 풀을 뽑고 잡목을 태우는 데 이르기까지 그 정성을 다하지 아니함이 없어 그 힘이 닿는 데까지 극진히 하셨다. 오늘날 유자儒者의 의관을 입고 입으로 주공과 공자의 말을 읊는 자가 경암 스님의 풍모를 듣고 나면 어찌 부끄러움이 없겠는가? 진실로 그 스승을 사랑하면서 그 어버이를 사랑하지 아니하고, 그 어버이를 사랑하면서 그 군주를 사랑하지 않을 자가 있겠는가? 내가 이로써 경암 스님의 도가 충효에서 벗어나지 않았음을 알았노라. 경암 스님의 계행戒行과 문학은 진실로 훗날에 전해질 것임을 의심할 것이 없다. 팔관 등 여러 상인들이 슬퍼하며 분주히 다니면서 반드시 스님의 이름을 공문空門에 전해지게 하려는 것이 한결같이 경암 스님이 추파 대사에게 한 것과 같으니, 어찌 평소에 보고 느낀 것이 깊지 않았겠는가? 드디어 그 유집을 산정刪定하고 이와 같이 서술한다.

 나는 경암 스님과 함께 한 시대를 살아가면서 한 번도 만나지 못하였으나 한 편의 문자로서도 무한한 세월에 마음의 교분을 맺을 수 있으리라.

 갑자년 늦봄에 가선대부嘉善大夫 원임사간원原任司諫院 행대사간行大司諫 사수泗水 목만중睦萬中[3]이 쓰다.

鏡巖集序

前冬鏡巖允大師之高足八關上人。來致其師書。書曰。山人朝夕且死。門徒拾得一二䟽滓。欲附先師遺集。恐一朝唇合。禁之不得。乞以一筆句下。以絶濫分之事。余方關心藥裹謝。以姑竢他日。關上人今又來言。師已以正月上旬。示寂於方丈山之碧松菴。涅槃而行。謀竪塔矣。相對垂涕已。又拜請影贊及文集序。余與師託方外之交於文字之間。恰三十年矣。烏可以衰耄辭。然余不曉禪門旨訣。師之造詣。非余所能言。而準以吾儒踐履之工。師實篤於人倫者也。夫師弟子。不列於君臣父子之倫。而生三事一之義。古聖賢之所詔敎而服行也。顧其尊且重何如也。世人之蔑棄此道久矣。或者曰。經史口讀之傳習而已。弟子云乎哉。或者曰。科臼功令之敎授而已。師云乎哉。甚至背而斥之。操戈而攻楚越之不若也。此無他直眩於利害趨捨耳。師以聰明雅祥之姿。早入秋波之室。一心歸依。終身服事。徧究內典。兼通禪敎。竪拂升座。大衆雲集。身爲兩宗大宗師。而跬步之間。不忘師恩。一則曰吾師。二則曰吾師。以至摹眞竪塔。拾草灾木。無不竭其誠。而極其力之所到。今之儒冠儒衣。口誦周孔之言者。聞師之風。能無愧死人。固有愛其師而不愛其親。愛其親而不愛其君者乎。吾以是知師之道。不外於忠孝也。師之戒行文學。固足以傳後無疑。而八關諸上人之奔走悲泣。必使壽師名於空門。一如師之於秋波之爲。豈非觀感於平昔者深耶。遂爲刪定其遺集。而叙之如此余與師生。並一世不得一當。而一篇文字。亦足以託契於無量劫矣。

甲子暮春。嘉善大夫原任司諫院行大司諫。泗水睦萬中書。

경암고 서

　세상의 도리가 쇠퇴한 후로부터 기특하고 뛰어난 선비들이 평범한 사람들과 세속에서 함께 달리는 것을 부끄러워하여, 문득 불가에 귀의하여 자취와 이름을 감추고 사라져서 알려지지 않았다. 반드시 문단의 거장이 한두 마디의 말과 문자로써 그 연기緣起를 증명하고 그 문장을 드러내 준 연후에 도가 법계에 드러날 수 있고 이름이 후세에 전해지는 것이다. 예컨대 도연명陶淵明[4]과 혜원惠遠,[5] 두보杜甫[6]와 민공旻公,[7] 한유韓愈[8]와 태전太顚, 백거이白居易[9]와 여만如滿, 구양수歐陽脩[10]와 비연秘演, 소식蘇軾[11]과 혜근惠勤의 관계가 이러하다. 만일 당대에 자신을 알아주는 자가 추어올려 주지 않는다면 몸은 깊은 산의 식은 재가 될 것이요, 뼈는 외로운 탑의 차가운 구슬이 되어, 기이한 재주와 뛰어난 능력으로 조용하게 사라질 뿐인 고승들이 몇 분이나 되는 줄 알지 못하겠다.
　예전 기축년(1769)에 내가 남쪽으로 유람하다가 청암靑巖의 장실丈室에서 추파 대사를 만나 『수능엄경修楞嚴經』의 월광月光과 수관水觀의 설[12]을 논하였다. 다음 해 여름 다시 가야산으로 들어가 추파 대사의 뛰어난 제자 중 법호가 '경암'인 스님을 만났는데, 그는 몸과 마음이 맑고 표연하여 도가 있는 스님이었다. 그 산중의 시를 구하여 보니 그 성운聲韻이 담박하여 가야산 운하雲霞의 기운과 어울려 서로 빛났다. 대개 스님은 뛰어난 선비로 선문에 은둔한 자 중에 한 분이었다. 나는 한 번 뵙고 공문의 벗이 되었다. 6년이 지나서 스님이 풍암서실楓巖書室로 나를 방문하여 추파 대사께서 남긴 시권을 열독하며 서로 탄식하고 슬퍼하였다. 이윽고 화산花山(안동)에서 시를 주며 이별하였다. 10년이 지나서 산수의 여러 기문들을 나에게 보내 주어 보이고 바로잡아 주기를 간청하였다. 나는 한창 제자론諸子論을 기초하다가 붓을 던지고, 읽어 보고 나서 그 책을 가리키며 탄식하며 말하였다. "스님의 마음 씀이 더욱 청고淸苦하고 도를 깨우침이 더욱 높으니, 도가 더욱 높을수록 그 시문으로 발휘되는 것이 더욱 넉넉하여 급박하지 않구나. 애석하다. 누가 총림 가운데 이 같은 훌륭한 수재가 있는 줄 알겠는가?"

지금 스님의 법제자 팔관 상인이 나에게 그 서문을 지어 주기를 부촉하였다. 나는 곤궁하고 노쇠하여 필연筆硯에 게으른 지 오래되었는지라 나의 언어와 문자로 사람을 높일 수가 없다. 그러나 추파 대사의 문집에 대해서는 스님의 간청을 중히 여겨 이미 원고의 발문을 지었으니 그로 인해 요청함이 또한 매우 간절하였다. 나는 스님의 종가宗家에 삼세의 숙연이 있으니 의리상 문장이 뛰어나지 못하다고 하여 사양할 수 없었다.

아, 스님과 같은 이는 거의 옛날의 혜원과 민공 같은 부리이나 나는 도연명과 두보 같은 인물이 아닌 것이 부끄러우니, 스님으로 하여금 끝내 인몰되어 알려지지 않게 하고 식은 재와 차가운 구슬로 적적하게 사라지게 할 뿐일 것인가? 그러나 태전과 여만이 기특한 재주를 품으니 세상에 반드시 한유와 백거이가 있어 지기知己가 되고, 비연과 혜근이 선禪으로 도피하니 세상에 반드시 구양수와 소식이 있어 그 묻혀서 알려지지 않음을 슬퍼하였다. 오늘날에도 세상에 경암을 아는 자가 반드시 있을 것이니, 있다면 반드시 슬퍼하고 한마디 말을 하여 주리라. 내가 이것을 쓰고 기다린다.

전임 금릉金陵[13]군수 백실白室 유숙지柳肅之[14]가 쓰다.

鏡巖稿序

自世道之下也。奇偉非常之士。耻與庸衆人馳逐塵壒之內。而輒歸依於釋氏家裏。跡與名晦。抑沒無聞。必有詞壇大匠。以片言隻字。證明其緣起。發揮其文章然後。可以道彰法界。名傳來規。若陶靖節之于惠遠。杜工部之于旻公韓昌黎之于太顚。白香山之于如滿。歐陽公之于秘演。蘇子瞻之於惠勤是也。苟不値當世之知己者。爲之推詡。則身爲深山之冷灰。骨爲孤塔之寒珠。奇才異能。寂然淪滅而已者。蓋不知其幾箇高僧也。徃在己丑余南游。邂秋公於靑巖丈室。論首楞月光水觀之說。翌年夏再入伽倻。得秋公之高足鏡巖其號者。膚神淸冷。飄飄有道僧。索其山中詩。其聲韻淡泊。與伽倻雲霞之氣。自相映發。蓋所謂奇偉之士。而隱於禪者。師其一也。余一見而定爲空門處。[1] 後六年。師訪余于楓㠖書室。閱秋公遺卷。相與悲嗟已。而花山以詩爲別後十年。送示其山水諸記。以求正於余。余方草諸子論。擲筆而讀之已。又指卷欸歟曰。師之見[2]心益苦。而悟道益高。道益高而其發之於詞章者。益敷瞻不泊。[3] 惜乎夫誰知叢林中有此好秀才耶。今師之法侶八關。屬余爲其序。余窮獨衰遲。懶於筆硯久矣。其言語文字。不能使人軒輊。然於秋公集。重師請而旣爲之跋於稿。因之請又甚勤。余於師家。有三世宿緣。義不可以不文辭。嗚呼。如師者殆古遠旻者流。而愧余非陶杜人也。使師終將抑沒無聞。冷灰寒珠。寂爲淪滅而止耶。然太顚如滿之懷其奇。則世必有韓白爲其知己。秘演惠勤之逃於禪則世必有歐蘇。悲其沈埋。今世之知鏡巖者。必且有矣。有則必且悲之。而爲之一言矣。余書此以俟之。

　　前知金陵郡白室。柳肅之書。

1) ㉠ '處'는 '友'의 잘못인 듯하다.　2) ㉠ '見'은 '用'의 잘못인 듯하다.　3) ㉠ '泊'은 '道'의 잘못인 듯하다.

주

1 방장산方丈山 : 지리산의 이칭.
2 생삼사일生三事一 : 부모·스승·임금을 한결같이 섬김을 이르는 말이다. 진晉나라 대부 난공자欒共子가 말하기를, "백성은 부모·스승·임금 밑에서 사는지라 섬기기를 한결같이 한다.(民生於三。事之如一。)"라고 하였다.『國語』「晉語」.
3 목만중睦萬中(1727~1810) : 조선 후기의 문신. 본관은 사천泗川. 자는 공겸公兼·유선幼選, 호는 여와餘窩·사수泗水. 신유박해 때 대사간으로, 영의정 심환지와 함께 남인 시파 계열의 천주교도에 대한 박해를 주도하였다. 저서로는『餘窩集』이 있다.
4 도연명陶淵明(365~427) : 동진東晉의 시인. 이름은 잠潛, 호는 오류선생五柳先生. 연명은 자字이다. 405년에 팽택현彭澤縣의 현령이 되었으나, 80여 일 뒤에〈歸去來辭〉를 남기고 관직에서 물러나 귀향하였다. 자연을 노래한 시가 많으며, 당나라 이후 육조六朝 최고의 시인이라 불린다. 시 외의 산문 작품에「五柳先生傳」,「桃花源記」등이 있다.
5 혜원惠遠(334~416) : 동진東晉의 승려. 속성은 가賈. 백련사라는 염불 결사를 창설하여 중국 정토종淨土宗의 개조가 되었다. 저서에『大智度論要略』등이 있다.
6 두보杜甫(712~770) : 당나라의 시인. 자는 자미子美, 호는 소릉少陵. 율시에 뛰어났으며, 긴밀하고 엄격한 구성과 사실적 묘사 수법 등으로 인간의 슬픔을 노래하였다. '시성 詩聖'으로 불리며, 이백李白과 함께 중국의 최고 시인으로 꼽힌다.
7 두보杜甫와 민공旻公 : 두보의 시에〈因許八奉寄江寧旻上人〉이 있다.
8 한유韓愈(768~824) : 당나라의 문인·정치가. 자는 퇴지退之, 호는 창려昌黎. 당송팔대가의 한 사람으로, 사륙변려문을 비판하고 고문古文을 주장하였다.
9 백거이白居易(772~846) : 당나라의 시인. 자는 낙천樂天, 호는 향산거사香山居士·취음선생醉吟先生. 일상적인 언어 구사와 풍자에 뛰어나며, 평이하고 유려한 시풍으로 원진 元稹과 함께 원백체元白體로 통칭된다.
10 구양수歐陽脩(1007~1072) : 송나라의 정치가·문인. 자는 영숙永叔, 호는 취옹醉翁·육일거사六一居士. 당나라 때의 화려한 시풍에 반대하여 새로운 시풍을 열고, 시·문 양 방면에 걸쳐 송대 문학의 기초를 확립하였다. 당송팔대가의 한 사람으로 꼽힌다.
11 소식蘇軾(1036~1101) : 중국 북송의 문인. 자는 자첨子瞻, 호는 동파東坡. 당송팔대가의 한 사람으로 서화에도 능하였다.
12 월광月光과 수관水觀의 설 :『楞嚴經』권5에, 월광동자月光童子가 부처님을 뵙고 아뢰기를, "과거 항하사겁에 '수천水天'이라는 부처님이 나셔서 보살들에게 수관水觀을 닦아 삼마지三摩地에 들라고 가르쳤습니다."라는 기록이 있다.
13 금릉金陵 : 지금의 경기도 김포를 가리킨다.
14 유숙지柳肅之 : 여암旅菴 신경준申景濬(1712~1781)의 문인. 본관 전주. 영조 49년 (1773)에 증광시增廣試 진사進士 3등 60위를 차지하였다.

경암집 상권

| 鏡巖集* 卷之上 |

---

* ㉮ 저본은 갑자甲子(1804, 순조 4년) 목만중 서기본書記本이다.(송광사 도서관 소장)

오언절구
五[1]言絶句

차운하여 고향 사람에게 답하다
次答鄕人

집안이 쓰러진 뒤 출가하여	剃髮家亡後
선조를 거듭 욕되게 했네	殘生重辱先
고향 사람 만나 다른 대답 않고	逢人無所答
신선을 배운다고 애써 말하네	强道學神仙

---

1) ㉮ 저본에는 '五' 앞에 '詩' 한 글자가 더 있지만 편자가 없앴다.

쌍계사 선실에서
雙溪室中

묵은 비 내리는 쌍계사	宿雨雙溪寺
깜박이는 등불에 밤 깊어 가네	燈殘夜欲深
숲 밖의 새도 괜스레	無端林外鳥
지저귀며 향수를 일으키네	啼起遠鄕心

승안사를 회고하다
承安寺懷古

옛날의 승안사는	昔日承安寺
오늘날엔 정씨의 산	如今鄭氏山
상전벽해는 천고의 일	滄桑千古事
솔 사이로 학이 날아오르네	巢鶴出松間

천왕봉에 쓰다
題天王峰

줄기 뻗어 남녘에 서리고 　　　　　　　展脚蟠南國
머리 들어 허공에 솟았네 　　　　　　　擡頭入紫虛
흰 구름도 감추지 못하여 　　　　　　　白雲藏不得
신선 세계에 반은 속세인 　　　　　　　仙窟半人居

인 두타를 보내며
送印頭陀

납의와 표주박 하나로	一衲單瓢外
천산만학을 소요하누나	千山萬水間
깊은 밤 향기 스러진 뒤	夜深香歇後
불등 밝히고 가부좌하네	趺坐佛燈閒

어떤 선비가 나의 〈천왕봉〉 시를 읊고 방문하자 구두로 차운하여 수답하다
有士人誦余天王峯詩來訪口次酬之

달빛 이슬도 참 경계 아니요	月露非眞境
명성도 헛된 것에서 나오는 법	名聲易出虛
가르침 가운데 즐거운 곳 많으니	敎中多樂地
선방 안이 신선의 거처라네	房裡是仙居

인 스님과 이별하며
贈別仁師

한 자루의 서쪽에서 온 검이	一口西來劒
사람을 죽이고 살리는구나	殺人又活人
그대 옷 속에 지니고 가더라도	佩君衣內去
여전히 길을 가는 사람이리니	猶是半途人

관찰사 김 공의 상산시를 삼가 차운하다
奉次巡相金公上山韵

만 길 두류산 꼭대기를	頭流萬丈巓
신해년에 석장 하나로 올랐네	一錫登辛亥
이슬과 비가 속세 자취 씻어 주니	雨露洗塵蹤
사람이 쓸고 뿌려서가 아니라네	非干人掃灑

선명 스님이 말을 구한 것에 대해 답하다
賽善明師求語

노부에겐 기특한 말 없으니	老夫無奇語
그대 오직 선을 지니기를	惟善願汝持
마음은 본래 악하지 않으니	我心元不惡
미혹되지 않음이 밝은 스승이라	不惑是明師

진허[1] 스님에게 주다
贈振虛師

우리 집 한 마리 개[2]는	吾家一隻狗
성질 사나워 따르는 사람 없네	獰性沒人追
개가 죽고 나서 그대 멀리 와	狗死君來遠
서푼 동전으로 가죽만 얻네	三錢換得皮

청려장을 관에 바치고
藜杖納官

관사는 부처의 집과 같아	政堂如佛屋
흰 납의로 청려장을 바치네	白衲獻靑藜
결 곧으니 군자에게 어울리고	理直宜君子
몸체 가벼워 허공을 걸으리라	幹輕合步虛

근심과 즐거움으로, 단풍을 알리자는 시를 삼가 차운하다
憂樂奉次丹楓報狀韵

문 앞에 스님들³ 바쁘니	門前白足忙
서리 후 단풍이 고와서라	霜後丹楓好
태수는 백성 일 근심하니	太守憂民事
풍경을 알릴 필요 없어라	無煩風景報

환응 스님의 면례[4]에 주다 【팔괘체】[5]
贈幻應緬禮【八卦體】

부모는 건곤처럼 무거운데   父母乾坤重
근진[6]은 물불처럼 재촉하네   根塵水火催
산과 못의 길지를 알려면   欲知山澤吉
터에 풍뢰가 그쳐야 하나니   碁局息風雷

산에 올라 풍경을 보고
登山即景

높이 솟은 산머리 먼저 하얗더니	高起頭先白
치달리는 줄기는 점차 희미하네	騰奔脚轉微
긴 강은 평야를 흐르는데	長江平野臥
새 비에 온갖 시내가 흘러드네	新雨百川歸

바위틈 나무로 만든 주장자
磊木柱杖

바위틈에서 천년을 자라나	石隙千年養
속은 비고 마디는 굳세니	中空節又勁
그 모습 대나무와 비슷하여	其形多似竹
하루도 주장자 없지 못하리	一日可無卿

박 심은 밭
匏圃

잎은 힘차게 멀리 퍼지고	布葉騰騰遠
드리운 뿌리 마디마디 굳세네	垂跟節節强
재배하기를 게을리 아니하니	栽培曾不厭
그 열매가 큰 옹기만 하구나	其實大如甖

기 스님을 이별하며
別玘師

올 때에 떠날 줄 알았거니   來時知有去
가고 나면 언제 다시 올까   去後幾時來
세상일도 또한 저러하니   世事還如許
차 들고 달빛 누대 오르네   携茶上月臺

서봉 제자를 송별하며
送瑞鳳弟子

봉황인지 오랫동안 의심했나니 　　鳳非鳳久疑
봉황 아니면 봉황을 어찌 알리 　　非鳳鳳安知
적적한 천산의 꿈결 속에 　　寂寂千山夢
훨훨 봉추를 떠나보내네 　　翩翩送鳳兒

진 스님을 이별하며
別珍師

그대 옷 속의 보배[7]를 믿고	信君衣內寶
거울 속의 머리[8] 찾지 말라	休探鏡中頭
이별 후 그리워하는 꿈에	別後相思夢
팔공산 맑은 달빛만 비추리	公山霽月秋

오언 사운
五言四韻[1]

천광암에서 선비와 함께 운을 잡아
天光共儒士拈韻

태평 시대에 문학을 높이니	聖代崇文學
술잔 드는 이 모두 신선일세	開樽盡謫仙
시내는 솔 아래 바위에 흐르고	水流松下石
사람은 골짜기 별천지에 앉았네	人坐洞中天
새소리 들으며 새 운을 들고	聽鳥拈新韻
종을 울리며 숙연을 깨닫누나	敲鍾悟宿緣
무릉도원에 훗날의 기약 있으니	桃源餘後約
내년에 또 꽃 피는 계절일세	花發又明年

---

1) 원 '五言四韻'의 4자는 편자가 보입하였다.

박고촌 집에 묵다
宿朴孤村

외로운 구름 밖 옛길을 따라	古道孤雲外
시내와 산에 처사의 초가 있네	溪山處士廬
섬돌 주위 새들도 순하고	繞階馴鳥雀
벽 가득 도서가 가지런하네	滿壁整圖書
기장밥 익혀 길손 만류하니	黍熟因留飯
채소 향기 가만히 옷에 스미네	蔬香暗襲裾
알지 못하노니 도시에서는	不知城市上
사람 일 다시 어떠한고	人事更何如

병든 거처에
病居

병든 거처에 찾는 이 드물어	病居人罕到
봄풀만이 섬돌 곁에 피었구나	春草傍階生
먹는 것 적어 옷자락 무겁지만	食少衣裾重
마음 비어 발걸음은 가볍구나	心空步履輕
어찌 책상 위에 서책이 없으랴마는	豈無床上卷
뱃속에서 소리 내기 어렵구나	難發腹中聲
우습구나, 유마힐 늙은이여	堪笑維摩老
문만 닫고 이름은 덮지 못했네	掩關不掩名

음식을 보내 준 영산의 네 분 스님에게 보내다
送靈山四師送餽

네 분 벗이 한 단지의 술을	四友一壺酒
깊은 숲 병든 중에게 보냈네	窮林餽病僧
부처님의 계율도 아랑곳 않고	不嫌虧聖戒
선승[9]을 호지할 힘도 없구나	無力護禪乘
버들 길 꾀꼬리 막 지저귀고	柳陌鸎初囀
산밭에 보리도 점차 익어 가니	山田麥漸登
여러분도 모두 다 취하여	大家相盡醉
도태[10]를 증장하기 바라오	管取道胎增

은신암 그윽한 거처에서
隱身幽居

인연 있어 발우 하나 지니고	有緣携一鉢
지팡이 가는 대로 걷다 헤매네	信錫步還迷
길은 인적 없는 곳으로 드는데	路入無人處
산 높은 곳에 은자의 거처라네	山高隱者棲
저녁 바람에 솔과 느티나무 어둡고	晚風松檜暗
초승달 오르자 두견새 우는구나	新月杜鵑啼
이곳이 참으로 안락한 곳이니	此處眞安樂
어찌 다시 서방정토에 가리오	何須更徃西

일 스님을 보내며
送馹師

천 리 먼 길 강서의 말[11]이	千里江西馬
참당[12]하여 반달을 머물렀네	叅堂半月羈
콩과 수수 즐겨 먹지 아니하니	菽黎不肯食
넓은 들에 누구와 기약하였나	川原與誰期
피리와 북은 오늘이 아니니	笳鼓非今日
현황[13]의 옛 시편을 주네	玄黃贈古詩
훗날 기북[14]의 길에서	他年冀北路
채찍 그림자[15] 비로소 알리라	鞭影始應知

급 스님과 이별하며
別及師

불법이 시절 따라 내려오자	佛法時惟降
총림에 온통 시비가 무성하네	叢林摠是非
나는 여기에서 은거하려는데	吾將於此隱
그대는 떠나 누구를 의지하려나	君去欲誰依
여름 나무에 꾀꼬리 깃들고	夏木棲黃鳥
맑은 구름 푸른 산기슭 내려오네	晴雲下翠微
사람의 마음 쉽게 외물을 좇나니	人情易逐物
지팡이로 석양빛에 우두커니 섰네	駐杖立斜暉

은신암에서 눈을 읊다
隱身庵咏雪

은빛 산 아래에서 발을 묶고	禁足銀山下
마음을 보니 신선 세계 열렸네	觀心玉府開
빈 창에 흰 솜이 날아 춤추고	虛窓飛絮舞
깎아지른 골짜기에 소금 쌓였네	斷壑積鹽頹
솔은 하얗게 덮여 늙어 가고	戴白松應老
대는 푸른빛 묻혀 솟지 않았네	埋靑竹未胎
건곤의 조화도 무궁할사	乾坤多造化
마른 나무에도 꽃이 피었구나	枯木放花來

북해 형의 시를 차운하다
次北海兄

몽환 같은 인간 세상의 일	夢幻人間事
이제는 형도 70세로세	兄今七十年
세상의 정을 어찌 물을 만한가	世情何足問
우리의 도는 마음으로 전하나니	吾道貴心傳
늙어 가도 말은 오히려 건장하고	老去言猶壯
곤궁해도 뜻은 더욱 굳건하네	窮來志益堅
그릇됨 알면 마땅히 변화하리니[16]	知非當自化
맹자도 또한 세 번 이사했다네[17]	鄒孟亦三遷

또 백련실을 차운하다
又次白蓮室

어여쁘다 그대 세상의 길 마다하고	憐君違世路
청년 시절부터 초연히 깨우쳤네	超悟自靑年
인욕으로 원망과 혐의를 풀고	忍辱寃嫌解
세속의 정 잊고 의리를 전하였네	忘情義理傳
새벽길에 이슬 젖는 것 방비하고[18]	曉行防露濕
서리 밟으면 얼음 얼 것 헤아리네[19]	霜履慮氷堅
사람마다 취향이 다르지만	向背人雖別
자애로운 마음만은 변치 않으리	慈心我不遷

토굴 잡영
土堀雜咏

달마가 서쪽에서 온 뜻을	小室西來意
주인공은 아느냐	主公會也麽
낮에는 푸른 이끼 돌에 퍼지고	綠苔晴布石
저녁에는 황권[콩의 싹]이 모래를 뚫네	黃卷【豆笛[1)]】夜穿沙
시주머니에 바람과 이슬 담고	詩橐收風露
홍단에서 달빛을 채집하네	汞壇採月華
허공의 외로운 학 울음소리	寥寥孤鶴唳
마디마디 아미타를 화답하네	節節和彌陁

---

1) 㕦 '笛'은 '苗'의 오류인 듯하다.

칠언절구
七言絶句

은신암의 엽 스님을 이별하며
隱身庵留別曄師

한 번 만날 때마다 한 번의 이별	一番逢處一番別
5년간 세 번의 만남과 헤어짐	五載逢三別亦三
나는 구름처럼 머무는 곳 없는데	我與浮雲無定住
그대는 남아 옛 신선 암자 돌보네	留君看護古仙庵

계연 스님을 보내며
送戒淵師

전각 모퉁이 서늘하고 석양빛 밝은데	殿角微凉夕照明
앉아서 깊은 나무 꾀꼬리 소릴 듣네	坐聞深樹一鸎鳴
수미산을 붓 삼고 동해를 먹물 삼아도	須彌爲筆東瀛墨
인간의 석별의 정 표현하기 어려우리	難寫人間惜別情

강동으로 순 스님을 보내며
送淳師之江東

왼편과 오른편으로 치우치지 말고	勿偏於左勿偏右
바르게 중도를 마주하여 돌아갈지니	正面中間歸去來
불조[20]의 안신처를 알고자 하는가	欲知佛祖安身處
서리 후에 국화가 뜰 가득 피었네	霜後黃花滿院開

쾌민 스님의 시축에 차운하다
次快旻師軸中

마음으로 전함도 어렵거니 하물며 말이랴	心傳不易況言辭
돌아갈 서쪽 교량을 서둘러 다스릴지니	歸矣西橋急早治
묻노라 서쪽으로 가면 무엇이 즐거운가	借問西歸何所樂
아미타 부처님이 나의 스승이니라	阿彌陁佛是吾師

은신암 방 안에서
隱身室中

성 남쪽으로 좋은 벗 찾아갈 것 없으니   不須尋友往城南
산을 두른 잣나무 푸른 이내에 덮였네   栢樹環山鎖翠嵐
이곳에서 깊이 은거할 계획 세우나니   從此便爲深隱計
나의 스승 무학도 이 암자에 계셨도다   吾師無學有斯庵

화문석
花紋席

비단 문채 꽃무늬 깨끗하여 사특함 없고	綺紋交蔓潔無邪
빈 누각에 걸어 놓으니 세월만 깊어 가네	掛向空樓歲月賒
서치[21]는 오지 않고 산달만 고요하니	徐稚不來山月靜
홀로 무자화두[22] 잡고 가부좌 틀었네	自將狗子結趺跏

취한 스님
醉僧

취한 눈으로 평소 모르는 사람 보며   纈眼看人素昧間
옷 당겨 어리석게 웃으며 안부 묻네   挽衣痴笑問平安
멍하니 내가 답하지 않음 괴히 여겨   憮然恠我不相答
등 돌리며 고승이 왜 산을 나왔냐 하네   背道高僧何出山

늙은 선달에게 주다
贈老人先達

광한전의 봄 남극성이 빛나니 　　　　　南極星暉廣漢春
세상의 누가 귀양 온 신선인가 　　　　　世間誰是謫仙人
만나 노년의 한을 말하지 않나니 　　　　相逢不說桑楡恨
백발의 군왕과 백발의 신하라네 　　　　白髮君王白髮臣

병중에 불러, 설악 장실의 내방에 사례하다
病呼謝雪岳丈室來訪

남성에 노닌 스님[23] 마음에 큰 뜻 품고	南城遊士大心存
청연의 깊은 곳에 낱낱이 이르렀네	歷到淸淵九級門
나에게 선종의 지극함이 무어냐고 묻기에	問我禪宗何極則
웃으며 병의 물과 하늘의 구름[24]을 보노라	笑看甁水與天雲

인 총섭스님에게 차운하여 부치다
次寄忍捴攝

매번 경자[25]를 인하여 남으로 갈 때마다	每因經子向南去
여전히 그대 벗어던지고 오길 바랐네	尙望吾君擺脫來
이제 점검하고 나서 크게 웃노니	撿點如今還大笑
내가 원래 풍진에 머물렀구나	自家元是住風埃

퇴암 선백께 부치고 아울러 세 시자에게 보이다
寄退庵禪伯兼示三侍者

새 중에 봉황이요 동물 중의 기린이라	禽中之鳳獸中猻
초연히 깨친 기재요 홀로 뛰어난 분	超悟奇才獨邁人
세 제자에게 삼장[26]의 학문 전하고	三足俱傳三藏學
선원으로 돌아가 태평의 봄 누리시네	退歸禪院太平春

【선원은 칠불암이다. 퇴암의 제자는 장학이요, 장학의 제자는 셋으로 초·봉·린이다.(禪院七佛庵也。退庵之足曰藏學。藏學之足三。曰超鳳獜也。)】

병든 뒤 저녁에 앉아
病後夜坐

음식을 대하고도 배고픈 건 평소의 병　　　對食恒飢是素病
모래 달여 약을 짓는 것도 미혹된 마음　　煉沙成藥亦迷情
주발 속도 빠지고 솥의 발도 없는 채로　　椀心脫去鐺無脚
홀로 깜박이는 등 지키며 날 지새우네　　獨守殘燈到五更

산중에 홀로 돌아가다, 죽은 어린 제자를 생각하며
山中獨歸憶亡少神足

길을 갈 땐 앞장서고 앉을 땐 옷 수습해	行導前笻坐攝衣
위의와 용모를 곳곳에서 의지하였지	儀容隨處每依依
봄이 와 만물에 모두 생기가 도는데	春來萬物皆生態
너는 어디로 떠나 홀로 돌아오지 못하나	汝去何鄉獨不歸

죽은 친구의 영가를 마주하여
亡友對靈

환계의 근진[27] 뼈는 이미 재가 되고	幻界根塵骨已灰
서풍 처절히 불어와 슬프게 하네	西風凄切使人哀
맑은 영혼 아득하고 금방울 찬데	淸魂杳杳金鈴冷
그대는 몇 층 연화대에 있는가	知在蓮花第幾臺

북해 형의 〈꽃밭 김매기〉 시를 차운하다
次北海兄鋤花

만물과 내가 하늘의 비와 이슬 받아 사니　　　　物我同生雨露天
깊어 가는 여름 바위 곁에 김을 맸지　　　　　　悠悠深夏傍巖邊
이제 재배하는 노력을 저버리지 않아　　　　　　于今不負栽培力
어느덧 붉고 노란 빛 어울려 비치네　　　　　　已見紅黃雜暎前

우연히 '마음 심心' 자를 읊다
偶吟心字

위에 밭이 있으면 생각 또한 거짓되고[28]　　上有閑田思亦妄
가운데 기둥 하나 더하면 거짓 필 자 되네[29]　　中加一柱必非眞
마음과 부처가 밝게 드러나니　　三台半月昭昭現
마음을 참구할 것이요 남에게 묻지 말라　　是可叅心莫問人

연월 선제가 북해 형을 잇기를 바라며
推淵月禪弟嗣北海兄

음광[30]의 선법과 아난[31]의 경전을	飮光禪法阿難經
총림에서 오래토록 행하지 않았네	久矣叢林不復行
다행히 한 가지 맹인의 도움이 있어	賴有一枝盲相在
노쇠한 아우와 형을 반씩 부축하리	半扶衰弟半扶兄

벗에게 음식을 보내며
送饐友人

운문의 호떡[32]과 조주의 차[33]
왕 노사의 달빛 감상[34]을 간파하라
모두 그 시대의 공양물이지만
요즘 사람은 살림으로 삼지 않누나

雲門胡餅趙州茶
看取王師翫月華
盡是當年供養物
今人多不作生涯

낙서 화주승이 백련암 화엄회에서 와서 장난삼아 주다
樂西化僧自白蓮華嚴會來戱贈

백련암의 낙서 승려가	白蓮庵裡樂西僧
여러 산에 모연하며 설산에 이르렀네	緣募諸山到雪層
멀리 화엄의 대법회를 생각하니	遙憶華嚴大法會
잡화를 망라하여 원교에 들었네	羅籠雜貨[1]入圓乘

---

1) ㉭ '貨'는 '華'의 오류인 듯하다.

묵계에 쓰다
題默溪

주야로 흐르는 시내 소리는 광장설인데	日夜溪聲廣舌長
어이하여 여기는 묵계라 이름했나	云何這裡默爲名
소리와 침묵도 소리와 침묵이 아니니	即聲即默非聲默
이 이치 밝히기 어려워 묵계라 불렀네	此裡[1]難明故默名

---

1) 㑒 '裡'는 '理'의 오류인 듯하다.

본관에게 새해 인사하다
歲賀本官

세월의 바뀜 어찌할 수 없나니	無可奈何歲換去
세간에 몇 사람이나 머리 세었나	世間霜落幾人頭
원컨대 불로장생의 약초 캐서	願言採得長生藥
임금님과 사또께 드리고자	先獻吾王次獻侯

법어를 구하는 징 스님에게 답하다
賽澄師求法語

염불할 때의 부처는 다른 부처 아니니	念佛佛非他面佛
염불하는 그 사람이 본래인이라	念人人是本來人
어느 날 사람과 부처 둘 다 잊으면	一朝人佛兩忘了
흐드러진 산꽃이 극락의 봄이 되리라	爛熳山花極樂春

경파의 수계 제자에게 주다
贈鏡波戒子

그대는 경파의 문하 제자로	君是鏡翁門下士
경파는 죽었어도 눈물 자국 남았네	鏡翁已沒淚餘痕
어이하여 뒤늦게 농사로 돌아가	如何晚節歸農寺
당년에 계율 설한 은혜를 저버렸나	辜負當年說戒恩

과거 보러 가는 선비를 보내며
送科士

기북³⁵의 준마는 제값을 기다리고	冀北風驥須待價
산남 안개 속 호랑이는 문채 이루었네	山南霧虎已成文
아름다운 이름 일찍 용방 위에 걸어서	令名早決龍頭上
어버이가 오래 기다리게 하지 말게나	莫使尊堂久倚門

용화가 병중에 보인 시를 차운하여 답하다
次答龍華病示

병중에 병들지 않는 자[36]가 있느냐	病中不病存乎否
50세의 종사는 다시 무엇을 하는고	五十宗師更做何
묵은 종이[37]가 원래 진면목인데	古紙元來眞面目
속인은 부질없이 눈의 모래로 여기네	時人謾作眼中砂

오 일사에게 주다
贈吳逸士

엄광[38]은 태평 시대에 부춘에서 경작했고　　嚴光平世富春耕
소보[39]는 요임금 때 애써 이름 감추었네　　　巢父逢堯强隱名
누가 우계[40]의 남은 밭 한 이랑을 알리오　　 誰識愚溪餘一畝
솔과 국화 가득 심어 도연명처럼 누웠네　　　滿栽松菊臥淵明

순천 관아 손님의 시를 차운하다
次順天衙客

아미타 부처님은 수명이 한량없으시어	阿彌陁佛無量壽
많은 복으로 장엄하니 나의 스승일세	百福莊嚴是我師
아침저녁 차와 향으로 임금님 축원하니	曉夕茗香延聖祚
이러한 충의를 그대에게 알게 하네	一般忠義報君知

서운 스님에게 부치다
寄瑞雲師

건곤의 호흡에서 나와 하얗게 날더니   乾坤噓出白飛飛
천산에 비를 뿌리곤 돌아오지 않네   行雨千峯不復歸
높고 낮은 초목들 모두 발육을 하고   草木高低皆發育
맑은 달빛 따라 신선의 집 덮는구나   又隨淸月鎖仙扉

천축 순 상인의 시축에 차하다
次天竺淳上人軸中

남성에 노닌 학인 그대 같은 이 드문데	南城遊士少如君
시구를 이제 혜로의 문⁴¹에 전하네	詩句今傳惠老門
안타깝구나, 시편에 불법은 없고	可惜詩篇無佛法
다만 흐르는 물과 떠가는 구름뿐	但看流水與行雲

칠언 사운
七言四韻

입춘에 차운하여 최생에게 부치다
立春次寄崔生

봄을 맞아 만물이 모두 소생하는데	王春萬化盡同風
어인 일로 나만 홀로 곤궁한고	底事於吾獨賦窮
선을 쌓아도 여경[42]이 있지 않고	積善不知餘慶在
살림은 표주박 하나 궁핍하여 한스럽네	爲家長恨一瓢空
두견새 소리 외로운 바위 아래 애절하고	聲聲杜宇孤巖下
소나무 한 그루 풀 무더기 속에 우뚝하네	兀兀孤松衆草中
듣자니 그대는 여전히 어렵고 침체되어	聞道吾君猶蹇滯
초가에 마의 입고 얼굴조차 쇠하였구려	麻衣白屋已衰容

운흥사 준 스님에게 부치다
寄雲興寺俊師

생각하니 일찍이 쌍명사의 나그네 되어	憶曾爲客雙明寺
작은 선방에 누각의 달빛 비추었지	十笏禪房月一樓
함께 모이니 음광이 자리 나누어[43] 설법하고	共會飮光分半座
남쪽 고을에서 서치[44]의 명성 오래 들었네	久聞徐稚在南州
시편은 왕왕히 스님의 시축을 경하고	詩篇徃徃經僧軸
몽혼은 그리워하며 바다에 들어갔네	魂夢依依入海頭
세상에 이 같은 이 어찌 쉽게 만날 수 있나	世降斯人那易得
화택에서 유유히 무엇을 구하리오	悠悠火宅欲何求

약명체[45]로 써서 눈병을 앓는 급 스님에게 부치다
藥名體寄及師病眼

선도를 닦는 제방이 오미를 거두어	禪道諸方捴五味
그대에게 돌아가리니 느긋하지 말라	當歸吾子莫徐徐
남은 생애 높은 뜻 지음[46]이 적은데	殘年遠志知音少
환계에 기탁한 삶 꿈처럼 헛되구나	幻界寄生覺夢虛
한여름 빗장 걸고 무자화두 참구하니	半夏掩關叅狗話
남쪽 성 어느 곳이 견우성의 분야인가	南星何處是牛墟
눈의 티끌 없애 밝힘은 많은 방법 없으니	決明眼翳無多術
허공의 꽃으로 돌리고 나머진 묻지 말게나	旋復空花莫問餘

사면 후에 혜암 화상에게 부쳐 드림
赦后寄呈惠庵和尙

도 찾고 안선하는 것도 화성이니	覓道安禪是化城
집에 돌아갈 땐 백우를 타야 하네	歸家須上白牛程
바람과 파도 험한 곳도 몸을 세워 들어가고	風濤險域挺身入
비와 이슬 은혜로운 하늘에 발 따라 걷기를	雨露恩天信步行
늙음과 병이 재촉하여 한 가지만 남았으니	老病已催餘一事
자비로 혹여 여러 중생을 제도하길 허락한다면	慈悲倘許濟羣生
깊은 마음으로 세상 다하도록 부처님께 보답하리니	深心報佛窮塵刹
세상 의론은 무단히 명리만을 추구하는구나	時論無端責利名

북쪽 손님이 몽허 스님의 제사답 소송을 파함을 듣고 부쳐 주다
聞北客罷夢虛祀畓訟寄贈

종문의 쇠락함 오늘 같은 날이 없어	宗門摧落無今日
남쪽의 선지식이 옛날과 다름 알겠네	知識南城異昔年
절마다 찰간을 거꾸로 쓰러뜨리고[47]	寺寺刹干皆倒着
산마다 『화엄경』을 제대로 전한다 하네	山山貨鋪是眞傳
우리 스님은 세 번 생각함을 통달하여	吾師自達三思地
아름다운 풍속에 둘 다 밭을 양보했네	美俗終能兩讓田
우습다 뜬구름 인생이 환몽과 같나니	可笑浮生如幻夢
사람 가고 푸른 솔에 찬 안개만 덮었네	人亡松碧只寒烟

어제 채 상국 문집의 운에 공경히 차하다
伏次御製蔡相國文集韵

인의에 몸을 세우고 마음 굳세어	立身仁義寸心勍
재주와 덕이 태평 조정 경대부의 으뜸	才德明朝出衆卿
사대는 하늘 지탱하여 나라의 보배 되고	四大柱天爲國寶
충심은 해처럼 빛나 가문의 명성 떨치네	孤忠炳日振家聲
벼슬길에 조용히 신하의 절개 지키고	從容宦路醉臣節
문단에 비분강개하여 맹주가 되었네	慷慨詞壇作主盟
산승은 경대부의 귀함을 알지 못하고	山衲不知公相貴
무심하게 시구 지어 선생께 드리네	等閑詩句報先生

실덕서재에 쓰다
題實德書齋

좋은 산 좋은 시내에 몸을 잘 감추니	好山好水好藏身
태평 시대에 그대가 제일가는 사람	明世君應第一人
비방과 칭찬에 이름 없고 진실한 덕만 있을 뿐	毁譽無名眞實德
고기 잡고 땔감 캐며 가난을 굳게 지키네	漁樵有分固窮貧
솔 정자에 앉아 맑은 시내의 달을 마주하고	松亭坐對淸溪月
구름 골짜기에 이슬 젖은 나무 줍네	雲峽行收朥露薪
시편이 이백 두보와 나란하다고 하니	見說詩篇齊李杜
마을 이름을 주진[48]에 견줄는지	肯將村號比朱陳

하풍의 죽로관 시를 차운하다【2수】
奉次荷風竹露舘韵【二首】

[1]

학문이 선현에 못 미침 부끄러워	好學先賢愧不如
수 칸 초가 지어 한가히 거처하네	數椽茅屋卜閑居
강 건너 유곤의 호랑이⁴⁹ 떠나가고	河邊渡去劉昆虎
고을 밖 묵적의 수레⁵⁰ 돌아오게 하네	境外提回墨翟車
관리들은 세금 재촉을 모두 잊고	官吏渾忘催賦稅
백성들은 쉽게 시서를 이야기하네	峽民容易語詩書
공무 끝나 두건 쓰고 바람 난간 앉으면	退衙巾角風欄臥
연못엔 달빛 가득 연잎이 이슬에 젖네	月滿池塘露浥蕖

[2]

바람 연잎에 이슬 대가 그늘져	風荷露竹自相陰
날은 길어 강성의 초각이 깊네	日永江城草閣深
맑거나 흐리거나 모두 도리에 맞고	淸濁滄波皆合道
행장은 백로와 갈매기에 맹세하였네	行裝鷗鷺與盟心
멀리 푸른 문의 새 정자 바라보니	遙瞻碧戶新亭子
희끗한 얼굴 한림학사 취하여 누웠네	頹臥蒼顔老翰林
어진 분 오두미⁵¹에 궁하지 않으리니	未必此賢窮五斗
마땅히 성가가 황금보다 무겁게 되리라	當令聲價重雙金

두 절의 스님이 소송을 화해한 것을 축하하며 앞 운을 써서
奉賀兩寺僧和訟押前韻

겨울엔 햇빛, 여름엔 그늘 좋아하니	冬日愛陽暑愛陰
못이 깊어야 고기가 모이는 법	欲令魚聚在淵深
밝은 태수 이미 백성 뜻 이해했고	明侯已達生民意
효자도 이제 부모의 마음 알았네	孝子方知父母心
마른 물의 물고기, 바다에 같이 살게 했고	將使涸鱗同處海
싸움하는 호랑이, 숲으로 돌려보냈네	解來鬪虎各歸林
산승도 다 편안할 계책 드리고자 하나	山僧欲效俱安策
다만 곧은 말 알지 못할까 저어하네	只恐讜言不直金

병중에 부르다
病呼

춥다고 화내다 금세 덥다고 화내니 乍嗔寒慓乍嗔熱
짧은 순간에도 몸은 사시를 갖추었네 頃刻身中具四時
곡기 끊어 신선 됨도 원래 멀지 않고 絶粒成仙元不遠
마음 비우면 부처 된다는 것 이제 알겠네 空心爲佛始能知
아이가 자주 죽과 밥 가져와 권하고 兒將粥飯頻來勸
귀신도 슬픈 노래 듣고 암송해 지니네 鬼聽悲吟暗誦持
날카로운 칼날을 난관에 시험할 만하니 利刃只堪試盤錯
급류에 배를 움직이는 이 누구인고 急流行舶問伊誰

계정 스님에게 주다
贈戒定師

이 문 들어서면 인아를 없앨 것이니	入此門來勿我人
항하의 어느 곳이 나루터인가	恒河何處可通津
선객은 삼조[52]의 꿈 깨지 않았으니	禪工未罷三條夢
세태는 7척의 몸 용납하기 어렵네	世態難容七尺身
초가집 처마 성글어 달빛 비추고	茅屋簷踈偏照月
갈등 넝쿨 뿌리 뒤집혀 또 봄을 지나네	葛藤跟倒又經春
그대의 집 뜰에 가득한 보배로	憑君載滿家庭寶
널리 중생의 가난 잘 풀어 주게나	普與羣生好解貧

이생의 시를 차운하다
次李生

성인의 말씀 누가 옳고 누가 그르겠나	聖言誰是又誰非
삼교의 가르침은 하나로 귀결되나니	孔老瞿曇一理歸
달고 쓴 것도 모두 좋은 맛이요	甘苦頭頭皆是味
따뜻하고 서늘할 때 각기 옷을 만드는 법	溫涼處處各裁衣
천하에 교유 가려 인과 지에 거하고	擇交宇內居仁智
탐욕 없애 시중의 뜻 자세히 살필지니	剗欲時中察細微
메마른 중이라고 공과 적멸이라 하지 말라	莫謂枯僧空寂滅
솔개 날고 물고기 뛸 때[53] 천기를 아노니	鳶魚上下識天機

성흔 스님에게 주다
贈性欣師

경서 지고 나를 따른 지 이미 오래이니	擔經從我已多時
스스로 백아의 현을 아는 종자기[54]라 하네	自謂牙絃有子期
하늘의 이치 형상 없어 사람들 알지 못하고	天理無形人不識
내 마음 돌 아니니[55] 누가 옮길 수 있으랴	我心非石孰能移
배상의 삼생[56]이 늦은 것이 가련하고	偏憐裵相三生晚
장자의 한 꿈[57] 더딘 것도 우습구나	可笑莊生一夢遲
이별의 길에 어찌 꼭 달빛 이슬 읊으랴	別路何須吟月露
훗날 의발 전하고 시를 이야기하리라	傳衣他日與言詩

차운하여 목서재에 답하다
次答木犀齋

손 가는 대로 보내는 산초 향 몇 개는	信手椒香三兩莖
세인의 정을 싸서 보내는 것 아니네	非關苞送世人情
장신의 법희는 응당 싫어함 없는데	臟神法喜應無厭
납자의 시만 괜히 불평을 나타내네	衲子詩鳴謾不平
이후로는 계율에 진퇴를 알고	向後毘尼知進退
종전의 축원도 더욱 성실하게나	從前呪願倍虔誠
누가 알리오 학사루의 달빛이	誰知學士樓頭月
솔창의 팔만 경문을 비출 줄을	分照松窓八萬經

서봉사로 행각 가는 사순 스님을 보내며
送司順師遊方之棲鳳

천산만학에 노니는 그대를 송별하니	送爾千山萬水遊
가을 맞아 오동나무에 가랑비 내리네	梧桐踈雨滴新秋
자장의 해악[58]도 석장 날려 찾겠고	子長海岳將飛錫
박망의 선하[59]도 함께 배로 건너리	博望仙河共泛舟
공부의 난관엔 마땅히 손을 쓸 것이요	學解盤根宜下手
명리를 만나면 급히 고개를 돌릴지니	利名當道急回頭
봉황이 깃드는 곳 홍몽[60] 위에 있나니	鳳棲知在鴻蒙上
우습다 나는 초료[61]처럼 언덕 벗지 못하네	自笑鷦鷯不出邱

선거[62]에서 탄식함
禪居嘆

삼가 참선하는 이에게 말하노니	謹白叅禪士
참선의 처음에 그르치지 말지니	叅禪莫誤初
비록 간택이 없어야 하나	縱然無揀擇
그중에도 친소가 있는 법	箇中有親踈
내 총림의 말을 들어 보니	我聞叢林語
황당하여 참으로 탄식하네	荒唐良可歔
"악한 것을 진제[63]와 같다 하고	上惡同眞際
도둑질 살생을 꺼리지 말라 하니	盜殺勿嫌諸
기생집이나 술가게든지 간에	婬房與酒肆
어디든 편안히 거처하며	無徃不安居
부처를 사모하되 부처에 매이면	慕佛縛於佛
도를 배운 것 모두 헛되도다	學道捴爲虛
우바리[64]는 작은 계율에 구속되어	波離拘小戒
무여열반에 들지 못한다." 하니	不能入無餘
참으로 이 대승의 법은	信此大乘法
아는 사람만이 아는 것	惟魚乃知魚
이제 막 선문에 들어온 이는	乍入禪門者
이를 듣고 분간하지 못하니	聞之沒分踈

드디어 파순[65]의 설을 지어	遂作波旬說
방달함을 진여라 여기는구나	放達爲眞如
붕당을 끌어 사제자라 칭하고	黨援稱師子
그럴듯이 스님 무리 섞여 있네	依俙混緇裾
이와 같고도 선찰이라 하나니	若此而禪社
어찌 폐허가 되지 않겠는가	安得不爲墟

강사행
講師行

여래의 49년 설법도	如來四十九年說
달관하면 화로 위의 한 점 눈	達觀烘爐一點雪
괜스레 노란 잎으로 우는 아이 그치고[66]	謾將黃葉止啼兒
미혹된 사람 위해 손가락으로 달을 가리켰네	更爲迷人標指月
달은 하늘에 있고 가리킴은 손가락에 있는데	月在天心標在指
손끝에 눈을 두고 부질없이 골몰하네	定眼指頭徒汩汩
많은 주석서들이 가지와 넝쿨처럼 많아	疏鈔百家何枝蔓
정성으로 가르쳐 자비심 간절했네	指掌提耳慈悲切
이 도리는 망양[67]과 같아 찾을 길 없고	此道亡羊不可尋
물소리에 호의[68]하니 누가 결단하여 주리	聽水狐疑誰與決
만약 자신의 마음이 불경임을 안다면	若了自心心是經
여래의 설법과 어찌 다르겠는가	如來說法何曾別

차운하여 목서재에 답하다
次答木犀齋

청동화로 차의 향기 방에 퍼지는데	銅爐茶化香飄屋
고요한 밤 가물거리는 등에 중 그림자 외롭구나	靜夜殘燈僧影獨
세상의 헛된 공명 꿈 밖으로 사라지는데	浮世功名夢外消
숙세의 인연이 마음에 무르익네	宿生緣業心頭熱
열 줄의 편지에 시를 함께 주시니	十行華翰共新詩
위로하고 가르침 골육보다 은근하네	慰誨慇勤逾骨肉
말씀마다 활달하여 마음을 열고	言言豁達捴開心
통쾌함은 천리마가 박차고 달리듯	快如冀驢橫踏蹴
눈 속의 소나무 세한에도 시들지 않고	歲寒後凋雪下松
서리 맞은 대나무 마음 비워 청고한 절개 지키네	心空苦節霜前竹
구멍 뚫린 사발과 다리 부러진 솥으로	穿心椀子折脚鐺
미음 만들고 죽 쑤어 지내는구나	於是而饘於是粥
태평 시대 거리에서 배 두드리고 노래하니	鼓腹康衢含哺歌
절로 구름과 달이 있어 만족함을 아네	自有雲月知心足
유마 거사는 바다 동쪽에 있으니	維摩大士在海東
누가 문병하고 천축으로 돌아갈까	問疾誰復歸天竺
유학에도 안주하고 불교에도 편안하니	儒也安兮佛也安
한번 수창할 때마다 다정한 인연 두텁네	一酬一唱情緣酷
청색 황색의 종이 면에 3, 7언의 시구	青黃牋面三七句
나를 일깨우니 절하고 받아 읽노라	起余頂禮受持讀
펼쳐 보니 눈앞에 맑은 바람 스치고	披來眼底淸風拂
읊조리면 입속에 향기가 감도네	詠歸牙頰生芬馥
책 상자에 보관하니 무슨 보배 이만 할까	深藏笥篋寶何如

밝은 빛이 온 세상에 가득 차는구나	燦燦光明彌合六
나 또한 예전에 사대부의 후예로	我亦當年章甫裔
속세를 제도하고자 승복을 입었네	爲度塵世被方服
발우로 용을 항복시킬[69] 만한 신력은 없지만	縱無神力鉢降龍
뜰에 사슴을 받아 줄 자비심은 있다네	亦有慈悲庭入鹿
꽃과 같은 새로운 자태를 혐의하고	局局似花嫌新態
종잇장 같은 옅은 세속 슬퍼하네	番番如紙悲薄俗
군자의 교유는 물보다 담박하니	君子爲交淡於水
하필 선의 종지를 편지에 드러내랴	何必禪宗形簡牘
이 땅과 서천에 기특한 이 없어	此土西天無別人
도와 시 논하는 것 모두 악착스럽네	論道論詩皆齷齪
깨끗하고 전일한 마음으로 중도를 잡고[70]	精一危微允執中
창을 활짝 열고 삼독[71]을 쉴지어다	入窓軒豁休三毒
선비가 지기에게 뜻을 얻는 것이	士爲知己而得志
새는 하늘에, 물고기는 물에 있음과 같구나	鳥在雲天魚在濮
바라건대 일찍 돌아와 계수 가지 꺾을지니[72]	願言早歸折桂來
밝은 세상 누가 암혈에 숨어 지내나	明世何人巖穴伏
승려로서 그대의 시를 도울 수 없으나	蔬笋不堪補珓篇
정으로 통하는 나의 마음이 있다네	情契唯有丹心腹

임종게
臨終偈

근진의 속박을 벗어던지고	擺脫根塵縛
소요하며 태공으로 돌아가네	逍遙返太空
오늘 서쪽으로 떠나가니	西行今日事
밝은 달 맑은 바람 함께하네	明月與淸風

경암집 상권
鏡巖集 卷之上

주

1 진허振虛 : 경암의 제자인 팔관八關(?~1782)이다.
2 한 마리 개(一隻狗) : 자호 이종子湖利蹤 선사는 산문에 팻말을 걸어 놓고 "나에게 개 한 마리가 있어 위로 사람의 머리와 가운데 허리와 아래로 발을 물어뜯으니, 머뭇거리면 목숨을 잃을 것이다."라고 썼다. 새로운 학인이 와서 선사를 만나면 곧 개를 보라고 외쳤다. 학인이 막 고개를 돌리면 선사는 곧 방장으로 돌아갔다.
3 스님들(白足) : 백족白足은 스님을 뜻한다. 후진後秦의 구마라습鳩摩羅什의 제자인 담시曇始는 발이 얼굴보다도 더 희었으며, 진흙을 밟아도 발이 더러워지지 않았다고 하는 등 여러 가지 이적異蹟이 많았다. 뒤에는 이를 인하여 세속의 더러움에 오염되지 않은 청정한 수도승修道僧을 가리키는 말로 쓰였다.
4 면례緬禮 : 이장移葬하는 것을 말한다.
5 팔괘체八卦體 : 『周易』의 여덟 가지 괘卦(건乾·곤坤·감坎·리離·손巽·진震·태兌·간艮)로 시를 쓴 것.
6 근진根塵 : 오근五根과 오진五塵. 오근은 안근·이근·비근·설근·신근의 다섯 가지 감각기관이고, 오진은 그에 대응하는 색경色境·성경聲境·향경香境·미경味境·촉경觸境의 다섯 가지 대상이다.
7 옷 속의 보배(衣內寶) : 『法華經』에 나오는 말로, 누구에게나 불성佛性이 있다는 뜻.
8 거울 속의 머리(鏡中頭) : 『首楞嚴經』권4에서, 부루나富樓那가 세존께 중생은 왜 망상이 있냐고 묻자, 세존께서 비유를 들어 말씀하시기를, "실라성의 연야달다가 아침에 거울에 얼굴을 비쳐 보고는 거울 속에 얼굴이 보이면 좋아하고, 얼굴이 보이지 않으면 화를 내고는 도깨비라 여기고 미친 듯이 달려 나갔다고 한다. 왜 그러한가? 이 사람은 무엇 때문에 미친 듯이 달려 나갔을까?(室羅城中演若達多. 忽於晨朝以鏡照面. 愛鏡中頭眉目可見. 瞋責己頭不見面目. 以爲魑魅無狀狂走. 於意云何. 此人何因無故狂走.)"라고 하였다.
9 선승禪乘 : 선종禪宗의 종풍.
10 도태道胎 : 진리의 태아.
11 강서의 말(江西馬) : 마조馬祖 선사를 가리키는 말로, 뛰어난 선객禪客을 뜻한다.
12 참당叅堂 : 좌선하기 위해 선방에 들어감.
13 현황玄黃 : 병이 든 말. 『詩經』「周南」〈卷耳〉에 "저 돌산에 오르고 싶어도, 나의 말이 힘이 없네…… 저 등성이에 오르고 싶어도, 나의 말이 병들었네.(陟彼崔嵬. 我馬虺隤. ……陟彼高崗. 我馬玄黃.)"라고 한 데서 유래한 말이다.
14 기북冀北 : 중국 기주冀州의 북쪽 지방은 예부터 천리마의 산실이다. 학인의 뛰어난 수행과 역량을 비유한 말이다.
15 채찍 그림자(鞭影) : 천리마는 채찍 그림자만 보고도 힘차게 달린다는 뜻으로, 학인의 근기가 뛰어남을 말한다.
16 그릇됨 알면 마땅히 변화하리니 : 춘추시대의 현인 거백옥蘧伯玉은 나이가 들어 갈수록 예전의 그릇됨을 알고 변화하여 더욱 높은 경지에 나아갔다고 한다.
17 맹자도 또한~번 이사했다네 : 맹자의 어머니가 맹자의 교육을 위해 세 번을 이사하였다.

18 새벽길에 이슬~것 방비하고 : 『詩經』「召南」〈行露〉에 "이슬에 흠뻑 젖은 길에, 어찌 조석으로 다니지 않겠는가마는, 길에 이슬이 많도다.(厭浥行露。豈不夙夜。謂行多露。)"라 하였으니, 그대에게 가고 싶지만 이슬이 두렵다는 뜻으로 여기에서는 계율을 어기는 것을 잘 막는다는 말이다.

19 서리 밟으면~것 헤아리네 : 『周易』「坤卦」초육初六의 효사爻辭에 "서리를 밟으면 단단한 얼음이 이른다.(履霜。堅氷至。)"라는 말이 있으니, 이치를 미루어 안다는 뜻이다.

20 불조佛祖 : 불교의 개조 석가모니. 부처와 조사를 아울러 이르기도 한다.

21 서치徐穉 : 후한後漢 때의 선비. 태수 진번陳蕃은 서치가 찾아오면 특별히 따로 자리를 마련하여 우대했다고 한다. 여기에서는 마음이 맞는 좋은 벗이라는 뜻이다.

22 무자화두無字話頭 : 어떤 학인이 조주趙州 선사에게 개에게도 불성이 있느냐고 물으니 없다고 대답하였다. 부처님께서는 모든 중생이 불성을 가지고 있다고 하였는데 왜 없다고 말씀했는지 참구하는 것이다.

23 남성에 노닌 스님(南城遊士) : 행각하는 스님이라는 뜻. 선재동자가 남쪽의 여러 성으로 선지식을 찾아 유람한 데서 나온 말이다.

24 병의 물과 하늘의 구름(瓶水與天雲) : 당나라 낭주 자사郎州刺史 이고李翶가 약산藥山의 유엄惟儼 선사에게 "무엇이 도입니까?" 하고 물으니, 선사가 손가락으로 위아래를 가리키며 "알겠는가?" 하였다. 이고가 모른다고 하니, 선사가 말하기를 "구름은 푸른 하늘에 있고 물은 물병에 있도다." 하니, 이고가 이에 게송을 지어 바치기를 "몸을 수련하여 학과 같은데, 천 그루 솔 아래 두 궤짝의 경서로다. 찾아와 도 물으니 다른 말씀 없고, 구름은 푸른 하늘에 있고 물은 병에 있도다.(鍊得身形似鶴形。千株松下兩函經。我來問道無餘說。雲在青天水在瓶。)"라고 하였다.

25 경자經子 : 불교의 교학敎學으로 경전 강회講會를 의미한다.

26 삼장三藏 : 경장·율장·논장을 말한다.

27 근진根塵 : 육근六根과 육진六塵을 말한다.

28 위에 밭이~또한 거짓되고 : '마음 심心' 자 위에 '밭 전田' 자가 있으면 '생각 사思' 자가 된다.

29 가운데 기둥~자 되네 : '마음 심心' 자에 세로로 '일一' 자를 그으면 '필必' 자와 유사하게 되지만 필 자는 아니다.

30 음광飮光 : 부처님의 십대 제자 중 초대 조사祖師인 마하가섭摩訶迦葉이다.

31 아난阿難 : 부처님의 십대 제자 중 2대 조사이다.

32 운문의 호떡(雲門胡餠) : 학인이 운문雲門 선사에게 무엇이 부처와 조사를 초월하는 말(超佛越祖之談)이냐고 묻자, 운문 선사가 호떡(餬餅)이라고 대답하였다.

33 조주의 차(趙州茶) : 조주 스님이 학인에게 일찍이 이곳에 온 적이 있느냐고 물으니, 그렇다고 대답하자 차나 한잔 마시라고 하였다. 두 번째 학인은 온 적이 없다고 대답했는데 똑같이 차나 한잔 마시라고 하였다. 이를 본 원주院主가 온 적이 있건 없건 왜 차를 마시라고 하느냐고 물었다. 그러자 조주가 원주에게도 차나 한잔 마시라고 하였다.

34 왕 노사의 달빛 감상(王師翫月華) : 남전 보원南泉普願 선사의 속성은 왕씨이다. 마조馬祖 대사가 달을 보다가 제자들에게 이르기를 "오늘 같은 날 무엇을 하겠는가?" 하니, 지장智藏은 공양하기 좋다 하고, 회해는懷海는 수행하기 좋다고 하였다. 남전만 소매를 떨치고 가 버렸다. 마조가 이르기를 "경은 지장에게, 선은 회해에게 돌아가고,

남전은 홀로 물외物外에 초월하리라."라고 하였다

35 기북冀北 : 중국 기주冀州의 북쪽은 말의 산지로 유명하다. 주 14 참조.
36 병중에 병들지 않는 자(病中不病) : 조동종曹洞宗 개조開祖인 동산 양개洞山良价 화상이 몸이 편찮을 때 학인이 "화상께서 병들 때에 병들지 않는 자가 있느냐?"라고 묻자 "있다."고 대답하였다.
37 묵은 종이(古紙) : 당나라 때 고승인 복주福州 고령사古靈寺의 신찬神贊 선사는 백장회해百丈懷海 선사에게 깨우침을 받았는데, 대중사大中寺의 옛 스승이 여전히 경전 공부에만 매달리는 것을 안타깝게 여기던 차에 하루는 벌이 창문의 종이를 뚫고 나가려 하는 것을 보고 이르기를, "열린 문으로 나가려 않고, 봉창만 두드리니 크게 어리석구나, 백 년을 옛 종이만 뚫어 본들, 어느 날에나 나가길 기대하랴.(空門不肯出。投窓也大痴。百年鑽古紙。何日出頭期。)"라고 하였다.
38 엄광嚴光 : 후한後漢 때의 처사로 광무제의 친구이다. 광무제가 벼슬을 권유했으나 받아들이지 않고 높은 절개를 지키며 고향 부춘富春에서 농사지으며 살았다.
39 소보巢父 : 요임금 때의 처사로 나무 위에서 살았다고 한다.
40 우계愚溪 : 당나라의 문인 유종원柳宗元이 좌천되어 살았던 곳이다.
41 혜로의 문(惠老門) : 혜로는 육조 혜능慧能인 듯하다.
42 여경餘慶 : 『周易』에 "선을 쌓으면 경사가 넘치고, 불선을 쌓으면 재앙이 넘친다.(積善之家。必有餘慶。積不善之家。必有餘殃。)"라는 말이 있다.
43 음광이 자리 나누어(飮光分半座) : 부처님께서 다자탑多子塔 앞에서 설법하실 때 음광飮光(마하가섭)이 늦게 도착했는데, 자리를 나누어 주고 함께 앉았다.
44 서치徐稚 : 후한後漢 사람. 자는 유자孺子이며, 남주南州의 고사高士라 일컬어진다. 먼 곳으로 문상問喪하러 갈 때면 솜을 술에 적셔 햇볕에 말린 다음 그것으로 구운 닭을 싸서 휴대하기 간편하도록 만들어 가지고 가서, 솜을 물에 적셔 술을 만들고 닭을 앞에 놓아 제수를 올린 뒤 떠났다고 한다『後漢書』권35「徐穉傳」.
45 약명체藥名體 : 약재 이름으로 시를 지은 것이니, 스님이 문자 유희를 한 것이다. 시의 원문 중 오미・당귀・원지・기생・반하・결명 등은 약재 이름이다.
46 지음知音 : 마음이 서로 통하는 친한 벗을 이르는 말. 백아伯牙는 춘추시대 거문고의 명인으로, 거문고를 연주하면 친구 종자기鍾子期가 듣고 그 뜻을 다 알았다. 후에 종자기가 죽자 백아는 더 이상 거문고를 연주하지 않았다고 한다.『列子』「湯問篇」.
47 절마다 찰간을 거꾸로 쓰러뜨리고 : 아난존자가 마하가섭에게 묻기를 "세존께서 금란가사金襴袈裟를 전하신 외에 무슨 법을 전하셨습니까?" 하니, 가섭이 아난에게 이르기를 "문 앞의 찰간을 쓰러뜨려라."라고 하였다. 여기에서는 선풍禪風을 펼친다는 말이다.
48 주진朱陳 : 중국의 서주徐州 고풍현古豐縣에서 주씨朱氏와 진씨陳氏 두 성씨가 서로 혼인하면서 화목하게 살았던 촌락 이름인데, 백거이白居易의 〈朱陳村〉이라는 시로 더욱 유명해졌다.
49 유곤의 호랑이(劉昆虎) : 후한後漢 때 효민殽黽의 역도驛道에 호랑이가 많아 여행하는 사람들이 그곳으로 다니지 못하였는데, 유곤劉昆이 홍농 태수弘農太守가 되어 다스린 지 3년 만에 인덕仁德의 감화가 크게 행하여지자 호랑이가 새끼를 데리고 하수河水를 건너갔다는 고사를 말한다.

50 묵적의 수레(墨翟車) : 전국시대의 현인 묵적墨翟이 길을 가던 중 날이 저물었다. 숙박을 하려고 마을 이름을 물어보았더니 이름이 조가朝歌(아침부터 노래한다는 뜻)였으므로, 묵적이 마을 이름이 싫어서 수레를 돌렸다고 한다.
51 오두미五斗米 : 다섯 말의 쌀이라는 뜻으로, 적은 봉록을 말한다. 동진東晉의 시인 도연명陶淵明이 41세에 팽택현彭澤縣이라는 작은 고을의 현령이 되었는데 군에서 독우督郵(감찰관)가 감사를 나왔다. 아전이 도연명에게 의관을 갖추고 정중하게 맞아야 한다고 아뢰자 도연명이 말하기를, "내 어찌 오두미 때문에 고을의 어린아이에게 허리를 굽히랴." 하고, 곧 관직을 그만두고 〈歸去來辭〉를 노래하며 고향으로 돌아갔다.
52 삼조三條 : 삼조연하三條椽下의 준말. 작은 승방을 말한다. 승방의 앉는 자리는 한 사람마다 길이 6척, 넓이 3척으로 지정되어 있다. 이 넓이는 머리 위에 있는 천장의 서까래 세 개의 넓이에 해당한다고 하여 붙여진 이름이다.
53 솔개 날고~뛸 때(鳶魚上下) : 연비어약鳶飛魚躍. 『詩經』에 나오는 말로, 만물이 각각 제자리에 안주하여 본성대로 즐기며 소요함을 말한다.
54 백아伯牙의 현을 아는 종자기鍾子期 : 주 46 참조.
55 내 마음 돌 아니니(我心非石) : 『詩經』「邶風」〈柏舟〉에 나오는 "내 마음 돌이 아니니 굴릴 수 없도다.(我心匪石。不可轉也。)"라는 구절로, 변치 않는 마음을 뜻한다.
56 배상의 삼생(裵相三生) : 배상裵相은 당나라 때 승상을 지낸 배휴裵休를 말한다. 배휴는 황벽 희운黃檗希運 선사의 제자이다. 옛날 월주 땅에 담헌 스님이 있었는데 허순許詢과 친하여 함께 탑을 만들었다. 허순이 죽은 후에 담헌 스님은 120여 세를 살았는데 어느 날 문인에게 말하기를 "허순이 온다."고 하였다. 이에 제자가 "허순이 죽은 지 30년이 지났는데 어찌 다시 온다고 하십니까?"라고 물었다. 그때 악양왕이 지공 대사의 지시를 받고 고을에 와서 담헌 스님을 만나러 왔는데, 담헌 스님이 문에서 기다리고 있다가 "현도(허순의 자)야, 왜 오는 것이 늦었느냐?"라고 하였다. 이에 악양왕은 "저는 성이 소씨인데 어찌 현도라고 부릅니까?"라고 물었다. 담헌이 손을 잡고 입실하여 삼매력三昧力으로 전생을 보이니 왕이 문득 전생에 탑을 만든 일을 기억하였다. 그때 용흥사 대전이 무너졌는데 무리가 담헌 스님에게 중수하기를 청하였다. 담헌이 말하기를 "다시 200년 뒤에 단월이 있어서 크게 불사를 일으킬 것"이라고 하였다. 때가 되자 배휴가 태수로 부임하여 삼보를 높이고 크게 불전을 이루었다.
57 장자의 한 꿈(莊生一夢) : 장자莊子가 꿈에 나비가 되어 훨훨 날아다녔는데, 꿈에서 깨고 나니 버젓이 장자 자신이었다. 장자는 자기가 꿈을 꾸어 나비가 된 것인지, 나비가 꿈을 꾸어 장자가 된 것인지 모르겠다고 하였다. 「莊子」「齊物論」.
58 자장의 해악(子長海岳) : 자장子長은 전한前漢의 역사가로 『史記』를 쓴 사마천司馬遷의 자字. 사마천은 젊은 날 천하의 큰 산과 물을 두루 유람하였는데, 이후 문장이 호방하게 되었다고 한다.
59 박망의 선하(博望仙河) : 박망博望은 한나라 무제 때의 박망후博望侯 장건張騫을 말한다. 선하는 은하수. 장건은 무제의 사신으로 서역을 여행하였고 황하의 근원을 발견하였다. 전설에 따르면 그는 뗏목을 타고 은하수에 이르렀다고 한다.
60 홍몽鴻濛 : 천지자연의 큰 기운이다.
61 초료鷦鷯 : 작은 새의 이름이다.
62 선거禪居 : 참선하는 수행승의 거주지.

63 진제眞際 : 진실의 극치를 말한다.
64 우바리(波離) : 우바리優波離는 석가모니의 십대 제자 중 하나로, 계율에 정통하여 '지율 제일持律第一'이라 불렸다.
65 파순波旬 : 석가모니와 제자들의 수행을 방해하려 한 마귀.
66 노란 잎으로~아이 그치고 : 어린아이의 울음을 그치게 하기 위하여 낙엽을 돈으로 속여 주는 것을 말한다. 이 내용은 『涅槃經』「嬰兒行品」에 전한다. 황엽지제전黃葉止啼錢이라고 하여 선에서 스승이 제자를 가르칠 때 방편을 쓰는 것을 비유하였다. 이 비유는 마조의 기록(『傳燈錄』)에 등장한다. 어느 승려가 물었다. "화상께서는 어찌하여 '마음이 곧 부처(卽心是佛)'라고 설하십니까?" "어린 아기의 울음을 그치게 하기 위해서다." "울음을 그치면 어떻게 합니까?" "마음도 아니고 부처도 아니다.(非心非佛)"
67 망양亡羊 : 『列子』에 나오는 말로, 어느 날 양자楊子의 이웃집 사람이 양을 잃어 모두 찾아 나섰는데 찾지 못하였다. 양자가 그 이유를 묻자, 갈림길이 있고 그 길마다 또 갈림길이 있기 때문이라고 하였다.
68 호의狐疑 : 여우가 얼음이 언 시내를 건너려고 하다가 물소리를 듣고 주저한다는 뜻으로, 용맹정진하지 못함을 비유한 말이다.
69 발우로 용을 항복시킴(鉢降龍) : 『證道歌』26에 "용을 항복받은 발우와 호랑이 싸움을 말린 지팡이여.(降龍鉢。解虎錫。)"라는 대목이 있는데, 육조 혜능慧能의 고사에서 온 말이라고 한다. 혜능이 주석했던 소주韶州 보림사寶林寺 용소龍沼의 독룡毒龍이 사람들을 괴롭히는 것을 보고 혜능이 발우에 담아 설법하여 교화했다고 한다. 일휴 역주, 『신심명·증도가』, 정우서적, 2011.
70 중도를 잡고(執中) : 『書經』「虞書」〈大禹謨〉에서 순舜이 우禹에게 제위를 넘겨주려고 할 때 "인심은 위태하고 도심은 은미하니 정靜하게 하고 한결같이 하여야 진실로 그 중中을 잡을 것이다.(人心惟危。道心惟微。惟精惟一。允執闕中。)"라고 한 16글자를 말한다. 주희朱熹 등 송대 유학자들이 이것을 요堯·순·우 세 성인이 서로 도통道統을 수고받은 16자심전十六字心傳이라고 강조한 뒤부터 더욱 중시되었다.
71 삼독三毒 : 뜻으로 짓는 세 가지 번뇌인 탐貪·진嗔·치癡.
72 계수 가지 꺾을지니(折桂) : 계수나무 가지는 과거 급제를 뜻하는 말로; 진晉나라 극선郤詵이 과거에 우수한 성적으로 급제하고 나서 '계림桂林의 일지一枝'로 비유한 고사가 있다. 『晉書』「郤詵列傳」.

경암집 중권

| 鏡巖集 卷之中 |

채 상국 번암공[1]께 올림

    방장산인方丈山人 아무개는 재계목욕하고 삼가 대감의 안부가 어떠하신지 여쭙니다. 그리운 마음이 간절합니다. 저는 산인山人으로 일찍이 문하에 알현하지 못하였으나 돌아가신 스승 추파秋波 대사께서 유년 시절에 돌아가신 희암希庵(채팽윤蔡彭胤) 선생께 수학하였고, 돌아가신 합하閤下[2]께서 적성赤城(충북 단양)의 수령으로 부임하실 적에 대대로 이어 온 교분으로 이아貳衙[3]에서 대감을 뵐 수 있었습니다. 이는 망사亡師께서 대감의 문하에 삼세三世의 인연이 있는 것이니 돌아가신 스승에 대한 문자를 대감이 아니면 누구에게 구하겠습니까? 옛날 당나라 사람들은 한문공韓文公[4]의 묘지墓誌를 얻지 못하면 장례 지내지 못한 것으로 여겼습니다. 돌아가신 스승의 영정에 찬문贊文이 없으니 감히 대감의 훌륭하신 글솜씨를 청합니다. 지극히 외람된 일이오나 또한 삼세의 다정한 인연을 없앨 수 없는 것이니 어떻게 하교하실는지요? 돌아가신 합하의 수찰手札이 돌아가신 스승께서 남기신 책 상자 안에 있어서 아울러 바칩니다. 황공한 마음을 이기지 못합니다.

上蔡相國樊巖公
方丈山人某齋沐。謹伏問大監氣體候若何。伏慕不任之至。伏以山人未曾謁見於門下。亡師秋波名某。幼年受學於先希庵先生。先閤下下車赤城時。以世誼得拜大監於貳衙。是亡師於大監門下。有三世之緣。欲爲亡師文字。

非大監門下而奚求哉。昔唐人不得韓文公墓誌。與不葬同。亡師像幀。未有贊文。敢伏請于大監如椽筆下。雖極猥越。亦三世情緣之不可自沒也。未知下敎如何。先閤下手札。在亡師遺篋中。並伏納。不勝惶恐。

정 진주 표천[5]께 올림

　합하께서 전에 회계會稽를 다스릴 때 저의 선사先師와 방외의 교유를 맺고, 후에 괴산槐山으로 옮기고 나서도 잊지 못하여 항상 남쪽을 바라보시며 그리워하여 손수 서찰을 주셨습니다. 이제 선사께서 남기신 책 상자 중에 수십 쪽의 편지는 선사께서 소중히 간직하고 읽으시며 말씀하시기를, "좋은 문장이로다. 나를 이렇듯 사랑하는구나."라고 하였습니다. 저는 그때 어려서 문하에 나아가 인사드리지 못했으나 또한 선사의 말을 인하여 합하를 사모한 지 여러 해가 되었는데 뜻밖에도 선사께서 돌아가셨습니다.

　합하께서 이제 진양晉陽(진주)으로 부임하시어 행차가 회계를 지나가니 산천초목도 모두 기뻐하는 모습이 있습니다. 그러나 슬프게도 돌아가신 분은 어찌 무궁한 한이 없겠습니까? 전년 봄에 제가 합하가 다스리는 지역의 서산에 거처하여 한번 뵙고 인사를 드릴 수 있었는데, 평생 공문公門에 들어가 보지 않아서 두려움과 겁이 쌓여 주저하며 나아가지 못하고 머뭇거리며 말하지 못하였습니다. 10년 동안 우러러 사모하는 정성과 선사께서 평소의 교유하신 마음을 하나도 아뢰지 못하고 물러났습니다.

　이제 뜬구름처럼 정처 없어 지금은 덕유산德裕山 상상봉上上峰에 있습니다. 합하께서 임기를 마치고 수레가 북쪽을 향해 떠나면 이승에서는 다시 만날 인연이 없을 것이니 슬프고 한스러움을 어찌 다 말하겠습니까? 선사께서 남기신 시문 약간 편을 교유하시는 분들에게서 수습하여 출판하고자 하는데 합하와 수창한 것이 유독 한 글자도 없어 매우 미진하다고 여깁니다. 합하의 아름다운 시문집 중에 혹시 기록된 것이 있으면 등사해서 보내 주시기를 바랍니다.

上鄭晉州瓢泉

閤下前治會稽。辱以先師爲方外交。后移槐山。亦不能忘。常有悠然望南之思。手賜書札。今在先師遺篋者數十紙。先師珍藏而讀之曰。好文章。愛我至此。山人時幼。雖未蒙趍拜軒下。而亦因先師之言。誦慕閤下者有年矣。不意先師奄忽。而閤下今下車晉陽。旌旆行過會稽。雖山川草木。皆有欣感之態。哀哉長逝者。豈無私恨之無窮哉。前年春山人。居治下西山。得一拜堂下。而平生不入公門。畏怵之積。趑趄而不能進。囁嚅而不能言。十年慕仰之誠。先師素契之誼。一無所陳達而退。而浮雲無住。今則德裕上上峰矣。閤下瓜期已滿。五馬將北。則此生再謁無緣。悵恨曷喩。先師遺稿詩文略干篇。於交遊中收拾。欲付之梓氏。而爲閤下酬唱者。獨不得一字。甚自缺然。閤下瓊集中。倘或有錄載者。騰取伏望。

신 승지 여암공[6]께 올림[7]

선생의 문장은 온 세상이 높여서, 심산궁곡이라도 문장에 종사하는 자라면 모두 사모하여 우러르고 분주奔走하여 선생의 모습을 뵙고자 합니다. 아, 유불儒佛의 가르침은 그 유래가 오래되고 그 근원이 큽니다. 미혹되면 제초齊楚가 다 그릇되고 깨달으면 호월胡越이 일가이니, 어찌 피차 모순이라고 여겨 상대를 천시하고 나만을 높이겠습니까? 선생께서는 주공周公과 공자를 학습하면서도 또한 불가의 문자를 피하지 않아서 평생의 지으신 작품이 때때로 총림에 유통되고 있습니다. 그 말씀은 대개 유학을 저버리지 않으면서 곧바로 불지佛地에 이르렀으니 읽는 자가 유학자이면 유학으로, 스님이면 불교로 여기게 됩니다. 비유하자면 빈 배가 넓은 바다에 떠 동서로 자유롭게 다니며 사람도 싣고 물건도 실어, 오고 감에 막힘없이 가는 곳 따라 편안한 것과 같으니 이 어찌 보통 사람이 엿보고 헤아릴 수 있겠습니까? 저는 가만히 탄복합니다.

저는 어릴 때 부모를 잃고 곤궁하여 갈 곳이 없어 드디어 입산 삭발하였으나, 다만 골짜기의 부처가 사람을 살린다는 말[8]만 있는 줄 알았지 그 도가 성현의 도에 맞는지는 생각지 않았습니다. 그때 선사께서 석교釋敎의 사범이 되시어 곧 책 상자를 짊어지고 도를 구하였습니다. 선사께서 제가 사대부의 자손임을 물어 아시고는 슬퍼하시고 어루만지며 글로 훈계하시기를, "하늘이 반드시 너로 하여금 속세를 벗어나 니원泥洹(열반)의 세계에 노닐게 하리라." 하시고 부처님의 설산의 고사로써 힘쓰게 하셨습니다. 제가 이에 천명의 소재를 알고 따라야 할 도리를 배우기를 청한대, 스승께서 일일이 깨우쳐 주시어 4년에 이르도록 게을리하지 않았습니다. 저는 비록 타고난 자질이 몽매하여 깨달음을 얻을 인연은 없었으나 또한 이 학문으로 마음을 바로 하고 몸을 닦으며 임금과 어버이의 은혜를 보답하게 되었으니 이는 우연히 된 것이 아닙니다. 예전에 선사께서 애써 훈도하지 않았다면 불법을 허무虛無 공멸空滅이라고 여기는 데 그쳤을 것입니다. 이 때문에 항상 그 은혜를 저버리지 않고 보답할 방법을 생각하여, 얻지 못하면 저도 모르게 가만히 눈물을 흘렸습니다. 그분이 이미 돌아가시어 세상에서 다시 뵐 수 없고 그 언어와 문장도 따라서 흩어져 사라지게 되면 훗날에 다시 고찰할 수 없을 것입니다. 그렇게 그만둘 수 없어서 도를 행했던 모습을 비단에 그리고 열반의 자취를 돌에 나타내며, 흩어진 시구들을 수습하고 교유하신 분들 가운데서 유문遺文을 수록하여 대략 수십여의 문자를 모으고 또 출간하여 오래 전해지기를 꾀합니다.

돌이켜 생각하니 제가 욕되게 스승의 문하에 들어왔으나 그 도덕과 문장이 막연하여 연구하지 못하였고, 지난번에 수습한 것도 대부분 선사께서 손수 기록하신 것이 아니니 전해지는 동안에 반드시 오류와 와전이 없지 않을 것이라, 이대로 남에게 보이면 선사께 죄를 얻을 뿐만 아니라 또 누가 믿겠습니까? 예전에 용담龍潭 법사의 시집을 냈을 때 선생께서 서문을 써 주셨는데 선사께서는 초년에 용담에게 수학하였으니 인연으로 삼을 만하고, 게다가 제가 평생 사모하여 우러르기를 그치지 아니하였으니 선사의 문자를 짓는 분은 선생이 아니면 안 되는 것입니다. 다만 저는 멀리 있어 선생께 나아가지 못하고 드디어 백실白室 유 공柳公[9]께 부탁하였더니, 유공께서 저의 뜻을 가련히 여겨 선생께 말씀드렸습니다. 선생께서도 또한 이단이라 버리지 않으시고 슬피 여겨 받아들이고 몇 날을 등불 앞에서 퇴고를 다하여 주시니, 저에게는 금옥 같은 깊은 은혜인지라 어찌 보답해야 할는지요? 이 어찌 어진 군자가 사람을 대하는 자연스러운 도량이 아니겠습니까? 더욱더 감격스러운 마음을 가누지 못하겠습니다.

제가 선생의 문장을 보니, 기궤하고 굳건하여 깊이 만물의 실정을 체득하고 도를 조용히 따르시니 그 공부의 극진한 곳은 제가 헤아릴 바가 아닙니다. 용담 법사의 시집 서문에서는 공空 한 글자로 법을 삼아 불공不空으로 귀결시켜, 불공이면서 공이고 공이면서 불공이 되니 공·불공은 두 가지가 아니면서 또한 하나가 아닌 것이 밝히지 않아도 분명하다고 하였습니다. 이제 선사의 문집 서문에서도 경境 한 글자로 용用을 삼아 경계를 잊은 후에 참 경계를 얻는 데 이르고, 참 경계의 비유를 들어 말하기를 시내와 연못의 물이 맑고 깨끗하여 흰 유리와 같다고 하시니, 오호라, 선사의 심인心印이 어찌 이러하지 않겠습니까? 두 선사의 시문은 대개 성정으로부터 나왔으나 선생의 시문이 아니라면 그러함을 알 수가 없으니, 선생은 법요를 잘 해설한다고 이를 만하니 스스로 증득한 곳이 어떠하신지요? 두 선사의 마음을 알고자 한다면 마땅히 선생의 이 서문을 보아야 할 것이요, 선생의 도를 알고자 한다면 도리어 두 선사의 마음 가운데에서 구해야 할 것입니다. 그러니 선생께서 두 선사를 일찍이 만나지 못했으나 만나지 않은 것도 아닌 것입니다. 제가 선생을 사모하고 기뻐하는 마음이 비록 모습은 뵌 적이 없으나 항상 친근하게 여겼으니 이것이 바로 경계의 진실처요, 이른바 진인眞人의 적정寂靜의 즐거움은 여기에 있고 저기에 있지 않다는 것이라, 어찌 몸이 멀리 떨어져 있음을 한스러워하겠습니까?

출간하는 일이 이제 다행히 끝나 저의 일도 마쳤습니다. 원하건대 이를 영원한 시간에 받들어 행하여 모든 대지의 일체중생을 세가 보누 이 심인으로 제도하여 적멸의 즐거움에 들게 하고, 유리세계에 안주하게 하여 유학에서 나와 불교에 들어가며, 불교로 좇아 유학으로 들어가 귀천과 시비를 없애고 함께 태화太和의 도에 귀의케 할 것입니다. 그런 후에 선생의 책상 아래 돌아가 뵐 날이 있을 것입니다. 구구한 마음은 이뿐입니다. 삼가 법제法弟를 보내어 고루한 마음을 대략 아룁니다. 황공합니다.

上申承旨旅庵公

先生文章。爲一世所宗。雖深山窮谷。苟能從事文學者。則莫不慕仰奔走。思欲望見其顏色。噫。儒佛之教。其來尙矣。其原大矣。迷之則齊楚俱失。悟之則胡越一家。夫何彼此而矛盾。出奴而入主乎。先生自是學習周孔者。

而亦不避浮屠文字。平生述作。間甞流通於叢林界。其言盖不背儒術。而徑
造佛地。使讀之者。爲儒而儒。爲佛而佛。譬如虛舟駕海。任運東西。可以
載人。可以載物。徃復無礙。惟適之安。此豈常人之所能窺測哉。某窃服焉。
某幼年失恃怙。窮無所歸。遂入山薙髮。但知有谷佛生人之該。[1)] 而曾未謂
其道之可聖賢否也。時先師某堂。爲釋敎宗範。卽荷笈而求之。師問知爲士
人子。悲而撫之。又以誡之曰。天必使爾。蟬蛻乎塵寰。夷猶乎泥洹。勉以
瞿曇氏雪山故事。某於是知命之所存。請學其所由道。師一一分曉。至四年
而不倦。某雖賦質懵昧。未有悟得因緣。而亦以是學。足以正心。足以修身。
足以報君與親。則乃非偶然而得也。向無師訓之劬勞。則將謂佛法。祇是
虛無空滅而止矣。由是每念其恩之不可辜。思所以報效不得。則不覺潛然
下涕。其人已沒。不可復見於世。其言語文章。亦從歸散滅。不可復考於後。
無已。則綃寫行道之影。石表涅槃之跡。拾詩句於落葉。錄遺文於交遊。略
集數十紙餘。又欲被諸梓。以壽其傳。反以思之。吾雖忝入於師門。其道德
也。文章也。漠無以究矣。向所收拾。多非先師手錄。歷傳之間。未必無謬
訛。以是示人。非但得罪於先師。又誰信之。往者龍潭法師有詩集。先生爲
之弁文。先師初年。從龍潭受學。此足爲籍緣。況余之平生慕仰之不自已。
則欲爲先師文字者。非先生。不可。第以山人遠跡。未敢遽進。遂托於白室
柳公。公愍我之志。爲言先生。先生又不以異學棄之。哀而受納。幾日燈前
推敲。備盡於山人。可謂全[2)] 玉深恩。何以報答。此豈非仁人君子應物自然
之度耶。尤不勝感激之忱。伏見先生之文。奇詭遒健。深軆萬物之情。而從
容於道。其工用之極處。非某所能測也。其序龍潭之詩。則一空字爲法。結
歸於不空。不空而空。空而不空。空不空非兩㨾。亦非一塊。無卞白也。今
序先師之文。又以一境字爲用。至於忘境而後得眞境。眞境之喩。則曰
溪潭之水。瑩然若白琉璃也。嗚呼。先師之心印。豈不是歟。二師之詩之文。
盖從性情中出。而微先生之序。不能知其然。先生可謂善說法要。其自證處
爲如何哉。欲求二師之心。當看此先生之序。欲知先生之道。却於二師中

求。然則先生之於二師。雖未嘗値。而未始不相見也。某之慕悅先生之心。雖未識面。而未嘗不親近。是乃爲境之眞實處。所謂眞人寂靜樂。在此而不在他。何恨形骸之爲阻。刊役今幸訖了。某事畢矣。願以此奉行於塵墨刼。盡大地所有一切衆生。我皆以此心印度之。令入寂滅樂。安住琉璃界。出儒而入佛。從佛而入儒。無主無奴。無是無非。同歸於太和之道。然后先生床下歸拜。有日區區之心。只此而已。謹走法弟。略陳孤陋。不勝惶恐。

1) ㉠ '該'는 '語'의 잘못인 듯하다. 2) ㉡ '全'은 '金'의 잘못인 듯하다.

유 익위 풍암공께 올림[10]

선대감께서 세상을 뜨신 지 이미 3년이 흘렀습니다. 저는 병 때문에 달려가 곡하지 못했으니 죄송한 마음을 이기지 못하겠습니다. 가을바람이 점차 높아지는데 선생의 수도하시는 생활이 여러 가지로 좋으신지요? 강에는 살찐 농어가 있고 밭에는 돋아난 순채가 있으며, 정원에는 도연명의 국화가 심어져 있고 책상에는 성인의 책이 가득하여 선생의 부귀가 이와 같으니 누구인들 선생께 축하드리지 않겠습니까? 선사의 문집은 실로 상사上舍(생원이나 진사)의 힘을 입어 책을 이루었고 또 선생의 변론으로 총림에 영화로운 빛이 지극하니 먼 훗날까지 유통되는 것이 무슨 어려움이 있겠습니까? 참으로 감사드립니다. 출판의 일을 겨우 마쳤으니 이후로는 한가하게 뜰 앞의 잣나무(庭前栢樹)[11]와 함께 항상 청산을 마주할 뿐입니다. 선생의 활계는 저와 같은지 다른지 알지 못하겠군요. 이만 줄입니다.

上柳翊衛楓巖公

先大監捐舘。已過三霜。山人病不能奔哭。罪悚無任。秋風漸高。伏惟先生道履萬珍。江有肥鱸。园有抽蓴。庭植淵明之菊。案積聖人之書。先生之富貴如此。孰不爲先生健賀哉。先師文集。實賴上舍成秩。而又辱先生之辯。作叢林榮色至矣。流通遐刼亦何難。感感誦誦。榟役今纔了訖。自后便可無事庭前栢樹子。長與對靑山而已矣。抑未知與先生活計。是同是別。不備。

유백실[12]께 올림

이별한 후로 천 리 먼 곳 운산雲山에 떨어져 지냈습니다. 가을의 서늘함이 점점 더해 가는데 생활은 여러 가지로 좋으신지요? 급제한 지 30년에 침랑寢郎[13]의 녹에 불과하니 아마도 시가 사람을 곤궁하게 하는가 봅니다. 안자顔子[14]는 성문聖門의 높은 제자이면서도 오히려 가난한 동네에서 곤궁함을 면하지 못하였습니다. 그렇기에 군자는 곤궁할 때에도 지조를 굳게 지키는 법이니 우리 거사께서도 그러한 사람이라 할 수 있습니다.

저는 쇠잔함이 더욱 심하여 주야로 두문불출하고 죽어서 서방으로 떠날 생각뿐입니다. 다만 연방蓮榜의 구품九品에 이름이 쓰여 있는지 알 수 없으니 우습고 가련하기만 합니다. 선사의 유고를 간행하여 펴는 일을 다행히 마쳤으니 그대가 베푸신 성대한 은혜를 어느 날인들 감히 잊겠습니까? 저도 또한 산수의 여러 기문들을 전하는 말 중에서 망령된 뜻으로 논평하여 취했습니다. 이제 당신께 받들어 드리니 옳고 그름을 증명하여 바르게 잡아 주시기를 바랍니다.

上柳白室

奉別已來。雲山千里。秋涼漸高。伏惟起居萬勝。登榜三十年。祿在寢郎。豈所謂詩之窮人者非歟。子顏子以聖門高弟。猶不免陋巷單瓢。所以君子固窮。我居士其人乎。山人衰耗轉甚。日夜閉戶。惟有化徃一念。抑未知蓮榜九品。名題有無。可唉可憐。先師遺稿。幸刊布卒役。莫非盛賜。何日敢忘。山人亦有山水雜記。於傳該[1]中。妄意評取也。今以奉覽。丌下證正是否。伏望耳。

1) ㉠ '該'는 '語'의 잘못인 듯하다.

목 참판 여와공[15]께 올림

선사의 유고를 간행하고 나서 20여 년을 칩거하여 도성의 소식을 전혀 듣지 못했습니다. 마침 선생의 마을로부터 온 옥천사玉泉寺의 진상進上하는 스님을 만나 선생께서 줄곧 건강하심을 알고 기쁨을 이기지 못하였습니다. 뜻밖에 번암樊巖 상공께서 별세하시어 공사 간에 애통한 마음을 어찌 말로 표현할 수 있겠습니까? 영남 사람들은 항상 선생과 상공을 태산 북두처럼 우러르는데, 이제 상공께서 세상을 떠나셨으니 저는 선생의 문하에 나아가 문장의 정종正宗을 청하여 묻기를 원합니다.

上睦叅判餘窩公

先師遺稿了刊後。蟄坏二十年餘。都下消息。漠然無聞。適逢玉泉進上僧。從先生里巷來憑。伏審先生體候一向健相。欣躍不任之至。不意樊巖相公捐舘。公私之慟。不可言喩。嶠南之人。每以先生與相公。爲山斗之仰。今相公已矣。山人願至先生軒下。請問文章。以何爲正宗也。

산청군수 이후께 올림

 날씨가 찌는 듯 무더운데 백성들을 보살피는 생활이 어떠하신지요? 축원하고 사모하는 마음 간절합니다. 듣자니, 지사智寺의 중이 부모이신 관가에 고하지 않고 감히 상사上司에 청탁했다고 하니 그 죄는 죽어도 용서받지 못할 것입니다. 그러나 이는 불과 한둘의 허깨비 같은 놈들의 소행이요, 여러 스님들이 동모한 것은 아닙니다. 만약 노여움을 옮겨 다 잡아들이신다면 어찌 무고한 자에게도 화가 미치지 않겠습니까? 간청하오니 죄 있는 자는 벌을 주고 용서할 자는 사면하여 합하의 적자赤子로 하여금 스스로 몸을 보존케 하면 참으로 다행이겠습니다.
 유불의 동이同異에 대해서는 가르침을 받은 이래로 깨달은 것이 많아 하백河伯이 해약海若에게 부끄러운 것[16]보다 더합니다. 그런데도 한마디 말로 '도가 같지 않으면 서로 도모하지 않는다.'[17]고 판단하시니 어찌 된 것입니까? 병이 낫기를 기다려 나아가서 다시 바른 의론을 듣고자 합니다.

上山淸官李侯

日氣蒸炎。伏不審莅字體履若何。祝慕不任之至。伏聞智寺僧。不告父母官。敢托上司。罪死無赦。而此不過一二怪鬼輩所爲。非關衆僧之同謀也。若一網遷怒。豈無無辜之或及乎。伏乞當罪者罪之。當赦者赦之。使閤下赤子。得以自保。不勝幸甚。至於儒釋同異。受誨已來。多所省入者。何啻河伯之慚海若。而一言仰斷曰。道不同不相爲謀。奈何。待病蘇趨進。再聽格論伏計。

안의군수 한후께 올림

　편지와 달력을 보내 주시어 새해 수령의 안부와 생활이 더욱 복되시고 여러 가지로 편안하심을 알고 축하하는 마음 넘칩니다. 관關 스님이 제가 뵙기를 바란 것은 이미 하교하신 가운데 있으니 진실로 다행스럽고 바라는 바입니다. 다만 승제僧制에 주문朱門[18]에는 발걸음을 금지하니, 만일 제가 계율을 훼손하여 명예를 좇는다면 합하께서 무엇을 취하여 사랑하겠습니까? 옛날 한문공韓文公은 고을 외곽으로 태전太顚 스님을 불러 보고 후에 그 집에 가서 옷을 남겨 주고 이별하였습니다. 저의 생각에 태전이 홍련紅蓮에게는 계율을 능히 지켰지만 주문에는 하지 못하였으니, 그 겉모습은 비웠지만 명예는 비우지 못했다고 여깁니다. 한문공이 어찌하여 그 집을 찾아가고 무엇을 사랑하여 옷을 남겨 주었는지 알지 못하겠습니다. 제가 불교를 배운 것은 비록 태전에게 몇 층 미치지 못하나 합하께서 만일 교화 밖의 사람을 용서하여 놓아두시고, 회피(遁逃)하는 죄를 생각지 않으신다면 산승을 사랑하는 풍모가 오늘날의 한유韓愈가 옛날의 한유보다 못하지 않을 것입니다.

上安義官韓侯

下賜書敎並曆日。伏審新年字候動止。增福萬安。誦賀不任。關師欲山人請謁。旣是下敎中。則固所幸願。而第以僧制禁足朱門之下。使山人毁戒而趨名。閤下何所取愛哉。昔韓文公。召見太顚於州郭後。造其廬。留衣爲別。竊謂顚之守戒也。能於紅蓮。而不能於朱門。空其色則可矣。空其名則未也。抑未知文公。何爲而造其廬。何愛而留之衣乎。山人之學佛。雖不及於顚之幾層。而閤下倘恕置於化外之物。不記遁逃之罪。則愛甚山人之風。未必後韓子。不若前韓子也。

함양 자사[19]께 답하여 올림

경승境僧이 돌아오는 편에, 편지와 아름다운 시문을 받았습니다. 손을 씻고 백번 읽어 보니 인색한 마음이 소멸되어 화성化城 가운데 멸지滅智[20] 공부보다 더 낫습니다. 요즈음 조용히 수양하시는 생활이 더욱 복되시고 좋으신지요? 서울 길이 가까운 날에 있다고 하니 용방龍榜[21]에 이름을 취하는 것이 어찌 대장부의 능사能事가 아니겠습니까? 밝은 세상에 재주 있는 선비가 숨어 지내서는 안 되는 것입니다. 누를 끼쳤다는 말씀은 그렇지 않습니다. 보내 주신 달력은 연루蓮漏[22]를 대신하겠습니다. 운산雲山도 또한 요임금의 뜰에 있게 되었으니 감사하고 기쁜 마음 가누지 못합니다.

答上咸陽子舍

境僧還。伏承下書並瓊篇。盥讀百回。鄙吝消滅。何翅化城裡滅智工夫耶。不審數宵間。靜養體履。增祉萬安。京行在邇。龍頭取榜。豈非大丈夫能事乎。明世負才之士。不可隱逃。爲累之示。未敢聞命。下送曆日。用代蓮漏。雲山亦在堯庭中。感賀不任。

김 천총[23] 수대에게 주다

　삼가 안부가 어떠하신지 여쭙니다. 저는 속세 밖의 사람이라 편지글로 남에게 알기를 구하여서는 안 되지만 이제 그대에게 그럴 수 없는 것은 까닭이 있습니다. 돌아가신 추파 대사께서는 저의 법사이시고 또한 일찍이 당신의 스승이셨습니다. 그러니 제가 비록 당신을 뵙지는 못했지만 이 치상 반드시 마음이 서로 비추어 산하와 몸만 멀리 떨어져 있다고 여기지는 않을 것이니 이 편지를 드리지 않을 수 없는 것입니다. 당신의 뜻은 어떻게 여기시는지요?
　갑오년 5월 13일 진시辰時(오전 7~9시)에 선사께서 영결하시자 탑과 진영, 비석과 문집을 모두 산청 심적암深寂庵에 두었습니다. 문집 중에 김 아무개 둘은 종형제라는 말이 있는데 어찌 당신이 그 사람일 줄 알았겠습니까? 알지 못했기 때문에 부고를 알리지 못했으니 죄를 어찌 다 말로 표현하겠습니까? 선사의 교훈은 팔도의 유자와 불자 사이에 퍼져 있는데 친히 상례를 행한 자는 불과 열몇이요, 시봉한 제자 둘도 이제 모두 환속하였습니다. 지난가을 선사의 둘째 동생이 작고하였는데, 문경에 아들 하나가 있어 나이가 25세인데 병든 몸으로 내방하여 서로 통곡하고 이별하였습니다. 선사의 제삿날은 심적암이 유가의 서원의 예에 따라 제향하도록 하였습니다. 다만 산승의 살림이 청빈하여 위전位田[24]을 넉넉히 두지 못하니 죄스럽고 한스럽습니다.
　들자니 사람의 바람을 피하지 못하여 자신을 낮추어 아전의 직책을 행하신다고 하니, 창생蒼生을 위하여 구제하여 살리는 일이 어찌 허물이 될 것입니까? 저는 다만 송경誦經과 염불을 일삼고 행색이 거칠고 우활하여 선사의 사후 일 처리에 여전히 여한이 많습니다. 매번 나아가 마땅한 계책을 듣고자 하였으나 만나 보지 못한 사이에 세상의 정을 요청할 수는 없었습니다. 다만 원컨대 밝은 수령을 잘 보좌하여 고을의 모든 백성이 송축하고 억울함이 없게 한다면 평생의 배움을 거의 저버리지 않을 것입니다.

與金千捴【壽大】

謹問起居何如。山人世外物也。不當書字。求知於人。今於尊軒。不能免者。有由焉。先秋波大師。山人之法師也。亦曾尊軒之先生也。山人雖未嘗奉拜尊軒。理必心肝相照。非以山河形骸爲阻。此書亦不可無也。未知尊軒以爲何如人。斯甲午五月十三日辰時。先師永訣。塔影樹碣文集。並在山淸深寂庵。文集中有金某兩從兄弟。豈知尊軒。其人也。惟不知故。不得通訃。罪尙何喩。先師敎訓。儒釋間殆遍八域。其親執喪禮者不過十數。有養足二。今皆歸俗客。秋先師仲氏作故。於聞慶有一子。年二十五。衰身來訪。相哭而別。先師祀事之節。使深寂庵行享。如儒家書院例。但山人淸水生涯。不能優置位田。罪恨。聞不免人望。下行橡吏。爲蒼生濟活。何足累也。山人惟以誦經念佛。行色踈迕。先師身後處事。尙多餘恨。每欲進聽。宜計不面之間。不敢干以世情也。但願善佐明侯。使一州元元有頌無寃。則庶不負平生之學也。

역암 화상께 답장하여 올림

자애로운 편지를 받고, 법체法體(스님의 안부)가 여러 가지로 좋으시다니 경하드립니다. 가르침을 주시어 이끌어 주시니 얼마나 감격스러운지요. 세계가 이렇게 춥고 어려운 시절이나 이는 후생의 업보라 회피할 곳이 없습니다. 우리 화상께서 계신 밀실의 따뜻하고 부드러운 포단蒲團 위의 일과는 거리가 얼마인지요. 도솔천 위에서 하계의 수고로운 중생에게 손을 내려 주는 것이 어찌 평생의 행원行願이 아니겠습니까? 그러나 나이 70세에 부처를 추구할 힘도 없는 것이 한스럽고, 거짓을 여의고 참을 구하는 지나침이 두려워 수행을 폐하고자 하신다고 하니, 중도에 그만두는 것이요, 구더기 무서워 장을 담그지 못하는 격입니다.

불경에 이르기를, "사생육도四生六道[25]의 중생을 내가 모두 무여열반에 들게 하나 한 중생도 열반을 얻는 자가 없다."[26]고 하니 감히 묻습니다. 어떤 것이 거짓이며 어떤 것이 참인지요? 부처를 추구하여 수행하는 자는 누구입니까? 생각건대 이에 대하여 반드시 깊이 득력처가 있을 것입니다. 이제 부처를 추구할 힘이 없다고 하니 함이 없으면서 하는 것입니까, 아니면 하면서 함이 없는 것입니까? 이와 같을진대, 저의 업보를 회피하지 못하는 곳이 안락세계가 됨이 해롭지 않은지라 어찌 서방 십만억 국토 밖으로 가느나 허다한 짚신을 허비하겠습니까? 황공합니다.

答上櫟庵和尙

伏承慈敎。法體萬相。貢賀不任。下示提獎。何等感激。而世界伊麽寒波波吒吒之時節。是后生業報。無可回避處。與我和尙密室暖軟之蒲團上事。相去何如。兜率之上。垂手下界勞生。是豈平生行願。而春秋七旬。自以無力求佛爲恨。又恐離妄求眞之過。欲廢修行。竊以謂畵於中途。而畏蛆禁醬也。經云四生六道衆生。我皆令入無餘涅槃。無一衆生得涅槃者。敢問那箇是妄。那箇是眞。其求佛修行者。更是阿誰。伏想於此必深有得力處。今云無力求佛。抑無爲而爲。爲而無爲乎。如是則某之業報。無回避處。不妨爲安樂世界。何徃西方十萬億國土外。破却多少草鞋哉。惶恐。

화림 장실에게 주다

편지가 와서 건강이 회복되고 있다는 것을 알고 기쁘고 위로가 되었습니다. 저는 약을 먹어도 병이 떠나지 않으니 노쇠한 사람의 상리常理입니다. 그러나 병이 만약 그치지 않으면 약도 또한 그만둘 수 없으니, 다만 병이 나을 때를 기다려 당신에게 효험 있는 약방을 알려 드리겠습니다.

사찰 승려들의 무례함은 불법佛法의 시운이 그러하니 어찌 개의할 것이 있겠습니까? 오늘날 우리들은 둥지가 불탄 새와 같습니다. 두류산 한 줄기의 서식처로는 벽송암碧松庵만 한 곳이 없으니 욕되다고 여기지 않으시면, 와서 만나면 다행이겠습니다. 듣자니, 전지田地를 잃어 근심하고 분하게 여긴다고 하시니 위로드립니다. 인생의 복록은 정해진 것이라 잃은들 무엇을 근심하며 얻은들 무엇을 기뻐하겠습니까? 근심과 기쁨은 모두 마음의 병이니 증세를 따라 약을 짓는 것이 좋을 것입니다.

與花林室

書來知調度向蘇。喜慰。此間服藥。病不去。老朽人常理。然病若不已。藥亦不可廢。直待病差日。報君驗方。在寺僧之無禮。佛法時運。何足介懷。當今吾輩。如焚巢鳥。頭流內山一枝棲息處。無如碧松。欲得無辱。即來相會爲幸。聞失田憂憤爲慰。而人生福祿有定。失而何憂。得而何喜。憂與喜皆心疾。隨症製藥可矣。

금대 신실에게 보내는 답장

찰간을 이웃에 높이 세웠다 하니 기쁘고 축하합니다. 저는 병으로 가지 못하였습니다. 가는 것의 짝은 오는 것이니, 가고 옴이 없는 것이 본연의 소식입니다.

答金臺新室

刹竿隣高欣賀。余以病不能徃。徃之對來也。無去無來。是本然消息。

도솔암 법형께 올려 새해를 축하하다

 도솔천 위는 인간 세상의 시간이 아니지만, 저는 하계 사람이라 하계의 인사로 세배를 세 번 올립니다. 옛날에 백거이白居易[27]는 처음에 선도仙道를 배워 이름이 옥부玉府[28]에 있다고 들었는데, 중년에 또 도솔천에 태어나기를 원하였고 급기야 정토왕생문淨土往生門을 보게 되자 앞서의 두 부질없는 공부를 버렸습니다. 우리 법형法兄은 또한 도솔천 위에서 백향산白香山[29]의 세 번째 공부를 더하시니, 축하하는 것이 다만 새해의 인사일 뿐만이 아닙니다.

上兜率法兄歲賀

兜率之上。雖非人間時分。弟則下界人也。聊以下界人事。賀歲三拜耳。昔白香山。始學仙道。聞名在玉府。而中年又願上生兜率。及見淨土往生門。則並棄前兩度枉工焉。我大法兄。亦兜率之上。更加白香山第三節功業。賀祝不趑歲禮而已。

구연 형께 보내는 답장

숙환으로 편안치 못하다는 소식을 받드니 참으로 염려됩니다. 해가 갈수록 뿌리와 잎의 질병이 혈기가 쇠함에 여러 가지 변괴로 생기는 것은 허망한 몸의 통상적인 이치이니, 약물로써 장생하려고 하는 것은 망령된 일입니다. 총림의 일로 날마다 애를 태우니 형은 어디로 돌아가야 극락세계입니까? 이쪽 암자는 돌아가신 조사祖師께서 은혜를 끼치고 도를 행하여 다른 어지러움은 없습니다. 이제 불경을 배우는 자 열몇 명과 참선하는 자 열몇이 있으니, 형이 만약 와서 거처하여 큰 가르침을 펴신다면 아침에 도를 듣고 저녁에 죽더라도 저의 행복입니다. 우리들의 안신처는 반드시 심산궁곡의 청정한 도량이라야 선정을 돕고 지혜를 발현할 수 있으니, 종사宗師께서 어찌 밭두둑을 베고 죽은 자가 될 것입니까?

答九淵兄

承。宿痾違和。奉慮萬萬。年深根葉之疾。血氣衰時。變出百端。幻躬上常理。乃欲餌藥長生妄也。叢林僧役。膏火日煎。兄欲何歸則極樂世界乎。是庵先祖師遺蔭行道。無他撓。今有學經者十數人。叅禪者亦十數人。兄若來住。開闡大敎。朝聞而夕死。是弟之幸也。吾徒安身處。必山水深僻。道場淸淨。可以助定發慧。宗師。豈枕田頭死者乎。

징월 장실에게

이별한 후로 수도 생활이 진중하신지요?

물이 깨끗하면 아름다움과 추함을 비출 수가 있고, 달이 둥글게 되면 천하가 크게 밝아지나니 이것이 우리들의 덕을 높이고 덕을 닦는 기약인 것입니다. 깊은 물은 혼혼하여 바닥이 없는 듯하여야 비로소 큰 고기가 살고, 백천百川의 달은 문득 드러나 사사로움이 없어야 두루 비추어 빠뜨림이 없으니 이는 우리들이 사물을 응접하는 방법입니다. 아래를 좋아함이 물만 한 것이 없고 다투지 않는 것이 물만 한 것이 없으되 세찬 여울물에 이르면 기상을 볼 수가 있고, 맑은 빛이 달만 한 것이 없고 우러러 보는 것이 달만 한 것이 없으되 초하루와 그믐이 되면 나아가고 물러남을 볼 수 있으니 이는 우리들이 세상을 헤쳐 가는 기틀인 것입니다. 이 밖에는 음식 잘 먹고 기거를 삼가며 사대四大30를 보호하여 도의 근본에 힘쓰기를 지극히 바랍니다.

늙고 졸렬한 저는 그대에 대한 은애恩愛를 벗지 못하고 부채 또한 많아 재가 되기 전에 항상 세상을 떠나기만 생각하니 참으로 가련합니다. 보내 주신 바랑은 누가 소장해야 합니까? 만일 삼라만상을 모두 여기에 둔다 하더라도 다 채우지 못할 듯합니다. 여러 가지 이야기는 모두 가는 사람에게 맡기고 일일이 말씀드리지 못합니다.

與澄月丈室

別來道履珍重。水到澄時。妍蚩斯鑑。月得圓時。天下大明。此吾人進修之期也。厚積之水。渾若無底。始居大魚。百川之月。頓現無私。曲照無遺。此吾人接物之方也。好下莫如水。無競莫如水。及乎激湍。氣象可見。淸光無若月。瞻仰無若月。及乎晦朔。行藏可知。此吾人涉世之機也。此外勉食飮。愼起居。護四大。爲道本。至祝。老拙恩愛未脫於講軒。負債亦多。未灰前一念長往。良愍惠囊。欲誰藏之。若道森羅萬象。盡在遮裡。亦似不能盈也。多少都付去人舌頭。不一一。

진 스님에게

작년 행각行脚 때 꿈결에 강산을 지나던 차에 아는 분이 홀연히 찾아와 마주한 듯한 기쁨이 손에 잡힐 듯하였습니다. 그리고 스님의 일상생활이 맑고 복됨을 알았습니다. 지금 세상에 스님과 같은 이는 참으로 우담발화가 나타난 것입니다. 더욱 바라는 것은 진중하고 더 나아가 선재동자가 보현普賢 모공찰毛孔刹에 들어가 한걸음에 불가설不可說 불찰佛刹에 이르고, 일념으로 불가설 선지식을 받들어 섬겨서 불가설 해탈 법문을 깨달아 헤아릴 수 없는 중생을 무여열반으로 제도하고 교화한 것같이 하여야 거의 우리 악형岳兄의 가풍을 저버리지 않으리라.

與珍師

昨年行脚。夢過江山次。面忽至。如對之喜。可掬靠知。經案上日用淸福。文筆俱善。今世如師者。眞優曇花現。更望珎重勝進。如善財之入普現毛孔刹。一步至不可說佛刹。一念承事不可說知識。領得不可說解脫法門。化度不可量衆生於無餘涅槃。庶不孤我岳兄家風。

정 스님에게

 듣자니, 친가에 화재가 나서 재물을 다 태웠다고 하니 위로를 그치지 않습니다. 무명의 탐애貪愛도 다 태워 남김이 없어야 하니 옛사람은 여기에서 마하반야摩訶般若를 염송하였습니다. 사실 말하자면 마하반야도 또한 소각하여야 비로소 깨끗이 드러나서 잡을 것이 없는 것입니다. 그러나 사대四大는 쉽게 비울 수 없어, 해를 보내는데 옷이 없으면 춥고 밤이 되도록 밥을 짓지 못하면 굶주리게 되니 어찌 안타까움이 없겠습니까? 이는 바로 보임保任하는 일로 가능한 것이 아니니 잘 기억하소서.

與淨師
聞親家火災。燒盡資貲。爲慰不已。無明貪愛。燒燼無餘。古人於此。念得摩訶般若。以實言之。摩訶般若。亦須燒却。方是淨躶躶沒可把也。然四大未易空。更歲無衣則寒。終夕不炊則飢。豈無悶然。此乃保任事。不可無者。記取哉。記取哉。

또 별지에

스님의 스승은 평소에 좋은 기품으로 지혜가 명달하여 사람들이 미치기 어렵습니다. 스님께서 다른 곳에서 배우기를 구했을지라도 스님의 스승보다 나은 분은 드물 것입니다. 다만 세상의 인연을 다 탈피하지 못하고 인아人我를 아직 제거하지 못하였으니 마땅히 때때로 규간하여 무쟁삼매無諍三昧[31]를 얻게 하면 좋은 사제자의 수승한 인연이 되리니, 옛 성인을 권속으로 삼아 서로 제도한다는 것이 이것입니다.

又別紙

師之師。平生好氣品。智慧明達。人所難及也。師求學於他。鮮有勝於師之師也。但世緣未盡脫。人我未能除。當時時規諫。做得無諍三昧。則好箇師子殊勝因緣。古聖爲眷屬相度者。此也。

친구 승통에게

세밑에 부친 편지를 보고, 다른 일 제쳐 놓고 나오려 했는데 얼마 후에 복물卜物(짐)을 수습하여 묵계默溪에 올라갔다 들었고, 또 주지를 청하여 들어갔다가 이제는 그만두고 금당金堂에 거처한다고 하니 짧은 시일에 많은 일들이 있었구려. 역병이 세상에 두루 퍼져 사망자가 많은데, 그대는 여전히 기거가 청정하니 복을 닦는 이는 또한 다른 것인가? 법당을 잘 마쳤다고 하니 축하하오. 이미 여래의 심부름꾼이 되었으니 이를 지키는 것으로 만족하지는 마시게. 극락세계의 칠보 궁전이 스스로 와 사람을 따라와서 근력을 수고롭게 하지 않고 얻을 것이네.

원컨대 그대는 일체의 중생을 인도하고 권면하며 일체의 보시의 선을 수습하여 극락세계에 회향하여 법왕의 보전을 곳곳에 건립하되, 반드시 직심直心으로 터를 삼고 심심深心으로 섬돌을 삼으며, 불전도심不顚倒心으로 기둥을 삼고 원심願心과 대비심大悲心으로 서까래와 들보를 삼아 만행화萬行花로 장엄하시게. 백천 세계가 모두 불전이라도 여전히 일 마친 사람이 되지 못할 것이니.

與朋僧統

歲下寄語。則欲擺脫出來。俄聞收拾卜物上默溪。又聞以住持請入。今又免辭居金堂。不多日間。多小節文。瘟疾遍滿世界。死亡者多。吾尊起居淸淨自如。豈亦修福者有異歟。法堂善終云。賀善。而旣爲如來使人。不可守此爲足。極樂世界七寶宮殿。自來隨人。不勞筋力而得也。願尊引勸一切衆生。收拾一切施善。回向極樂世界法王寶殿。隨處建立而必以直心爲基。深心爲砌。不顚倒心爲柱。願心大悲心爲椽樑。萬行花莊嚴之。百千世界。盡是佛殿。猶未爲了事人也。

언 장실에게

오이를 심으면 반드시 오이를 얻게 되니, 어찌 인연이 깊은데 과보가 원만하지 아니하랴. 백장 총림百丈叢林이 이렇게 건당建幢에서 시작되었다고 하니[32] 크게 근본사를 두었도다. 듣자니, 따르는 무리가 수십 명을 내려가지 않는다고 하니 개당開堂한 처음에 이와 같은 자가 몇이나 되는고? 교화하는 것이 좋고 생활하는 여러 일들은 모두 뜻과 같은가? 교학은 항상 완곡하게 이끌고 훈도하여 으스대거나 소홀히 하지 말며, 사람을 복종시킬 때는 항상 마음을 열고 성의를 보여서 지혜를 놀려 전도하지 말지어다. 보내고 맞이함에 다만 오는 자를 막지 말고 가는 자를 애써 쫓지 말며, 뜻을 세움에 마땅히 궁달에 변치 말고 급급하게 경영하지 말지어다. 이 사물四勿(네 가지 금지 사항)은 모두 내가 일찍이 효험을 본 방법이요, 또한 총림의 거울이 될 만하다. 그 나머지 실중의 도정途程은 따로 필설 밖에 있으니 부디 진중하라.

與彥丈室

種瓜者必得瓜。安有因深而果不圓耶。百丈叢林之始。於此建幢。大有根本事也。聞隨衆不下數十。開堂之初。如是者幾人。未知化履佳勝。活計諸節。皆得如意否。教學常委曲提誨。勿誇矜示忽。服人常開心見誠。勿舞智顚倒。送迎但來者莫拒。勿强追其背。立志當窮達自如。勿經營汲汲。此四勿。皆某之曾驗方。亦可與叢林作龜鏡。其又室中途程。別在筆舌外。千萬珎重。

영파 법제에게 주다

이별 후에 소식이 전혀 이어지지 않았다. 올여름 정암靜庵이 남쪽으로 내려갔다가 비로소 건당建幢했다는 소식을 들으니, 선사先師를 위하여 향을 피운다. 교화의 법도가 좋고 여러 마사魔事가 없다고 하니 참으로 기쁘다. 나는 목숨이 모질어 숨만 쉬며 죽지 않고 있다.

을미년(1775) 겨울에 영정을 회계會稽 심적암深寂庵으로 모시고 돌아와 병신년(1776) 4월에 비석과 탑을 암자 아래 옥류동에 세웠다. 기해년(1779)에 문집을 수습하여 간행하고 영각影閣의 왼편에 보관하였으니 모두 여러 형제들의 정성을 다한 힘 때문이라. 다행스러움을 어찌 다 말로 할 수 있겠는가? 법물은 여러 산문에 나누어 보내고 나에게 있는 것은 한 조각 마음뿐이라, 이조차도 스승이 주었다고 한다면 옳지 아니하니 이는 무엇 때문인가? 석가모니는 연등불의 처소에서 실로 얻은 바가 없었기 때문에 연등불이 수기를 준 것이다. 도호道號는 아직 듣지 못했으니 '영파 상곤瑩波相涃'이라 붙이려 한다. 선사의 문집 서문에 "산중의 물은 맑아서 흰 유리와 같으니 곧 선사이 심인이다."라고 한 것이 이 뜻이다.

이후로 서로 만나는 것은 기약할 수 없다. 마땅히 안색과 근력이 강건할 때 실중의 일을 궁구하고, 시문 구절에 즐거움을 붙이지 말며 명리를 추종하지 않아야 가풍을 욕되게 하지 않을 것이다.

與瑩波法弟

別後音信。漠無以嗣。今夏靜庵南下。始得建幢消息。爲先師拈香。化度珍勝。無諸魔事。感喜感喜。某頑喘不滅。乙未冬奉歸影幀。閣于會稽深寂庵。丙申四月。樹碑塔於庵下玉流洞。己亥收文集開刊。藏之影閣之左。皆諸兄弟效誠之力也。私幸何言。法物散歸諸山。在余者。一片心也。相授却不是。何則釋迦於然燈佛所。實無所得。故然燈佛即與授記。道號姑未聞。欲以瑩波相溵。先師文集序。山中之水。瑩然若白琉璃。即師之心印。此意也。此後相面不可期也。當以色力强時。窮究室中事。毋著樂文句去。毋趨從利名去。乃爲不辱家風耳。

목 참판[33]께 올림

가을이 깊어 추위가 문득 닥쳐 하나같이 노년의 안색을 재촉합니다. 요즈음 대감의 체후는 어떠하신지요? 멀리서 그리운 마음 간절합니다. 공명은 경대부에 이르러 사산四山[34]이 해치지 못하고 문장은 나라 안에 가득하여 뭇사람이 빼앗지 못하니 대감의 분수에 맞는 일입니다. 다만 마음 안에 몇 섬의 영단靈丹을 쌓는 것은 우연히 얻어지는 것이 아니니 허망한 세상에 부침한들 어찌 한할 필요가 있겠습니까? 저번에 알려 주신 형제의 상을 당하신 일은 참으로 놀라운 일로 위로를 드립니다. 이 또한 늘 그막에 늘 있는 일이라 어찌하겠습니까? 뜻밖에 유백실柳白室[35]이 별세했다고 하니 통곡할 뿐입니다. 평생 문장으로 작은 봉록에 분주하다가 구천九泉으로 돌아가는 길에 4품관의 명정만 쓸쓸할 뿐이니 슬프고 슬픕니다. 저승 세계에서는 청빈한 자가 지위가 높다고 하니 또한 한스러움은 없겠지요.

저는 숙환이 더 심해져서 죽음이 곧 닥쳐오는데, 제자들이 몇몇 거칠고 하찮은 시문을 습득하여 선시先師의 유고 아래에 붙이고자 합니다. 어느 날 갑자기 죽게 되어 금지할 수 없게 되면 선사의 유고를 더럽힌 죄를 씻을 길이 없습니다.

바라오니 이 글을 읽으신 후 한 구절 적어 보내시어 분수에 넘친 일을 끊어 주시기를 간곡히 바랍니다.

上睦叅判

秋老凍寒奄至。一一老年催色。伏不審此時大監體候若何。遠伏慕不任之至。功名至卿月。四山不能害。文章滿一國內。衆人不能奪。大監分中事也。但方塘之內。積來幾斛靈丹。不是偶然。而得者幻界浮沉。何足恨哉。前下示同氣之慟。不勝驚慰。此亦老境中常事。奈何奈何。不意柳白室亦云歿。

痛哭痛哭。以平生文章。奔走五斗之俸。九泉歸路。蕭然四品之旌。哀而哀而。聞冥界淸貧爲高位。亦可無憾者乎。山人宿疾。添劇灰滅。只在朝夕徒弟等。拾得一二蔬滓。將欲付之先師遺稿下。恐一朝唇合。不可禁止之。則先稿浼糞之罪。無所自續。伏望。下覽後。一筆句下。以絶濫分之事。至祝。

경암집 중권
鏡巖集 卷之中

주

1 채 상국蔡相國 번암공樊巖公 : 조선 영조·정조 때 문신인 채제공蔡濟恭(1720~1799)을 말한다. 자는 백규伯規, 호는 번암樊巖·번옹樊翁이며 영의정을 지냈다. 정조 5년(1781) 서명응徐命膺과 함께 『國朝寶鑑』을 편찬하였으며, 가톨릭교에 대하여 온건 정책을 폈다. 저서에 『樊巖集』59권이 있다.
2 돌아가신 합하閤下 : 채제공의 부친 채응일蔡膺一을 가리킨다. 『樊巖集』 권55 「先考府君遺事」 참고.
3 이아貳衙 : 감영監營이 있는 곳의 군아郡衙.
4 한문공韓文公 : 당나라의 문인·정치가인 한유韓愈(768~824)를 말한다. 자는 퇴지退之, 호는 창려昌黎이며, 시호가 문文이어서 한문공이라고도 불린다.
5 정 진주鄭晉州 표천瓢泉 : 진주 수령 정홍순鄭弘淳(1720~1784)을 말한다. 표천은 호. 호조판서로 10년간 재직하면서 재정 문제에 뛰어난 재능을 발휘하여 당대 제일의 재정관으로 명성을 날렸다. 영조 38년(1762) 호조판서로 예조판서를 겸하고, 장헌세자의 장의葬儀를 주관하여 그 공으로 우의정에 승진하고, 이어 좌의정을 지냈다.
6 신 승지申承旨 여암공旅庵公 : 신경준申景濬(1712~1781). 조선 영조 때 학자. 본관은 고령高靈. 자는 순민舜民, 호는 여암旅菴. 아버지는 신숙주申叔舟의 아우 말주末舟의 10대손인 진사 내洓이며, 어머니는 한산 이씨로 의홍儀鴻의 딸이다. 33세 때까지 여러 곳으로 옮겨 다니며 살다가 33세부터 43세까지 고향에 묻혀 살면서 저술에 힘썼다. 그의 대표적인 저작으로는 『韻解訓民正音』(세칭 『訓民正音韻解』)을 꼽을 수 있다.
7 전전 승지承旨였던 신경준申景濬에게 스승인 추파 선사의 문집(『秋波集』) 서문序文을 써준 데 대한 감사의 글이다.
8 사람을 살린다는 말 : 원문 '生人之該'의 '該'는 '語'의 잘못인 듯. 절에서 사람들을 구호한다는 의미인 듯하다.
9 백실白室 유 공柳公 : 「鏡巖稿序」를 쓴 유숙지柳肅之를 가리킨다.
10 전前 익위翊衛 유광익柳光翼에게 보낸 편지이다. 유광익(1713~1780)은 조선 영조 때의 학자. 자는 사휘士輝, 호는 풍암楓巖·항재恒齋. 일찍이 성리학을 연구하여 『心經』의 주해를 보충하였으며, 한성 남쪽에 서재를 세워 제자를 가르쳤다. 저서로 『大學輯要』가 있다.
11 뜰 앞의 잣나무(庭前栢樹) : 『無門關』에 나오는 화두이다. 한 승려가 조주 종심趙州從諗 선사에게 "어떤 것이 조사가 서쪽에서 오신 뜻입니까?(如何是祖師西來意.)"라고 묻자 조주가 "뜰 앞의 잣나무"라고 했다. 불법佛法의 진리를 묻자 화두話頭를 제시한 것이다.
12 유백실柳白室 : 「鏡巖稿序」를 쓴 유숙지柳肅之를 말한다.
13 침랑寢郞 : 종묘宗廟·능陵·원園의 영令과 참봉參奉.
14 안자顔子 : 공자의 제자 안회顔回를 높여 이르는 말이다.
15 목 참판睦參判 여와공餘窩公 : 「鏡巖集序」를 쓴 목만중睦萬中(1727~1810)을 말한다. 조선의 문신. 본관은 사천泗川. 자는 유선幼選, 호는 여와餘窩. 1759년(영조 35) 별시문과에 병과로 급제하였다. 1786년(정조 10) 도사都事로서 문과중시에 장원급제하여 돈

녕도정敦寧都正에 임명되었다. 태천현감泰川縣監을 거쳐 1797년 병조 참의, 승지承旨를 지내고, 1798년 종2품 가선대부嘉善大夫에 올랐다. 1801년(순조 1) 신유사옥 때 대사간大司諫으로서 영의정 심환지沈煥之와 함께 남인南人 시파時派 계열의 천주교도에 대한 박해와 탄압을 주도하였다.

16 하백河伯이 해약海若에게 부끄러운 것 : 하백은 황하의 신이고, 해약은 바다의 신이다. 하백이 황하의 큼을 자랑하다가 바다를 보고 위축되었다고 한다.『莊子』「秋水」.
17 도가 같지~도모하지 않는다 :『論語』「衛靈公」에 나오는 공자의 말이다.
18 주문朱門 : 관리나 부귀한 집안을 비유한 말이다.
19 자사子舍 : 고을 원의 아들이 거처하는 곳.
20 멸지滅智 : 십지十智의 하나로, 멸제滅諦를 체득한 지혜를 말한다.
21 용방龍榜 : 과거 급제자 명단.
22 연루蓮漏 : 물시계.
23 천총千摠 : 조선 시대 훈련도감訓鍊都監·금위영禁衛營·어영청御營廳·총융청摠戎廳·진무영鎭撫營 등에 딸렸던 정3품 무관 벼슬. 여기서는 수령 밑에 있던 아전을 가리킨다.
24 위전位田 : 제사에 드는 비용을 마련하기 위하여 경작하는 밭.
25 사생육도四生六道 : 사생은 태생胎生·난생卵生·습생濕生·화생化生, 육도는 일체중생이 선악의 업인業因에 의해 필연적으로 이르는 여섯 가지 미혹된 세계, 곧 지옥·아귀·축생·수라·인간·천상을 말한다.
26 사생육도四生六道의 중생을~자가 없다 :『金剛般若波羅蜜經』권상「大乘正宗分」第三.
27 백거이白居易(772~846) : 당나라 때의 시인. 자는 낙천樂天, 호는 향산거사香山居士·취음선생醉吟先生. 시마詩魔 또는 시왕詩王으로 일컬어졌다. 작품으로는 〈長恨歌〉, 〈琵琶行〉 등이 있다.
28 옥부玉府 : 신선 세계를 말한다.
29 백향산白香山 : 향산은 백거이白居易의 별호이다.
30 사대四大 : 몸을 이루는 땅(地), 물(水), 불(火), 바람(風)의 네 가지 요소.
31 무쟁삼매無諍三昧 : 무쟁無諍은 공리空理에 철저하게 안주安住하여 다른 것과 다투는 일이 없는 것이며, 삼매三昧는 산란한 마음을 한곳에 모아 움직이지 않게 하여 망념에서 벗어나는 것이다.
32 백장 총림百丈叢林이~시작되었다고 하니 : 백장이 마조馬祖를 찾아뵈니 마조가 불자拂子를 세웠다. 백장이 말하기를, "이것에 의해서 활용하오리까? 이것을 떠나서 활용하오리까?"라고 물었다. 마조가 불자를 제자리에 세우고 한참 후 백장에게 질문을 던졌다. "그대는 훗날 무엇으로 중생들을 이롭게 하려는가?" 백장이 말없이 불자를 세우니 마조가 물었다. "이것에 의하여 활용하는가? 떠나서 하는가?" 백장이 역시 말없이 불자를 제자리에 세웠다. 이에 마조가 '할' 하고 고함을 치니, 백장의 귀가 3일이나 먹었다. 후에 백장이 황벽黃蘗에게 이 이야기를 하니 황벽이 자기도 모르게 혀를 빼물었다. 위산潙山이 앙산仰山에게 이 이야기를 듣고는 무슨 뜻인지 물으니, 백장은 대기大機를 얻었고 황벽은 대용大用을 얻었다고 하였다.
33 목 참판睦叅判 :「鏡巖集序」를 쓴 여와공餘窩公 목만중을 말한다. 주 15 참조.

34 사산四山 : 생로병사를 말한다. 『趙州錄』에 한 스님이 "사산四山이 핍박해 올 때는 어찌해야 합니까?(四山相逼時如何。)"라고 하자 조주가 "빠져나온 종적이 없다.(無出跡。)"라고 하였다.

35 유백실柳白室 : 「鏡巖稿序」를 쓴 유숙지柳肅之를 일컫는다.

경암집 하권

| 鏡巖集 卷之下 |

법화암 비보 상주청 서

대저 사물의 영허盈虛는 운수이다. 없음으로 인해 쓸모 있음을 두고[1] 권도에 나아가 실질을 이루는 것은 군자가 운수의 변화에 대처하는 것이다. 나는 법화암에 대해서도 그렇다고 이른다.

법화암은 처음에 재물이 풍족하고 예절로써 칭해졌는데 저번에 뜻밖의 재난으로 공사公私의 재물이 탕진되었다. 주실住室 평산자平山子가 한 책을 지니고 나를 방문하여 말하기를, "법화法華 선사께서 교화를 끼치신 도량이 재난을 겪은 후에 향화香火의 재물이 없어 제가 암자의 납자와 함께 각각 분수에 맞게 재물을 출연하고, 또 일체의 단문檀門에 시주를 청하여 얻은 것을 따라 증식하여 옛 도량을 부흥하는 것이 저의 꿈입니다."라고 하였다. 내가 놀라 일어나 찬미하여 말하였다.

"훌륭하고 훌륭하도다. 나를 일깨우는 자 그대로구나. 근래 총림의 학인들이 막히고 어려운 운수에 처하여 변화하지 못하고 여래의 법계로 하여금 가시밭 폐허가 되게 하니, 대개 선사의 뜻과 예절의 학문에 뜻이 없는 것이다. 그대가 전날의 재난을 거울로 삼아 전전긍긍하여 급박하고 어려울 때에도 감히 선사의 가르치신 은혜를 잊지 않고 복구할 도리를 꾀하니 나를 일깨우는 자 그대로다. 그러나 재물과 이익은 도인의 허물이요, 화를 부르는 근본이라. 우리의 활계活計는 솔을 따서 먹고 굴을 파서 거처하여 메마른 모습으로 세상을 잊어 세상의 비난을 받지 않는 것만 못하다. 사람마다 옷 속에 진귀한 여의주가 항상 있어 궁핍하지 아니하니, 향의 공양을 구하는 자는 오 푼의 진신을 얻고 등불의 공양을 구하는 자는 반야지의 빛을 얻으며 차 공양을 구하는 자는 설산雪山의 제호醍醐와 향적香積 세계의 오묘한 반찬이 생각하는 대로 이른다. 이로써 시방의 삼보에 공양하고 이로써 일체의 군생에게 보시하여, 선열禪悅에 배불러 함께 법화삼매法華三昧[2]를 증득하는 것이 내가 그대에게 바라는 바이니 그대는 힘쓸지어다."

法華庵裨補常住廳序

夫物之盈虛。數也。當無而有用。即權而就實。君子處數之變也。吾於法華庵云爾。法華庵始以饒財禮節稱。曩日橫災。公私蕩盡。住室平山子。袖一册扣余曰。法華先師遺化道場。而災厄之後。無復香火之資。某與庵中衲子。各隨分出財。又欲鳩乞於一切檀門。隨得而息之。庶幾興復占道場。吾之志也。余愕然興贊曰。善哉善哉。起余者子也。近日叢林之士。居不屯之數。不能變化也。使如來法界。廢爲荊棘。蓋無效先□[1]之志禮節之學耳。子以日前災厄爲殷鑑而兢兢業業。造次顚沛。不敢忘先師遺化之恩。謀所以興復之道。起余者子也。然財利道人之累。招禍之本。吾徒活計。莫如摘松而飡。穴土而居。枯形遺世。世莫我詁。人人衣內。如意珎寶。常存不乏。求香供者。得五分眞身。求燈供者。得般若智光。求茶味供者。雪山醍醐。香積妙饌。隨念而至。以此供養十方三寶。以此布施一切羣生。飽噉禪悅。同證法華三昧。是余之望於子者。子勉乎哉。

---

1) ㉘ □는 '師'인 듯하다.

계정 승려에게 준 서

내 고향에는 대나무가 많이 나는데 좋은 것은 크기가 서까래만 하여 값으로 구하는 자가 하루에도 천 명, 만 명이 왔다. 후에 대나무가 저절로 없어져 값을 주고 구하는 자가 이르지 않았다. 내가 보리 짚단으로 덮으라고 가르치니, 다음 해에 큰 대나무가 생겨나 값이 전날보다 높았으니 대나무 종자가 없어진 것은 배양을 잘못해서였을 것이다.

계정 상인은 회당晦堂[3]의 3세인 역암櫟庵 화상의 문하에서 나왔다. 동방의 교종은 회당에 이르러 크게 번성하였고, 몇 세대를 전하여는 전혀 뛰어난 자가 없었으나 유독 역암 화상만이 이 제자를 두었으니 대개 덕의 종자가 사라지지 않은 것이다.

나는 그대가 널리 배우고 덕을 닦기를 바라노니, 크게 번성한 이후에는 제값으로 구하는 자가 어찌 천 명이며 만 명뿐이겠는가?

贈定師序

吾鄕多竹産。美者大如椽。以價求之者。日千萬臻後。竹自亡。價求者不至。余敎以麥藁覆之。明年大竹生。價高於前日。豈竹種亡培養之失也。今戒定上人。出晦堂三世櫟庵和尙爲門。東方敎宗至晦堂大盛。傳至數世。蔑然無傑特者。獨櫟庵和尙。有此人。盖亦德種之不亡矣。余勉其博學修德。庶乎大盛之後以價求之者。奚但千萬而已哉。

사순 승려에게 준 서

옛날 사마천司馬遷⁴은 천하의 명산대천을 유람한 이후에 문장이 호방해졌고, 선재동자는 남쪽으로 쉰다섯의 선지식을 순방한 이후에 행원行願이 모두 갖추어졌다. 뱁새가 붕새에게 큰 것에 대해 말할 수 없는 것은 거처하는 곳이 좁기 때문이다. 나는 두류산 한쪽에서 졸렬한 재주를 안고 살아서, 보는 것이 우물 안 세계를 넘지 못하여 얽매이지 않는 훌륭한 재주를 품은 법려法侶들이 그 천리마의 준족을 펼 수 없었다. 이에 신유년 하안거 해제일解制日에 여러 납자들을 놓아주어 돌아가 대방가大方家를 구하게 하였다. 사순 상인이 슬프게 배회하며 차마 떠나지 못하는 듯하여 사마천과 선재동자의 이야기로 떠나기를 권유한다.

贈順師序

昔司馬子。長遊天下名山大川而後。文章豪放。善財南詢五十五知識而後。行願悉備。足以鷦鷯之於鵾鵬。不可以語大。所居隘也。余抱拙於頭流一面。所見不踰井中天矣。法侶之或懷不羈者。無以展其驥足。於是。以辛酉解夏日。放諸子歸求大方家。有司順上人。悵然徘徊。若不忍別。故以子長善財之事。勸其行。

금강산을 유람하고 온 급 승려와 문답하고 준 서

급이 이별한 지 3년 만에 와서 인사하였다. 내가 묻기를 "어디를 유람하였나?" 하니, 대답하기를 "금강산에서 오는 길입니다."라고 하였다. 내가 말하기를 "금강산의 풍경을 어느 정도 말해 보라." 하니, 대답하기를 "다 말하자면 머리가 셀 것입니다. 1만 2천 봉이 모두 바위인데 옥설玉雪과 같이 흰빛이고 바위에 새기지 않았는데도 형상이 부처·보살·시왕十王·아라한과 같습니다. 혹은 서 있고 혹은 앉아서 설법하고 참선하며 옥사를 결단하는 듯하여 각각 보이는 것에 따라 골짜기의 이름이 있습니다. 골짜기에 들어서면 아름다운 나무와 상서로운 풀들이 많고 푸른 연못에 폭포가 드리워 있습니다. 최고봉은 비로봉인데 높이가 8만 4천 장丈으로 푸른 하늘에 솟아 있습니다. 벼랑에 걸고 허공에 가설한 선거禪居가 있는데, 쇠사슬로 통행합니다. 시방의 탐승객들이 수없이 찾아오는데 다만 나무불南無佛 부르는 소리만 대지를 진동하니 진실로 보살이 머무는 곳입니다. 역사를 살펴보면 안기생安期生[5]과 노오盧敖[6]가 이 산에 들어와 신선이 되었다 하고, 진시황과 한 무제漢武帝는 천하의 힘을 다 기울여도 이르지 못하여 평대平臺와 오작궁五柞宮에서 죽고 말았습니다. 만승의 임금도 가지 못한 곳을 제자가 지팡이 하나로 두루 편력하였으니 화상께서는 저를 가상히 여기소서."라고 하였다.

내가 빙그레 웃고 말하기를 "가상하다고 하는 것은 어렵지 않으나 너의 유람은 외경外境에 있으니 다시 말해 보는 것이 좋겠다."라고 하자, 급이 자리를 피하여 말하였다. "제자는 불망어不妄語의 계율을 지켜 말이 이와 같으니 다시 말할 것은 없습니다. 옛날 사마천은 천하의 책을 읽고 천하의 명산대천에 노닐어 그 힘을 크게 넓힌 후에 펼쳐 입언立言하니 천하가 그 말을 따랐습니다. 제자는 화상의 문하에 5년간 유학하며 읽은 것은 일가一家의 글에 불과하고 노닌 것은 산 하나에 지나지 않습니다. 이 때문에 나의 발을 분발하고 나의 눈을 쾌히 하여 옛사람의 경지에 가깝고자 하는데 어찌 불가합니까?"

내가 대답 없이 침묵하다 이윽고 급을 부르니, 급이 대답하자 이에 말하기를 "너는 노오·안기생·사마천의 무리가 되어 만족하고자 하느냐? 우리 불가에서는 신선을 노예로 보고 문장을 토저土苴(하찮은 것)로 보니 네가 사모하여 본받고자 하는 것이 과연 이 몇 사람에 있다면 나에게 불가함이 되는지라, 너를 가하다 함이 고루한 일이다. 네가 종래에 말한 것은 모두 망상 집착이라, 모두 외경이니 경계가 없어지면 마음도 없어지고, 이 없어진다는 것도 없어져야 바야흐로 네가 친히 금강산에 이르렀다고 할 수 있는 것이다. 그렇지만 이 길에 나아가고자 하여도 나아갈 길이 없고 벗어나고자 하여도 물러날 입구가 없으니, 마땅히 알라. 한 가닥의 길이 조도鳥道 밖에 있어 견고한 곳은 바위처럼 견고하고 부드러운 곳은 물처럼 부드럽도다. 고요히 쓸쓸한 것은 나한羅漢인가, 차갑게 우뚝 솟은 것은 명관冥官인가? 아득히 펼쳐져 있는 1만 2천 봉과 수많은 꽃과 풀들이 어찌 내 안중眼中의 사물이 아니겠느냐? 다만 스스로 기뻐할지언정 그대에게 집어 줄 수 없도다."라고 하였다. 급이 두려운 마음으로 문득 깨달아 이 말을 써서 품속에 두고 송독하기를 청한대, 내가 또 가련히 여겨서 붓 가는 대로 쓰는 것이 추한 줄 깨닫지 못하였다.

贈及師遊金剛問答序

及子與別三年來謁。余問奚遊。曰是行從金剛來。試言金剛景多少。曰盡言則頭白。一萬二千皆石。白如珂雪。石頭不鐫而像。如佛如菩薩十王阿羅漢。或立或坐。如說法。如叅禪斷獄。各以所見。有洞名。入谷多嘉樹瑞草。蒼淵垂瀑。其絶頂名毘盧。八萬四千丈。出霄漢。懸岸架空而有禪居。鐵索通行。十方探勝。磨肩鏶趾。惟稱南無佛。聲震大地。信乎菩薩住處。按史安期生盧敖入此山而爲仙。秦政漢武駕天下之力而不能到。死於平臺五柞而止。夫以萬乘之君之所不能得者。弟子得以一節行歷盡。幸和尙可我也。余莞爾曰。可則不難。汝遊在境。復言可乎。及避席曰。弟子持不妄語戒。言如是已。復則無也。昔司馬子。長讀天下之書。遊天下之名山大川。大肆其力然后。出而爲言。天下從之。弟子遊和尙之門五年。所讀不過一家之書。所遊不過一山之內。是以奮吾足快吾目。庶幾古人之域。惡乎不可也。余無對良久。召及。及應。乃曰汝欲爲盧敖期生司馬之徒而足乎。吾家視神仙如奴隷。文章爲土苴。汝所慕效果。在數子者。爲吾之不可。可汝固也。汝從來所說。妄想執着。皆境也。境亡心亡。是亡亦亡。方可許爾親到金剛來。雖然即此道進身無路。離此道退步亦無門。知應一線在鳥道外。堅處堅如石。軟處軟如水。寂寥寥者。是羅漢耶。寒巍巍者。冥官耶。彼萬二千峯。森森渺渺。花花草草。何莫非吾眼中物也。只可自怡悅。不堪持贈君。及始瞿然頓悟。請書其語。誦諸懷中。余又慇然故。不覺信筆之爲醜云爾。

해인사 백련암 중창기

해인사 여러 암자 중에 백련암의 경치가 으뜸이다. 만력萬曆 33년 을사년(1605)에 서산西山 대사[7]의 문인 소암昭庵 대사가 경향庚向[8]에 창건하였고 3년 뒤 무신년(1608)에 송운松雲 대사[9]가 기와를 올렸다. 강희康熙 6년 정미년(1667)에 일헌日軒·인수印壽·여찬如贊·쌍휘雙暉 등이 수리하였다. 그 조실祖室과 누각은 해명海明 상인上人과 보광葆光·도봉道峰·월파月坡 등 여러 스님이 서로 이어 공을 세웠다. 금상今上(정조) 을묘년(1795)에 주실主室 무암공武庵公이 청오가靑鳥家(풍수가)의 말에 따라 정당靖堂·조실·누각을 합쳐 임좌壬坐[10]에 새롭게 하였다. 전임 주지 관수寬修가 그 일을 감독하고 정한定閑이 재물을 관장하였으며 태유泰有와 장활壯活이 사람을 부려 지휘하였다. 봄에 시작하여 가을에 끝났는데 탁 트이고 꼼꼼하여 예전에 없던 것이었다.

내가 이르기를, "유상有相의 공덕은 모두 헛된 것인데, 무암武庵이 환지幻智로 환비幻悲를 일으켜 후세를 위하여 환주幻住의 장엄을 지었으니, 이 암자에 거처하는 것은 곧 극락세계에 있는 것이다. 모름지기 몸과 마음이 청정한 연꽃과 같이 탐착을 여의고 행실을 활짝 핀 꽃과 같이 닦으며 인과를 포괄하여 통하는 것이 꽃의 열매와 같아, 털끝같이 많은 보찰寶刹과 먼지 같은 많은 법륜에 이르기까지 어디든지 나타내지 아니함이 없게 하여야 마땅히 해인사의 으뜸가는 경계가 될 것이다."라고 하였다.

海印寺白蓮庵重剙記

海印諸庵。白蓮爲寂境。萬曆三十三年乙巳。西山門人昭庵大師。肇剙庚向。其後三年戊申。松雲大師瓦焉。康熙六年丁未。日軒印壽如贊雙暉等昇焉。其祖室樓閣。則海明上人及葆光道峰月坡諸德。相繼有功。今上乙卯武庵公主室。以靑烏家言。合靖堂祖室樓閣。新於壬坐。前住持寬修。監其役。定閑掌其財。泰宥壯活。指揮使人。春而始。秋而訖。軒敞周密。前所未有。余謂有相功德皆幻。武庵以幻智起幻悲。爲後來。作幻住莊嚴。居於是庵者。即極樂世界。須敎身心。離着如淨蓮。飭行如敷花。該徹因果。如花中實。以至毛端寶刹。微塵法輪。無住而不現然後。宜其爲海印之寂境也夫。

옥천사 탐진당 중수기

탐진당의 중수는 건륭乾隆 무인년(1758)에 있었다. 주지 낭헌朗軒이 달원達遠·응청應淸·약률若律과 함께 힘을 바쳐 이루되 덕을 높이고 화려하게 하지 않았다. 일을 마친 지 20년 후에도 기문이 없었다. 그 제자 총정聰定이 경자년(1780) 가을에 나를 따라 강론하는 여가에 상자 속에서 한 종이의 초고를 내어 보여 주면서 말하기를, "옥천사 탐진당 기문입니다. 이 당은 순치順治 모년에 아무개가 창건하였는데, 거주하는 이들이 좁고 누추하며 또 어긋남이 많아 대중을 수용하지 못하는 것을 병통으로 여겼습니다. 전임 총섭摠攝 극정克淨이 다시 넓히려고 하였으나 이루지 못하고, 스승께서 주지가 되었을 때 곧 도모하여 극정의 뜻을 이루었습니다. 당堂의 제도가 크고 완벽하여 미증유의 일이니 아마도 성쇠의 운수가 때를 기다려 그러하는가 봅니다. 감히 한마디 말씀을 청하여 드러내고자 합니다."라고 하였다.

내가 웃고 또 훈시하여 말하였다. "너의 스승은 덕을 높이는데 너는 말을 숭상하느냐? 무릇 소상所相의 상想은 모두 허망하도다.[11] 당을 지은 것은 본래 이곳에 거처하는 자로 하여금 상을 버리고 진리를 찾게 함이거늘, 너는 또 그 공을 생각하니 우활하도다. 그러나 당이 이루어진 지 20년에 네가 아니면 너의 스승의 덕을 드러내지 못했을 것이요, 너의 스승이 있지 않았다면 극정의 공을 마치지 못했을 것이며, 극정이 아니었던들 당이 있지 못하였고 당이 있지 않았다면 진리를 찾는 이도 없어 도를 전할 수 없었을 것이다. 그러하니 상相에 나아가되 상이 아닌 것이 당의 제도요, 무위無爲로써 행한 것이 여러 스님의 공덕이로다. 나는 면목面目 없는 사람으로 이 문자 없는 기문을 어찌 사양하겠는가?"

玉泉寺探眞堂重修記

堂之重修。在乾隆戊寅時。住持朗軒與達遠應淸若律。奏力而成之。軒德而不華者。功訖後三[1]十餘年。蔑然無記。其足聰定。以庚子秋。從余講論之暇。則出匣中一紙草示之曰。玉泉寺探眞堂記也。是堂於順治某年某之所刱。而居者病其狹陋。又多枝梧。不可以容大衆。前捴攝克淨。欲改恢而未就。及師翁爲住持。不日爲謀。乃克克淨之志。而堂之制度宏完。未曾有也。是豈衰盛之數。有待而然者歟。敢請一言以揚之。余旣哎又諭曰。汝師尙德而汝尙言乎。凡所相想。皆虛妄。堂之作。本欲居此者。捨相而探眞。而汝又想其功迩也。然堂成二十年。微女[2] 不能顯女[3]師之德。非有女[4]師。不能卒克淨之功。非克淨堂不有也。堂不有則無探眞之人。而道亦以無傳矣。然則卽相非相。堂之制乎。無爲而爲。諸師之功德乎。余且無面目漢。倘是沒字記。何敢辭也。

1) ㉔ '三'은 '二'의 오류이다. 저본에 '二'로 되어 있다. 2) ㉔ '女'는 '汝'와 통한다.
3) ㉔ '女'는 '汝'와 통한다. 4) ㉔ '女'는 '汝'와 통한다.

대원암 번와[12] 중수기

외外방장산 대원암은 제일가는 강당으로, 출입한 종사宗師는 용암龍巖·설봉雪峯·만리萬里로서 회당晦堂 아래의 조자손祖子孫이다. 열반하고 나서 영정을 받들어 여기에서 향화를 올렸다. 건륭 갑인년(1794)에 설봉의 상족上足 제자 풍계豊溪 대사가 주석하고 탄식하기를, "이 암자는 선사의 도량인데 무너지고 물이 새니 거의 거주할 수 없구나." 하고 다시 새롭게 할 방도를 생각하였다. 먼저 자기의 재물을 다 출연하여 주실 금봉錦峯으로 하여금 단월檀越(시주)에게 모연募緣하고 휴암休庵과 호징浩澄은 출납을 맡아 기와를 구웠다. 을묘년(1795)에 주실 휴암이 또 정당靖堂을 중수하였는데 금봉은 그대로 화주化主가 되었다. 혜월인慧月印·두암화斗庵華·해암기海庵基·설암감雪巖鑑·정암휘靜庵輝 등이 각각 재물을 모아 힘을 도왔으며, 연홍演洪이 재량하고 상오尙旿가 형세를 살펴 무너진 것은 보수하고 기운 것은 바르게 하며 불편한 것은 철거하여 새롭게 하니, 트이고 완비되어 예전에 없던 바였다.

공사를 마치고 금봉이 나에게 기문을 청하였다. 나와 금봉은 법문의 재종간再從間으로 사양할 수 없어 이르기를, "이와 같이 나는 들었다. 도의 큰 근원은 하늘에서 나왔다.[13] 천광天光과 운영雲影이 찬란하게 떠도는 것은 선사의 법계요, 토각兎角의 서까래와 귀모龜毛의 들보가 나래 펴듯 건립된 것은 여러 스님들의 정성과 법력이로다. 나는 설하건대, 제일 강당은 곧 제일 강당이 아니요 이 이름이 제일 강당이라, 이 당은 본래 성괴成壞가 없거늘 무엇을 보수하며 본래 이름이 없으니 무엇을 기술할 것인가? 그러나 이 당에 거주하는 자는 바로 여래의 제자의 세계와 무량한 인천人天을 안양安養하고 무루無漏의 금강보전에 상주하여 불가설 청정바라밀을 연설하여 드러내 여러 중생을 이롭게 가르치니, 그 공덕은 내가 해묵海墨으로도 기록하지 못하리라. 마침 풍계 노인과 이 일을 증명한다."라고 하였다.

大源庵燔瓦重修記

方丈外山大源。爲第一講堂。出入宗師曰。龍巖雪峯萬里晦堂下祖子孫也。涅槃奉影幀。香火于此。乾隆甲寅。雪峰之上足豊溪大師。駐錫而歎。是庵先師道場。傾頹滲漏。殆不可居。思所以重新之道。先捨盡己財。使住室錦峰。募檀緣。休庵浩澄。掌出納而燔瓦焉。乙卯休庵住室。又重修靖堂。錦峰仍爲化主。慧月印斗庵華海庵基雪巖鑑靜庵輝。各鳩財而助力。以演洪宰量。尙昕尋勢。摧者葺焉。欹者正焉。不便者撤去而新焉。踈暢周完。舊所未有。役訖錦峰請記于余。余與錦峰。爲法門再從辭不得。乃曰如是我聞。道之大源。出乎天。天光雲影。燦然徘徊者。是先師法界歟。兔角椽。龜毛樑。翬然建者。諸公之誠效法力歟。我說第一講堂。即非第一講堂。是名第一講堂。此堂本無成壞。云何修葺。本無名字。云何記述。雖然居此堂者。乃是如來弟子。安養世界與無量人天。常住無漏金剛寶殿。演揚不可說淸淨波羅密。利敎羣生。其功德。吾以海墨莫記。曾與豊溪翁證明是事。

옥천사 대법당·명부전 단청 중수 및 삼존상·십육나한·시왕 개금분기

남녘에는 본디 큰 사찰이 많은데 불전이 화려하고 승려가 성대함은 진양晉陽14의 옥천사를 칭한다. 금상 원년 정유년(1777)에 대법당과 명부전을 중수하고 삼단三壇 불상의 채색을 더하였다. 2년 무술년(1778)에 두 전각을 단청하고 기와와 벽돌을 모두 바꾸니 쓰인 재물이 수만을 헤아렸다.

주지가 이 일은 글이 없을 수가 없다고 하여 나에게 사실을 기록해 주기를 청했으나, 나는 글재주가 없다고 하여 마다한 지가 2년이 지났다. 굳게 사양할수록 요청하기를 그치지 않자 이에 붓을 잡아 회답하여 말하였다.

"주지는 내가 산을 기록하기를 바라는가? 산은 말이 없으니 나는 허물을 끼치고자 하지 않노라. 절을 기록하기를 바라는가? 전인前人의 기록이 많으니 다시 쓴다면 번거로운 일이다. 전각의 불단과 불상을 기록하기를 바라는가? 무릇 마음과 눈이 있는 자는 모두 우러러보고 사랑할 것이니 또 어찌 나의 말을 기다리랴. 그럼에도 내가 하고자 하는 말은 있으니, 대저 전각과 불상은 하늘에서 떨어지고 땅에서 솟아나 신기루처럼 변화하여 나온 것이 아니요. 전날의 기운 것이 바르게 되고 옛것이 새롭게 되며 바랜 것은 빛이 나서 기원祇園15의 도량과 유사하고 화장해華藏海16의 회상會上에 방불케 된 것은 모두 사람의 힘이다. 오늘날 총림에서 당당한 승려로서 욕심을 따르는 자는 많고 공정하고 선한 자는 적은데도 너희 무리는 능히 선을 행하는 즐거움을 알아 공덕에 용맹함이 이와 같으니, 어찌 진흙 속의 연화가 아니며 그 변화하는 것이 현명하다고 말하지 않겠는가? 나는 주지를 위하여 사례하고 위로한다. 이 역사는 두타 연학演學과 전 주지 영심永心·성이晟頤가 단월에게 모연募緣하고 굉원宏遠·활보活寶가 출납을 헤아렸으며, 전 규정糾正 낭헌浪軒, 전 주지 응청應淸·포조抱照가 시종始終을 감독하였고, 규구規矩는 숙란肅蘭·포훈抱訓·거징巨澄이 주관하였다. 회화繪畫는 환현幻玄·임평任平·모심慕心이 맡았고, 흙 바르는 이와 벽돌 쌓는 이 그리고 오고 가며 식량을 공급하는 자가 각각 약간 명이다. 운파雲坡·계봉鷄峰이 증명 법사로서 주관하니 개개의 사람들이 영초靈草와 명주明珠인지라. 모두 마땅히 기록하여야 할 것이다. 이로써 불전을 장엄하게 되니 다행이다. 그러나 우리의 도는 검소하고 사치스럽지 아니하며 간결하고 번거롭지 아니하니, 나는 이 기문에서 주지를 위해 경계하노라. 주지의 이름은 석인碩忍으로 일찍이 은선암隱仙庵에서 나를 좇아 선교禪敎의 큰 뜻을 배웠다."

玉泉寺大法堂冥府殿重修丹艧及三尊像十六羅漢十王改金粉記

南界故多大刹。若佛宇惟佟。僧寶惟殷晉陽之玉泉稱焉。上之元年丁酉。重修大法堂冥府殿。改增三壇像采。二年戊戌。丹艧兩殿。瓦甓悉新之。用財計萬。住持謂此事不可無言。請余記其宗。余以無文辭者二年。辭愈固而請益不已。乃投筆而復之曰。住持使余記其山乎。山則無言。吾不欲累也。使余記其寺乎。前人之述已多。復則屑也。使余記其殿宇壇像乎。凡有心目者。皆可瞻仰而愛樂之。又何待吾言。吾所言者有之。夫是殿與像也。非陟天地聳。蜃噓鳥革。而向之欹者正。故者新。漫漶者光輝焉。依俙祇園道場。彷彿華藏海會者。皆人力也。當今叢林。堂堂方袍。徇欲者多。公善者小。惟爾有衆。乃於官徭凋瘵之中。能知爲善之樂。勇於功德如是。豈非所謂淤泥之蓮花。而其所化之者。不曰賢乎。吾爲住持。謝問是役也。頭陁演學。前住持永心晟頤。募檀緣。宏遠活寶。料量出納。前糾正浪軒。前住持應淸抱照。監董終始。規矩則肅蘭抱訓巨澄主焉。繪畫則幻玄任平慕心掌焉。鈗者覽者。來徃給糧者。各略干人。雲坡鷄峰主證法。箇箇靈草明珠。悉宜繡諸梓。以之莊嚴佛殿。幸也。然吾道儉而無奢。簡而不煩。吾於是記。亦有爲住持誡者焉。住持名碩忍。嘗從余於隱仙室中禪敎大旨。

대원암기

천왕봉 한 줄기가 동북쪽으로 달리다가 동으로 꺾어 꾸불꾸불 기복하다 진주 서쪽 100리에서 멈춘다. 뭇 봉우리가 첩첩이 에워싸고 두 시내가 합친 곳에 예부터 법계法界가 있으니 평원사平原寺이다. 그리고 오랜 세월이 흘러 운권雲卷 대사가 큰 난야를 창건하였는데 이것이 대원사이다. '대원大源'의 뜻은 진주 서쪽의 시내 중에 이보다 큰 것이 없고 후인이 도의 큰 근원은 하늘에서 나온다고 하는 말을 취하였다.

전각의 이름은 천광전天光殿이요 누각 이름은 운영루雲影樓로, 매우 웅장하고 화려하여 영남 아래쪽으로는 제일가는 강당이다. 암자 뒤의 석탑은 10층인데 사리 77과가 보관되어 때때로 서광이 빛난다. 탑 왼쪽에는 작은 정사를 건립하여 향화하는 곳으로 삼았는데 범행梵行이 높은 선사가 아니면 거주하지 못한다. 동천東川의 수석은 더욱 빼어나 용추 아래로 몇 리까지는 모두 반석과 물이 굽이치는 곳으로 항상 용이 꿈틀거리며 지나간 자취가 보인다. 돌 옹기는 자연히 이루어져 8, 9곡斛 정도를 담을 수 있고 암자의 스님이 매번 무를 담는데 매우 맛이 있다. 한여름에 때때로 시내에서 목욕하고 바위에 올라앉으면 녹음이 우수수 춤을 추며 청풍이 상쾌하게 불어와 자신도 모르게 속된 생각이 문득 사라져서, 시를 읊조리며 돌아와 스스로 즐긴다. 겸재謙齋 하河 선생[17]의 시에 이르기를,

우禹·직稷[18]이 만약 산수의 흥취를 알았다면
순임금의 태평 시대를 만들지 못했으리라

하였으니 까닭이 있다고 하겠다.

나는 전후로 8년을 여기에 머물렀다. 정미년(1787) 가을 현판의 4운을 따라 다음과 같이 지었다.

선대 스님 암자 창건해 속세 피했는데
나 또한 태평 시대에 이 산에 들어왔네
골짜기에 천광전 열려 천년에 웅장하고
운영루 누각 높아 넝쿨 잡고 오르네
푸른 이끼 낀 옛 선탑에 신선의 뼈 찾고
흰 바위 맑은 물에 나그네의 얼굴 씻네
나가고 물러남 모두 나의 일이 아니니
종일토록 창가에 앉아 불경을 염송하네

大源庵記

天王一脚。走艮旋東。委蛇起伏。止晋西百里。羣峰擁疊。兩川襟合。古有法界曰平原寺。刼換有雲卷大師。刱大蘭若。是爲大源。大源之意。盖州西水源無大於此。而後人取道之大源。出乎天故。殿名曰天光殿。樓名曰雲影樓。極壯麗爲嶺以下第一講堂。庵後石塔十層。藏舍利七十七箇。徃徃放光瑞。塔左建小精舍。爲香火之所。非梵行高禪。莫居之。東川水石尤勝。龍湫下數里間。皆盤石水曲處。每見龍行蜿蜒之跡。石瓮天成。可容八九斛。庵僧每沉菁爲極味。盛夏時浴于川。登坐石頭。綠陰婆娑。淸風吹爽。不覺塵慮之頓消。而詠歸自樂。謙齋河先生有題云。禹稷若知山水趣。無人陶鑄舜乾坤者。以焉。余前後住此八年。丁未秋次板上四韵。先僧刱寺避塵寰。余亦明時入此山。洞闢天光千歲壯。樓高雲影一藤攀。蒼苔古塔探仙骨。白石淸流洗客顏。出處俱無干我事。念經終日坐窓間。

무주암기

암자는 위성渭城[19] 남쪽 60리에 있는데 어느 시대의 누가 지었는지는 전혀 알지 못한다. 『여지승람』에, 무기無己란 스님이 있는데 거의 한산寒山과 습득拾得[20]의 무리와 같아 일찍이 무주암無住菴[21]에 거주하며 시를 지어 이르기를,

> 이 땅은 본래 머무름이 없으니
> 누가 이 당을 건립하였는가
> 이제 무기란 스님이
> 가고 머무름에 막힘이 없도다

하였다고 한다.

고려 시대 보조국사普照國師[22]가 이르기를, 경치가 그윽하고 고요하여 천하에 으뜸가는 선원이라고 하였다. 반야봉般若峰의 한 어깨가 오른쪽으로 돌아 50여 리쯤 가서 천왕봉과 형제처럼 마주 읍을 하는데, 돌 진지가 하늘에 솟아 있고 진지 틈은 흙 언덕에 소가 누운 형국으로 곤향坤向이며 반야봉의 조봉祖峰(주봉)이 정안正案이 되어 매우 정감이 있다. 청오가靑烏家가 이르기를 송아지가 어미를 돌아보는 형국이라 한다. 부자암父子庵이 전요前曜가 되고 오도령悟道嶺이 후라後羅가 되어 높지도 낮지도 않아 병풍과 장막이 둘러싸고 깃발이 옹호하는 듯하다. 주방 곁 돌 틈에서는 차가운 샘물이 용솟음치는데 깊이는 반 길쯤이다 예전에 전하기를, 천왕봉의 신이 신력으로 뚫었다고 한다. 암자는 작고 화려한 꾸밈이 없으며 복장卜藏과 정당靖堂도 없어서 다만 여덟아홉 개의 선좌禪座만 수용할 수 있으니, 형해形骸를 버리고 초연히 깨달은 자가 아니면 거처할 수 없다.

無住庵記

庵在渭城南六十里。邈不知何代誰人之剏。輿地勝覽有僧無己者。殆寒拾之類。甞居無住庵。有題云。此地本無住。何人建此堂。如今無己者。去住本無妨。高麗普照國師謂。境致幽寂。甲天下第一禪居云。般若一肩。右旋五十餘里。與天王峰。長弟相揖。石壘出雲霄。壘隙作土阜。臥牛形坤向。而般若祖峯爲正案。甚有情。靑烏家謂兒犢顧母。父子巖爲前矅。悟道嶺爲後羅。不高不低。如屛帳之圍拱。旌旄之護擁然。傍厨石竇湧泉冽。深可半丈許。古傳天王峯神。神力鑿得。庵小而無華餙。無卜藏靖堂。只容九八禪座。非遺形超悟者。莫居焉。

금대암기

방장산[23]의 여러 사찰 중에 유독 금대암을 제일로 칭하는 것은 무엇 때문인가? 혹자는 말하기를, 이 암자는 창건된 해가 매우 오래되어 제천諸天에 최초로 창건되었기 때문에 제일이라고 한다. 혹자는 말하기를, 경치와 명승이 여러 사찰 중에 으뜸이요, 금니金泥로 마룻대를 발랐기 때문에 제일금대라 한다. 그러나 모두 억측으로 근거가 없다. 『정토경淨土經』 가운데 염불의 공덕이 높은 자는 목숨을 마칠 때 서방의 성인이 금대로 와서 맞이함이 으뜸이요, 은대 등은 그다음이라고 한 것이 이 뜻이다.

산맥의 형세가 덕유산으로부터 100여 리를 뻗어 마뢰임馬瀨壬에 이르러 가채산加采山이 되니, 노승이 부처님께 절하는 형국이다. 반야봉으로부터 천왕봉에 이르기까지는 병요屛曜와 금장錦帳이 되어 눈에 반듯이 마주하는데 골짜기마다 운하가 끼어 오는 것, 가는 것, 우뚝 선 것, 가로 뻗어 가는 것 등이 실비단같이 성글기도 하고 채색 비단처럼 펼쳐지기도 하며, 넓기는 바다 같아서 갑자기 있다가 사라지기도 하여 만 가지 형태로 변화하니 가장 기이한 풍경이다. 암자 뒤에는 응진應眞[24]의 석상을 모셨는데 기도하는 자는 반드시 소원을 이룬다. 신라·고려 시대부터 우리 시대까지 고승 대덕이 다 거주하였으나 고찰하고 근거할 만한 사적은 없다. 근래에 암자의 스님이 벽을 바르다가 문득 들보 속이 뚫어져서 보니 종이에 쓴 글이 있었다. 바람에 닿자 가루가 되어 날아가서 식별할 수 없었는데 아마 상량문이었을 것이다. 구운 기와에도 오히려 '만력萬曆' 연호의 글자가 기록되어 있으니 그 오래됨을 알 수 있다.

金臺庵記

方丈諸刹。金臺獨稱第一。何。或云是庵。創年邃古。爲諸天最初剏。故第一。或云境致名勝。冠於諸刹。而金泥塗屋。故曰第一金臺。皆臆做無稽。

淨土經中念佛功高者。命終時。西聖以金臺來接爲第一。銀臺等爲次。此意也。龍勢從德裕邐迤百餘里。止馬瀨壬。作加采山。爲老僧拜佛案。自般若至天王峰。爲屛曜錦帳。平對目中。谷谷雲霞。來者去者。亭立者。橫帶者。踈如縠。敷如錦。漫如海。忽有忽無。變幻萬狀最奇景。庵後奉應眞石像。祈禱者。必遂願。自羅麗我代名德高僧。皆居之。而事蹟無攷準。近者庵僧塗壁。忽樑腹穿視之。有紙書。觸風粉飛。不可辨識。盖上樑文也。瓦燔猶記。萬曆年字。其古可知。

벽송암기

나의 10대 법조이신 벽송碧松 대사[25]께서는 벽계碧溪[26]의 심인心印을 전해 받고 정덕正德 경진년(1520) 3월에 지리산에 들어가 초가 암자를 엮고 거주하였는데, 후인이 더 넓혀서 대난야가 되었고 인하여 '벽송암'[27]이라고 불렀다. 함양군에 속해 있다. 대사께서는 지혜의 눈으로 널리 지리에 통하여 수행을 돕는 밝은 터로 이곳보다 나은 곳이 없음을 보시고 드디어 법계를 열었으니, 전후로 마음을 깨친 자를 헤아려 보면 일곱 분이나 된다. 4대 법조이신 회당 화상晦堂和尙께서도 또한 이 암자를 평생의 도량으로 삼아 암자의 수승한 명성이 더욱 세상에 드러났다.

천왕봉의 한 맥이 오른쪽으로 돌아 50여 리를 뻗어 흐름을 거슬러 터를 맺어 동북쪽으로 계좌癸坐에 조산祖山(주산)을 둘러 안고 동남쪽 사좌巳坐와 서남쪽 신좌申坐의 여러 봉우리가 둥글고 빼어나며, 주작朱雀[28] 안팎의 층상層翔이 평요平拗하고 단정하여 괘방掛牓의 형국[29]이다. 순봉脣峰은 앞에서 마주하고 병사屛砂는 뒤를 에워싸며 대판천大坂川과 송대천松臺川은 승룡乘龍이 되고, 금대수襟帶水와 추성뢰楸城瀨는 빗장과 문호가 된다. 종고수鐘鼓水의 용이 못에 놀고 장추長湫가 몇 리를 돌아 흘러 현무수玄武水가 된다. 효귀봉孝鬼峯이 오도산悟道山을 쌍으로 지탱하여 즐겨 그 속을 빛내고, 금대산金臺山은 화표華表가 되어 터에 들어가는 길을 막아 주는 문이 되니 평정하고 화락하고 그윽하다. 토맥土脈이 황토이고 두꺼우며 터의 외부는 다 석각石角과 높은 고개이다.

거주하는 스님의 마음이 자연히 담박하여 탐진貪嗔을 일으키지 않고 도량을 쓸고 닦지 않아도 티끌이 일어나지 않는다. 혹 범행梵行을 훼손하는 이가 있으면 반드시 재앙을 만난다. 이 때문에 재물을 경영하는 무리는 가지 않고 표주박 지닌 납승도 저녁에 들어가 아침에 나와 거의 지키지 못하니 가끔 풀만 깊다는 탄식이 있었다. 벽송·서산·회당 세 조사의 진영을 중당에 모셔 놓고 불초한 내가 전후로 향화를 받든 지 11년이었다. 임자년(1792) 여름 덕유산 은신암隱身庵에서 드디어 기록하다.

碧松庵記

我十代法祖碧松大師。傳碧溪心印。以正德庚辰三月。入智異山。構草庵居之。後人增制。爲大蘭若。因以碧松名焉。屬咸陽郡。大師以慧眼。傍通地理。相助道明區。無過於此。遂開法界。前後計悟心者七人。四代法祖晦堂和尙。亦以是庵爲平生道場。而庵之勝名。益顯於世。天王一脉。右旋五十餘里。逆流結局。艮入癸坐。回包祖山。巽巳坤申峰圓秀。朱崔[1]內外。層翔平拗端正而爲掛牓。案脣峰前拱。屛砂後繞。大坂川松臺川爲乘龍。襟帶水楸城瀨爲扃戶。鐘皷水龍遊潭。長湫數里圍流爲玄武水。孝鬼雙撑悟道山。樂曜其衷。金臺山爲華表。捍門入基。平正雍窈。土脉黃皐。基局之外。皆石角峻坂。居僧心次。自然澹泊。貪嗔不起。道場雖不灑掃。塵埃不生。或梵行虧者。必遭災。是以營貨之徒不佳。持瓢雲衲。暮入朝出。殆不能守直。徃徃有草深之歎焉。奉碧松西山晦堂三祖眞影于中堂。余不肖。前後侍香十有一載。壬子夏在德裕隱身庵。遂記。

1) ㉠ '崔'는 '雀'의 잘못인 듯하다.

칠불암기

　반야봉에서 30리 남쪽에 칠불암이 있어 동국 제일의 선원으로 칭해지는데, 옛 이름은 운상원雲上院이다. 신라 210년 신문왕의 아들 두 사람이 궁모宮母 5인과 이곳에 들어와 성도하였기 때문에 지금의 이름으로 고쳤다. 59년 후 경덕왕 때 이르러 징사徵士[30] 옥보玉寶가 거주하였다. 682년이 지난 홍무 4년(1371)에 중창하여 오늘날의 사찰이 되었다.

　신암愼庵의 기문에 이르기를, "내가 일찍이 오대산의 사적을 보니 신문왕자 두 사람은 하나는 효명孝明이요, 하나는 신성神聖이다. 오대산에 가서 문수의 화신化身을 참배하고 나서 효명은 들어가 임금을 계승하고 신성은 스님이 되었다."라고만 하고 궁모가 득도했다는 이야기는 없으니, 신암의 기문에 대해서는 의심이 없을 수 없다.

　김해 김씨 족보에 "수로왕에게는 아들 열 명이 있었는데 한 사람은 세자가 되고 두 사람은 양자로 주어 허씨의 후사가 되었으며, 나머지 일곱은 속세에 뜻을 끊고 보옥선寶玉仙을 따라 가야산에 들어가 도를 배워 신선이 되었다."고 하니 반드시 이들일 것이다. 대개 보옥은 옥보玉寶의 글자가 도치된 것일 뿐이요, 선仙과 불佛은 세인들이 상호 부르는 칭호이다.

　가야산에서 운상원으로 들어가 심불心佛을 깨우쳤기 때문에 후인이 사모하여 암자 이름을 '칠불'이라고 한 것인데, 승사僧史에서는 이렇듯 잘못 전하고 있는 것이다.

　비로법전毘盧法殿에는 청허清虛 존자가 손수 쓰신 기문이 있다. 동쪽에는 약사 석불藥師石佛이 있어 매우 영험이 있다. 서쪽은 고승당高僧堂인데 온돌을 따라 선상을 놓아 높고 낮은 곳이 고루 따뜻하다. 당제堂制는 묵언면벽하여 달마의 마음을 참구하는 것이다.

　암자 뒤에 오르면 옥보대玉寶臺가 있고 서북쪽 산봉우리에는 부휴浮休 조사의 치아탑齒牙塔이 있다. 그 아래에는 추월 능秋月能 선사의 부도가 있는데, 선사는 벽송의 심인을 이어받아 고행을 부지런히 행하였다. 저녁마다 돌을 짊어지고 길을 다니다 호랑이를 만나 곧 몸을 바치려고 하였는데, 호랑이가 고개를 숙여 마다하고 항상 가까이에서 모셨다. 임종 때 훈계하기를, 남의 재물을 허비하지 말고 다만 산 모양의 돌을 모아 사리를 보관하라고 하였다. 후인이 석종石鐘으로 바꾸려 하자 호랑이가 나와 저지하였다. 오늘날에도 탑을 돌면 참으로 검소하고 사치스럽지 않아 그분을 직접 보는 듯하여 나도 모르게 무릎을 꿇고 손을 합장하게 된다.

아래쪽으로 10리쯤에 새로 강당을 세우고, 또 10리를 가 쌍계사에 육조탑六祖塔이 옛 전각 위에 있고, 진감眞鑑[31]의 비명碑銘은 새 전각의 뜰 가운데에 있다. 동부洞府에는 두 바위가 길 양쪽에 있어 '쌍계석문'이라고 새겨져 있으니 고운孤雲 최치원崔致遠[32]이 대자大字로 쓴 것이다.

七佛庵記

從般若南三十里。有七佛庵。稱東國第一禪院。舊額雲上院。始羅二百十年。有新文王子二人。與宮母五人。入此成道。故改今名。後五十九年。而至景德王徵士玉寶居之。六百八十二年。而即洪武四年。重剏爲今刹。愼庵記云。余甞見臺山事蹟。新文王子二人。一曰孝明。一曰神聖。詣五臺。叅化身文殊。而孝明入承。神聖爲僧。未有宮母得道之說。愼庵記未容無疑。金海金氏譜。首露王有子十人。一爲儲君。二人錫爲許氏嗣。其餘七人。志絶塵寰。從寶玉仙。入伽倻山。學道成仙。必此也。盖寶玉。玉寶字倒而已。仙佛世人之互稱也。自伽倻入雲上院。悟心佛故。後人慕之七佛名庵者也。而僧史謬傳。一至此乎。毘盧法殿。淸虛尊者手筆記文在。東有藥師石佛。甚靈偉。西則高僧堂。因突爲床。均溫高低。堂制嘿言面壁。達摩心是究。登庵後有玉寶臺。西北崗有浮休祖師齒牙塔。其下秋月能禪師浮圖。禪師嗣碧松心印。精勤苦行。每夜負石行道。遇虎便欲捨身。虎俛首不肯。常侍左右。臨終遺誡。毋費人財力。但聚山形。石藏舍利。後人欲改石鐘。虎出沮之。至今繞塔。純儉無奢。如見其人。不覺膝之跪而手之叉矣。下界十里。新興講堂。又十里雙溪寺。六祖塔在古殿上。眞鑑碑銘。新殿庭中。洞府兩石挾路。鐫曰雙溪石門。崔孤雲大字。

불일암기

불일암은 쌍계사에서 10리쯤에 있다. 살펴보면, 고려 국사 목우자牧牛子의 시호가 불일보조佛日普照이니 아마도 국사의 도량인 듯한데 근거할 사적이 없으니 안타깝다. 외나무다리가 허공에 걸려 있어 바위틈을 부여잡고 작은 방에 들어가면 유연히 속세의 생각이 사라진다. 청학봉과 백학봉이 좌우로 끼고 서 있는데, 모두 바위산으로 매우 기이하다. 옛날 학이 그 위에 살았는데 어떤 사람이 돌을 가지고 장난삼아 던지자 학이 돌아오지 않았다. 얼마 있지 않아 남쪽 왜구가 들이닥쳤으니 학도 또한 진퇴를 아는가 보다. 왼쪽 산기슭에 보조국사의 옛터가 있는데 매우 밝고 편안하다. 조남명曺南溟[33] 선생의 「지리산기智異山記」에 향로봉이라 한 것은 지금의 청학봉이고 비로봉이라 한 것은 지금의 백학봉이다.

佛日庵記

佛日庵在雙溪寺十許里。按高麗國師牧牛子。諡曰佛日普照。是豈國師道場。而事蹟無憑。可慨已。略勺架虛。攀崖隙。進身小室。脩然無塵慮。靑鶴白鶴兩峰。挾扶左右。皆石崗甚奇。古者鶴巢其上。有人將石礫打戱。鶴不復返。未幾南冠[1]至。仙禽亦知進退者耶。左麓得普照古墟。甚明穩。南溟曺先生智異山記。香爐峰者。今靑鶴峯也。毘盧峯者。今白鶴峯也。

1) ㉮ '冠'은 '寇'의 잘못인 듯하다.

화장암기

 진양晉陽(진주) 금만리金滿里에서 위로 10리를 못 가서 절벽에 인접한 작은 암자가 화장암인데, 나옹懶翁 화상이 일찍이 거처하셨다. 이 암자 뒤의 암혈巖穴에서 쌀이 나와 계속 조석으로 공양하였는데, 나옹 화상이 떠나자 쌀도 더 이상 나오지 않았다. 오늘날에도 여전히 '쌀바위(米巖)'라고 한다. 동남쪽을 가만히 바라보면 산수가 더욱 기이하고 아름답다. 나는 정미년(1787) 중춘에 올라 하루를 묵고 돌아왔다.

華藏庵記

晉陽金滿里。上不十里。接壁小庵。名華藏。懶翁嘗居。此庵後巖穴。出粳米繼爲朝夕供。翁去米亦不出。至今猶稱米巖。坐看東南。山水尤多奇麗。余以丁未仲春。登一宿而歸。

화엄사기

절은 구례 동쪽 10리 반야봉 서남쪽 기슭에 있다. 양무제 대동大同 12년[34]이자 신라 진흥왕 5년(544)에 창건되었다. 담 안쪽의 법계法界가 73곳이요, 담 밖의 공입원共入院이 93곳이다. 자장慈藏[35]·도선道詵[36]·의상[37]·원효가 이어서 거처하였다. 불상·정탑庭塔·등롱燈籠·노주露柱·석당石幢·석지石池의 수는 절의 역사에 모두 기재되어 있으니 다 기록할 수 없다.

이제 운체雲砌를 보니 옛터가 되었고 화엄의 석판石板도 병화에 부서졌으나 아직 수천 조각이 남았는데 글자 획이 매우 오묘하다. 범궁梵宮은 옛 편액은 없어지고 다만 2층 장륙전丈六殿만 웅장하고 아름답게 서 있다. 벽암碧巖 대사가 문인에게 명하여 장륙전을 중건하였다. 장륙전 위 세존 사리탑 9층에는 철면자鐵面子[38]의 기문이 있는데, 내가 읽어 보니 경주 불국사의 사적이 잘못 이 절의 것으로 되었다. 옛 기록이 황당하고 근거가 없어 취하여 기록하지 않았다.[39] 우리 인조 임금 때 벽암 존자께서 이곳에서 입적하여 사리와 부도가 절 아래 서쪽 기슭에 있다. 백헌白軒 이 상국李相國[40]이 찬한 신도비가 해탈문 밖에 있고 교지敎旨는 삼전三殿에 있다.

華嚴寺記

寺在求禮東十里般若西南麓。梁武帝大同十二年新羅眞興王五年始創。墻內法界七十三所。墻外共入院九十三所。慈藏道詵義相元曉。相繼居之。若佛軀庭塔燈籠露柱石幢石池之數。並載寺史。不可盡記。今看雲砌。呀然古墟。華嚴石板。碎於兵燹。而尙殘數千片。字畫甚妙。梵宮則今無舊額。唯二層丈六殿。瞻仰壯麗。碧巖大師。命門人重建丈六殿。殿上世尊舍利塔九層。有鐵面子記。余讀之。乃慶州佛國寺事蹟。誤作此寺。古記荒唐無準。故不取錄。我仁廟時。碧巖尊者。入寂於此。舍利浮屠。在寺下西麓。白軒李相國所撰神道碑。在解脫門外。敎旨在三殿。

오산기

구례 서남쪽에 천 길 봉우리가 우뚝 솟아 위에는 사성암四聖庵이 있다. 전후좌우가 모두 수십 길이나 되는 석벽으로 도선의 굴이 암자 뒤에 있어 진각眞覺과 무의자無衣子가 모두 여기에서 선정을 닦았다. 항상 오경이면 게송을 외는 소리가 10여 리까지 들려 때를 잃지 않았으니, 듣는 자가 새벽을 알리는 것이라고 여겼다.

월남비月南碑에 이르기를, "또 「화엄사기華嚴寺記」에 원효·의상·도선이 모두 거주했다."고 하였으니, 진각까지 합하여 사성이라 암자를 부르게 된 것이다. 송대松臺에 서서 사방을 바라보면 평야와 성읍, 여염집들이 몰려 있고 밤이 되면 마을의 등불 빛이 맑은 하늘에 별빛이 흩어지는 듯하다. 잔잔한 시내가 그 아래를 돌아 흐른다.

鰲山記

求禮西南。突峰千仞。上有四聖庵。前後左右。皆石壁十數丈。道侁[1]窟在庵後。眞覺無衣子。嘗習定於此。每五更唱偈。聲聞十許里。略不失時。聞者以爲候晨。月南碑云。又華嚴寺記。元曉義相道侁[2]皆居云云。幷眞覺則四聖之名庵以也。立松臺四望。平野城邑。閭閻人家。撲地入夜。村燈如星撒晴空。潺水江環帶其下。

1) ㉠ '侁'은 '詵'의 잘못인 듯하다.　2) ㉠ '侁'은 '詵'의 잘못인 듯하다.

조계산 송광사기

　대흥사에서 송광사에 이르러 절 오른쪽 산에 있는 사적비를 읽었다. 신라의 스님 혜린慧隣이 처음으로 작은 암자를 세웠는데 폐허가 되고, 고려 명종 승안承安 2년(1197)에 이르러 보조국사께서 출세出世하시어 큰 사찰을 세웠으니 법전과 요사채가 100여 곳으로 9년 만에 일을 마쳤다. 옛 이름은 송광산 길상사吉祥寺라고 하였으나 명종이 조계산 수선사修禪社로 고치고, 나라 안의 가람을 반으로 나누어 모두 이 절에 소속시켰다. 오늘날 송광사라고 이르는 것은 대개 옛 산 이름을 취한 것이다.

　병란 후에 옛 기물이 얼마 남지 않아 이제는 보조국사의 사리와 원불願佛, 임금이 하사한 법복, 동기銅器 능견난사能見難思[41]만이 향로전에 있다. 또 비단에 쓰인 긴 폭의 묵적墨跡이 있었는데, 손에 닿는 즉시 부서져 날아가고 다만 '대정大定 4년'(1164)이라는 글자만 알아볼 수 있다.

　수각水閣 밖에는 한 그루 죽은 박달나무가 앙상하게 서 있는데 곧 국사께서 손수 심은 것으로 함께 열반에 든 것이다. 500여 년의 풍상을 거치고도 높게 솟아 무너지지 않았다. 천자암天子庵에도 또한 국사께서 손수 심은 살아 있는 향나무가 있는데 크기가 몇 아름이나 되고 가지가 모두 아래로 드리워져 있다. 한 사람이 약간만 건드려도 손에 정감이 있고 수십 인이 함께 흔들어도 마찬가지이다. 전해지기로는 국사께서 중국으로부터 지팡이를 가져와 거꾸로 심은 것이라고 하지만 거의 근거가 없다. 대개 이 번성한 나무와 메말라 죽은 나무는 영산 학수靈山鶴樹[42]에 견줄 수 있겠다.

　진여문眞如門 안쪽 위에 있는 7전殿을 '설법전'이라고 하는데, 동쪽 방장은 당시에 보조국사가 학인을 지도하며 안선했던 곳이다. 이 때문에 절의 대중이 중시하여 국사가 계신 듯이 사모한다. 삼일암三日庵은 현재 선객이 많이 배출되는 곳으로 제도와 규율은 칠불암과 백중을 이루는데 용맹정진은 더 낫다. 백설당白雪堂과 차안당遮眼堂은 동쪽 방장의 좌우가 되고 상하의 청운사靑雲社는 나한전의 좌우가 되어 모두 청정한 납승이 거처한다.

16조사의 영전影殿 편액은 자음당慈蔭堂인데 보조를 주벽主壁으로 하여 진각眞覺·청진淸眞·진명眞明·자진慈眞·원감圓鑑·자정慈靜·자각慈覺·담당湛堂·혜감慧鑑·자조慈照·혜각慧覺·각원覺圓·정혜淨慧·각진覺眞·고봉高峰 등 15조사가 소목昭穆(위패의 차례)에 따라 배향되어 나옹[43]·무학[44]과 합쳐 18주지가 된다.

임경당臨鏡堂·능허각凌虛閣·수석정水石亭 등은 단지 풍류가 빼어날 뿐으로 여기에는 기록하지 않는다.

曹溪山松廣寺記

自大興至松廣寺。寺之右崗。讀寺蹟碑。新羅僧慧隣。肇創小庵。庵墟而至高麗明宗承安二年。普照國師。出世而建大刹。法殿僧寮。百有餘所。九載訖功。舊號松廣山吉祥寺。明宗改爲曹溪山修禪社。中分一國伽藍。盡隷此寺。今云松廣。盖取古之山名也。兵燹後。古物無幾。今見普照舍利。若願佛。若御賜法服。若銅器能見難思。在香爐殿。又綾書長幅墨跡。觸手飛碎。惟大定1)四年字可記。水閣外一條死檀骨立。即國師手植。而同歸涅槃者也。歷風霜半千年數。而危竿不墜。天子庵亦有國師手植生檀。大連數抱。枝幹皆下垂。一人微觸。應手有情。數十人同撼。亦不過如是。相傳國師自中國。杖來倒植。殆乎無稽。而盖此榮枯兩隻。豈靈山鶴樹之比者歟。眞如門內。號上七殿曰說法殿。東方丈。普照當年。揮麈安禪之所。故寺人重之。如在之慕。而三日庵。現爲禪者。冀北制律。與七佛可伯仲。而絶炊遺形。過之。曰白雪遮眼二堂。爲東方丈左右。而曰靑雲上下社。爲羅漢殿左右。皆以淨淸衲僧居之。十六祖師影殿。額曰慈蔭堂。以普照爲主壁。而眞覺淸眞眞明慈眞圓鑑慈靜慈覺湛堂慧鑑慈照慧覺覺圓淨慧覺眞高峰十五祖師。

配享昭穆。並懶翁無學。爲十八住持。至如臨鏡堂凌虛閣水石亭。特風流之最。不與此錄云爾。

1) ㉠ '定'은 '正'의 잘못인 듯하다.

선암사기

선암사는 대각국사大覺國師⁴⁵의 도량으로, 도선의 비보기裨補記 가운데 하나이다. 지금은 빼어난 사찰로 송광사와 이름이 나란히 알려져 있다. 예전에는 선객의 거처로 일곱 전각이 있었는데, 이제는 불에 타 폐허가 되었다. 향로암香爐庵은 위로 10리쯤에 있어 경치가 으뜸인데 침굉 조사枕肱祖師가 이 산에서 교화를 펼친 후로 선교禪敎의 대덕大德이 많이 배출되었으니 지령地靈이 수승해서이리라.

仙巖寺記

仙巖即大覺國師道場。道詵裨補記中一數。今爲勝刹。與松廣齊名。古有禪居七殿。今火墟。而香爐庵。在上界十里爲最境。枕肱祖師。開化於此山。自後禪敎大德多出。豈地靈之勝者歟。

덕유산 심진동기

골짜기를 '심진尋眞'이라 불렀으니 경계가 참된 것인가, 사람이 참된 것인가? 국초에 무학 조사가 이곳에 은거하여 지금도 정상에 은신암이 있다. 은신암에서 동쪽을 바라보면 몇 리 되지 않는 곳에 태조암太祖庵의 옛터가 있고 또 아래로 6, 7리쯤에 용추폭포龍湫瀑布가 있다. 여기서부터 시내와 바위에 연포대練鋪臺·탄금대彈琴臺·설옥담屑玉潭·분옥뢰噴玉瀨·채호암採好巖·풍류암風流巖 등이 있어 모두 경치가 아름답다. 동중洞中의 제천諸天[46]으로 도솔암兜率庵·백련암白蓮庵·청류암聽流庵·부도암扶屠庵 등은 은신암과 형제가 되어 모두 장수사長水寺에 속해 있어 참선하고 강론하는 학인이 많이 거주한다. 장수사는 용추 아래 경원庚原(서쪽 들)에 있는데 청오배靑烏輩(풍수가들)는 용추의 물 깊이로 절의 흥폐를 점치니, 장수라는 이름은 이 때문에 나온 듯하다.

德裕山尋眞洞記

洞以尋眞名。境之眞乎。人之眞乎。國初無學祖師。隱居于此。而今絶頂有隱身庵。自隱身東望。不數里。有太祖庵古墟。又下六七里。則龍湫瀑布。從是川石。有練鋪臺彈琴臺屑玉潭噴玉瀨採好巖風流巖。皆佳境。洞中諸天。如兜率庵白蓮庵聽流庵扶屠庵。長弟於隱身。而並屬長水寺。禪講之士。多居之。長水寺在龍湫下庚原。靑烏輩以湫之淺深之時。卜寺之興衰。抑長水之名。以此故歟。

오대산 서대 중건기

『화엄경』「보살주처품菩薩住處品」에 오대산은 문수보살의 진신이 상주하는 곳이라 하였다. 내가 일찍이 들어가 알현하기를 원했는데 육안으로는 아무것도 보지 못하였다. 오대산 사적기를 읽어 보니, 신라 태화太和[47] 연간에 신성神聖·효명孝明 두 태자가 오대산을 순례하다가 보살의 진신을 보았다고 하고 우리 세조 임금이 행차하여 문수동자를 보았다고도 한다. 후에 월성위月城尉 김 공[48]이 서대를 복을 비는 원당으로 삼은 것은 모두 옛 기록과 같다.

금상 경신년(1800)에 서인瑞仁 스님이 서대의 중수를 마치고 큰 불사를 일으켜 천리 먼 길 나를 맞이하였으나 내가 병으로 가지 못하였다. 또 서대의 중건기를 청하여 내가 글솜씨가 없다고 사양하였다. 얼마 후에 서인을 부르니 서인이 응하자 내가 말하기를, "서대의 중건을 이미 마쳤으니 잘 보호하라." 하니 서인이 예배하였다. 내가 지팡이로 치면서 말하기를, "너는 어느 곳에서 서대를 보느냐?" 하니 서인이 말없이 소매를 떨치고 떠났다.

五臺山西臺重建記

華嚴經菩薩住處品。五臺山眞文殊住處。余甞入願謁。肉眼無所見。就讀臺山事蹟記。始羅太和年中。神聖孝明二太子。巡禮五臺。見菩薩眞身。我世廟幸駕。見童子文殊。後月城尉金公。以西臺爲祝釐願堂。併如古錄。上之庚申。有衲子瑞仁。重修西臺訖。作大佛事。千里邀余。余老不能徃。又請西臺重建記。余辭以無文。有頃召仁。仁應諾。余曰西臺已建訖。善加保護。仁禮拜。余杖子便打曰。汝什麽處見西臺。仁無語拂袖而去。

다솔사 팔상전 중건기

다솔사는 내가 유람한 적이 없다. 절에는 거우巨宇라는 두타가 있어 무술년(1778) 가을에 은선암으로 나를 방문하여 그 빼어난 경치가 우리 동국의 제천諸天 중에 으뜸이라고 자랑하였다. 내가 듣고 기뻐서 말해 보라고 하니, 그 내용은 다음과 같다. 절은 곤성昆城 북쪽 10리쯤 방장산 동쪽 기슭에 있다. 양梁나라 천감天監[49] 계미년(503)에 지영智英 사문이 창건하여 당·원·명나라를 거쳐 우리 숙종 임금 병신년(1716)에 이르기까지 1,213년간을 자장·의상·도선·보제普濟·영일靈日 등의 여러 선덕先德이 서로 이어 여섯 번을 새롭게 하고 더욱 성대하여 오늘날 큰 사찰이 되었다.

사적비명寺蹟碑銘에는 다음과 같이 기록되어 있다. 영조 임금 임진년(1772)에 절이 화재로 타서 삼전三殿과 삼당三堂이 잿더미가 되었다. 당시 거주하던 호익好益과 진안震眼 등 여러 스님들이 서로 힘을 내고 재물을 모아 차츰 경영하여 회복하였으나 팔상전만 복구하지 못하였다. 금상 원년 정유년(1777)에 전 주지 민탄敏坦이 개연히 복구하고자 스스로 통상統相(통제사)을 알현하고 목재를 크게 모았다. 모두 말하기를 때를 놓쳐시는 안 된다고 하여, 절의 살림을 다 털어 창주暢周를 요량料量(도목수)으로 삼아 공사를 맡겨 일을 계획하여 오래지 않아 일을 마쳤다. 들보를 건 것이 셋이요, 기둥이 여덟 개라. 섬돌과 주춧돌이 넓게 놓이고 용마루가 나는 듯 솟아 주밀하고 크고 아름다워 더할 것이 없다. 또 여러 요사채 중에 백련당이 많이 무너졌으므로 수리하였다. 전태展泰와 인우仁祐가 기와를 빚어 덮고 태홍太洪과 찬화贊和가 큰 누각까지 아울러 단청하였다. 오래된 탱화 한 축이 다행히 불에 타지 않아 봉안하였다.

1,200년 동안 앞사람이 다하지 못한 것을 이제 다 아름답게 갖추어 찬란하게 빛나 이제는 제일가는 수승한 가람이 되었다. 내가 손을 모으고 말하였다. "이렇듯 오늘날의 세상에 우리 불도佛徒가 떨치지 못해 총림 사

이가 다만 부역에만 들볶일 뿐이니, 명산의 거찰이 어찌 공왕불空王佛의 세계가 되지 않겠느냐? 그런데 이 궁벽진 바닷가에 옛 절이 성대하기가 이와 같도다.

경에 이르기를,

> 겁화가 해저까지 불태우고
> 바람에 산이 서로 부딪혀도
> 이 땅은 편안하고 온전하여
> 천인이 항상 충만하리라[50]

하니 이곳을 일컫는 말일 것이다. 나는 훗날 강론을 마치고 두타를 따라 유유자적하며 여년을 마치기를 원한다."라고 하였다. 두타가 일어나서 팔상전 중건 사적기를 지어 달라고 청하기에 서로 나눈 대화를 써서 주었다.

多率寺八相殿重建記

多率寺。余未甞遊也。寺有頭陀曰巨宇。歲戊戌之秋。訪余于隱仙。誇言其勝甲吾東諸天。余聞之。欣然試招。則曰。寺在昆城北十許里方丈之東麓。梁天監癸未。智英沙門剏之。歷唐元皇明。至我肅庙丙申。千一百九[1]年之間。有慈藏義湘道詵普濟靈日。諸先德相繼。凡六新而愈盛。今爲大利。寺蹟碑銘。在英庙之壬辰。寺災於火。三殿三堂灰墟。時居者。好益震眼諸公。相出力鳩財。稍稍營復。而惟八相一殿未焉。今上之元年丁酉。前住持敏坦。慨然欲究之。自謁統相。大獲材松。衆曰時不可失。盡罄寺藏。以暢周爲料量。敦匠籌事。不日告功。爲架者三。爲楹者八。砌礎磅磚。甍角翬飛。周完宏麗。蔑有加矣。又衆寮中。白蓮堂多頹。因是之。以展泰仁祐。陶瓦而覆之。太洪贊和。并大樓而丹艧之。古幀一軸。幸不隨烈焰。則奉安之。

千二百年來。前人之所未盡者。今則盡備盡善。燦然華矣。於今之時。當爲第一等勝妙伽藍。余又手曰。有是哉。今之世。吾徒不能振。叢林間。但見賦役膏煎。名山巨刹。幾何不爲空王佛世界。而此一僻海。古寺其盛。乃如此。經云。刼火燒海底。風皷山相擊。我此土安穩。天人常充滿。豈此之謂歟。吾他日報了講債。願從頭陀優遊於以終餘年。頭陀因起。請余爲八相殿重建事蹟記。乃以其相叙話者。書歸之。

---

1) ㉑ '千一百九'는 '千二百十三'의 잘못인 듯하다.

소양자[51]기

내가 송암松庵에 있을 때 아이 오悟가 소양자를 만들어 바쳤다. 길이는 다섯 손가락 반이요, 둘레는 한 치이다. 반듯이 깎아 몸체를 만들고 머리는 굽혀 손이 되었다. 나는 늙어 기혈이 쇠퇴하여 매번 가려우면 이것으로 긁어 시아侍兒의 힘을 빌리지 않는다. 앉을 때 등뼈를 숙이고자 하면 이것으로 지탱하고, 수마가 밀려오면 이것으로 물리친다. 걸을 때는 지팡이가 되고 걸식할 때는 개를 막으며, 경의 이치를 강론할 때에도 동서를 가리키며 상벌을 행하니 하루라도 이 물건이 없어서는 안 된다. 내 몸의 가려움을 사물의 힘을 빌려 긁으니 사물이 어찌 공을 말하겠는가마는 내가 스스로 잊지 못하는 것이다.

지금 사람을 보면 작은 은혜를 베풀면 곧 덕을 베푼다는 낯빛이 있고, 친압하면 곧 태만하여 일을 싫어하고, 억지로 시키면 벗어나 도망가니 이는 정욕으로 질곡되어 인도가 사라졌기 때문이다. 어찌 이 무정물이 도리어 쉽게 쓰임이 되는 것만 하겠느냐? 옛사람이 목상좌木上座(지팡이)라고 부른 것이 참으로 까닭 있는 일이다.

搔癢子記

余在松庵。時兒悟作搔癢子進。長五指有半。圍一寸。削正爲身。頭曲爲爪。余老而衰血。每風痒作用。是搔快。不借侍兒。而坐時脊骨欲俯。則以此支之。睡魔欲來。則以此揮之。行步爲杖。乞食禦犬。以至講論經理。持東畫西。行罰行賞。莫不以此爲用。不可一日無此物也。痒在吾身。而搔借於物。物何嘗言功。余自不能忘也。觀夫今人之有小恩。則便有德色。親狎則便有怠慢。厭役强使之。則脫而逃。由其情欲之窒。而人道亡矣。曷若此無情物之却爲易用也。古人喚作木上佐者。良有以哉。

영원암 설회 사적기

암자는 강희康熙 임인년(1722)에 불에 타 사적을 고찰할 수 없다. 혹은 전하기를 옛 조사 영원靈源이 거처하여 영원암이라 부른다 하고, 혹은 말하기를 암자가 만수동萬水洞 가장 깊은 근원에 있어서 영원이라 한다고 한다. 만력萬曆[52] 연간에 부용芙蓉 · 청허淸虛 · 청매淸梅 세 조사가 서로 이어서 주석하고 득도하여 영원이라는 이름이 더욱 세상에 드러났다. 방장실에 '삼영전三影殿'이라는 편액이 있는 것이 이 때문이다.

강희 4년 을사(1665)에 비구 계탄戒坦이 재물을 내어 중건하니, 경치가 그윽하고 상쾌하여 선교의 인재의 산실이 된 지 오래되었다. 건륭乾隆[53] 임진(1772)에 이르러 백화白花 · 문곡文谷 · 환암喚庵 세 장로가 납자 약간 명과 함께 여기에 만일회萬日會를 개설하니, 의범儀範으로 동진의 혜원과 신라의 징徵 화상의 고사[54]를 본받아 서방에 뜻을 두고 함께 왕생할 것을 약속하였다. 수년 후에 백화는 조계산에서 입적하고 문곡은 덕유산에서 입적하였는데 환암만 홀로 이곳에 10년을 머물다가 열반에 들었다. 그다음 주실 운파 우공雲波宇公, 우운 밀공友雲密公과 당시의 납자 성한性罕이 모임의 일(會事)을 맡고 찬명贊明이 진행을 맡았으며, 보민普롯이 본원의 주지를 겸하여 외무를 맡았다. 모두 모임을 맺은 인연에 기록할 만하고 또한 말법末法 중에 희유한 일이라 할 만하다.

나는 사형 설월공雪月公과 모임에 동참했기 때문에 일찍이 왕래하면서 뵙고 살펴본 것이 자주 있었다. 모임의 사람이 나에게 영원암 사적기를 부탁하니, 나는 본디 글을 업으로 하지 않고 암자의 옛 사적도 또한 실록을 볼 수가 없어 근래에 보고 들은 것만으로 다음과 같이 쓴다.

"이와 같이 나는 보았다. 신령한 근원이 담적湛寂하여 고금에 뻗어 있다. 가만히 진찰에 머무니 메마른 무리가 모두 소생한다. 이 문에 드는 자는 당장에 편안히 기를 것이니 어찌 반드시 서방에 왕생하며, 이 당에 드는 이는 곧 여래를 볼 것이니 어찌 다른 부처를 염원할 것인가? 한없이 이루어지고 훼손되는 것과 이어지는 공적과 허물이 모두 영원의 빛과 그림자요, 환화幻化와 묵은 자취는 모두 영원 가운데의 사람과는 상관함이 없도다. 이 때문에 이르기를, 모든 상相은 상이 아니니 색으로 보고 소리로 구하면 모두 삿된 행동이다. 내가 여기에서 혀가 막히니 어찌 감히 지필紙筆을 잡겠는가? 다만 세제世諦와 인사人事로 말하자면 불초한 나는 다행히 교종으로는 부용의 9세를 이었고, 선종으로는 청허의 7대를 이어 선사의 남긴 발자취를 감탄하여 말이 없을 수가 없는 것이다. 누가 알랴, 큰 불꽃 가운데에 자취마다 녹아 사라지고 황금 연화대 위에 개개마다 이름을 드러냈음을. 이에 기문을 쓴다."

靈源庵設會事蹟記

庵於康熙壬寅火。事蹟無孜。或傳古祖師靈源居之。故曰靈源庵。或云庵在萬水洞最深源處。故曰靈源。萬曆間芙蓉淸虛淸梅三祖師。相繼駐錫得道。而靈源之名。益顯于今。方丈有三影殿額者以此。康熙四年乙巳。此丘戒坦。化財重搆。以境致幽爽。爲禪敎冀北者久矣。逮乾隆壬辰。有白花文谷喚庵三長老。從衲子若干。此設萬日會。儀範效東晋惠遠公及新羅徵和尙古事。刻意西方同時徃生。是約越數年。白花化於曹溪。文谷化於德裕。獨喚庵住此十年。入涅槃。其次住室。雲波宇公。友雲密公。當時衲子性罕掌會事。贊明掌用舒。普旻兼本院住持。掌外務。並可記於結會因緣。而末法中亦希有云者。余以師兄雪月公。同叅會中之。故嘗徃來省謁數矣。會中人屬余作靈源庵事蹟記。余素非業文。而庵之古蹟。且未見實錄。姑以近所見聞者。書之曰。如是我觀。靈源湛寂。亘古長今。潛住塵刹。枯類咸蘇。入此門者。當下安養。何必徃生西方。入此堂者。卽見如來。何須別念他佛。悠悠成毁。綴綴功過。盡是靈源之光影。幻化陳跡。捴不干他靈源中人也。故云諸相非相。色見聲求。皆邪行。余於此吃了舌頭。詎敢操觚。而但以世諦人事。則幸不肖。於敎承芙蓉之九世。於禪累淸虛之七代。感歎先師遺躅。又不能無語已也。誰知大烘焰裡跡跡消融。金蓮臺上箇箇標名。是爲記。

꿈에 풍탁을 듣고 기록하다

내가 일찍이 솔창에서 얼핏 잠이 들었는데, 꿈속에서 어떤 물건이 쟁쟁 소리를 내며 허공중에 있으니 천악天樂으로 여겨 한참을 듣고 기뻐하다 깨었는데 바로 풍탁의 요설饒舌(혀)이었다. 서까래 끝에 걸려서 몸체는 놋이고 형체는 둥글고 비었으며 그 소리는 맑고 부서진다. 십자 모양의 혀가 동풍이 불면 동쪽을 치고 서풍이 불면 서쪽을 치며, 사방팔면에 불면 회전하며 치다가 바람이 잠잠해질 때면 고요히 소리가 없으니, 움직이는 것은 무엇이며 고요한 것은 무엇인가? 바람도 아니고 풍탁도 아니며 다른 사물도 아니다. 이 말도 오히려 잠꼬대요, 꿈속의 이야기라. 드디어 꿈결에 이를 기록한다.

夢聽風鐸記

余嘗假寐於松窓前。夢中有物錚錚。然在虛空中。以爲天樂。聞之良久。欣然而覺。乃風鐸饒舌。其懸桷頭。其體鍮錫。其形圓而空。其韵淸而碎。十字爲舌。東風來東頭打。西風來西頭打。四方八面。風旋頭打。有時風息。寂無聲韵。動者什麼物。靜者什麼物。不是風。不是鐸。不是物也。此猶是寐語夢中說。遂夢記于此。

목탁기

염불하는 사람은 대부분 목탁으로 운韻을 돕는다. 처음에는 각角에서 궁宮 소리로, 중간에는 흩어져 치徵와 우羽 소리가 되었다가 상商 소리로 맑게 끝난다. 하늘에 울려 퍼져 고뇌에 빠진 이들을 일깨우고 수마를 쫓으며 근진을 탈피하여 본성으로 돌아가게 하니 큰 공이 있다.

나는 바위 옆의 느티나무를 취하여 주먹 크기로 깎아 다듬고, 입은 크게 하고 배를 뚫었으며 귀를 뚫고 손잡이를 깎았다. 방망이를 들어 한 번 치니 그 소리가 제천諸天에 울려 퍼져 참으로 법기였다.

내가 생각하기를, 이 목탁이 이루어지기 전에는 나무에 소리가 없다가 조각한 후에 소리가 있게 되니, 우리들도 명성이 없는 자는 절차탁마切磋琢磨의 공부가 없어서 그릇이 되지 못한 것이니 남이 알아주지 않은들 어찌 원망하겠는가? 그러나 학인이 명성을 구한다면 이미 그릇된 공부인지라. 배는 비지 않고 귀는 열리지 않았으니 맑은 소리를 어찌 낼 것인가? 나는 이 목탁과 사우師友가 되어 한 번 칠 때마다 경각하고 다섯 가지 덕을 갖추어 음란한 소리를 없게 한 후에야 염불의 법기가 될 수 있는 것이다. 『논어』에 이르기를 "하늘이 장차 선생님으로 목탁을 삼으리라."[55] 하였으니, 어찌 중요하지 아니한가?

木鐸記

念佛者。多以木鐸爲助韵。始角而宮。中散而徵羽。終商而淸。徹雲霄。驚沉淪。走睡魔。翳脫返性。大有功焉。余取槐木在石上者。削硏如拳大。鉅口鑿腹竅其耳而彫其柄。擧槌一擊。聲振諸天。聞者皆悅。眞法器也。余謂此鐸未成。全木無韵。彫然后有聲焉。我輩未有聲名者。盖無彫學之功。而不可爲器也。人不知我也。何怨哉。然學者欲求聲名。則已爲枉彫。腹不空而耳不通。淸徹之響。又可得乎。吾與此鐸。爲師爲友。一擊一警。備五德而無鄭衛然后。可以爲念佛法器也。傳曰天將以夫子爲木鐸。豈不重歟重歟。

지리산기

　지리산은 일명 방장산이요, 또 두류산이라고도 한다. 반야봉이 대방·운성·구례 세 경계 사이에 있고, 천왕봉은 함양·회계·진주·하동·곤양의 다섯 경계 사이에 있다. 높고 넓어 하늘까지 솟아 있어 나라의 남악이 된다. 리離[56]의 본체가 명정明正하여 산 이름이 '지리'요, 봉우리는 반야라 칭한다.

　반야봉 앞에는 불묘佛廟가 있는데 돌무더기가 지극히 장엄하고 영이靈異하니, 국도國都의 복을 지키는 듯하다. 천왕봉은 불묘의 경계를 수호하는 신이 되는 것이다. 방장이라는 명칭은 선경仙經에 나오니 고찰할 수 있다. 두류라고 이르는 것은 자세하지가 않다. 혹자는 말하기를 백두산 맥이 흘러 이곳에서 끝나기 때문에 그렇게 이름 지었다고 한다.

　토산물로는 약초와 채소·닥나무·옻나무·감·밤 등이고 동남쪽은 대나무가 많다. 천왕봉의 신은 성모聖母라고 칭하는데, 세속에서는 마야부인을 일컫기도 하고 혹은 고려 태조의 왕비라고도 하며 혹은 강남국의 공주라고도 하지만 모두 근거가 없으니 취할 수 없다. 『화엄경』「신중품神衆品」에서 주산신主山神 다녀온多女媼을 후토后土(토지신) 성모라 이르는 것과 같다.

　일월대에 오르면 동쪽으로 일본이 보이고 서쪽으로 탐라를 가리키며 남쪽으로 대양에 임하고 북쪽은 신주神州(중국)로 이어지는데, 안력眼力이 미치지 못한다. 대에 앉으면 일월의 출몰을 볼 수 있다. 바위 면은 모두 대신들의 이름이 쓰여 있다. 산을 두른 승원은 예전에는 8만 아홉 곳이 있었다고 하는데, 지금은 칠불七佛·무주無住·금대金臺·벽송碧松·대원암大源庵 등이 으뜸이다.

智異山記

智異山一名方丈山。亦名頭流山。般若峰在帶方雲城求禮三界間。天王峰在咸陽會稽晋州河東昆陽五界上。穹隆磅礴。揷亘霄漢。是爲國之南嶽也。离體明正。故山名智異。峯稱般若。而般若峯前。有佛廟。石磊極壯靈異。盖爲國都鎭福。而天王峯爲佛廟護界神也。方丈之名。出仙經可考。其云頭流未詳。或曰白頭山脉。流終於此故名。土産多藥草名菜。楮漆柿栗。東南多竹。天王峰神。稱聖母。諺說謂摩耶夫人。或謂麗太祖王妃。或謂江南國公主。皆無稽不可取也。華嚴神衆品。主山神多女媼。如云后土聖母之類也。登日月臺。東望日島。西指耽羅。南臨洋海。北控神州。眼力不可及。坐臺觀日月出沒。石面皆大臣題名。環山僧院。古有八萬九所。今以七佛無住金臺碧松大源爲最。

거듭 기록하는 쌍계사 사적기

절의 옛 자취에 대해서는 세 개의 서술이 있다. 첫째는 석도잠釋道岑[57]의 기문이고, 두 개는 무명씨의 것이다. 도잠의 기문은 다만 당우의 숫자만 상세하게 기록하고 연기年紀는 달지 않았다. 두 무명씨는 다행히 연기는 다 기록하였지만 기재한 사적이 산만하다. 법계法界를 말하면 천축과 중화를 두루 망라했고, 연대를 고찰하면 멀리 불법이 처음 흥기할 때까지 미쳐 모두 쌍계사의 사적에 대해서는 과過·불급不及의 잘못이 있다. 이 때문에 다시 기록할 수밖에 없는 것이다.

세 사람이 서술한 기문을 살펴보니, 모두 절이 창건된 것이 어느 시대인지는 알 수 없다고 하였다. 옛날부터 전해지기를 신라 경순왕敬順王 때 창건되었다고 한다. 오늘날 오수동梧樹洞과 왕지동王旨洞 사이에 절터가 있는데 대사지大寺旨가 이것이다. 오층탑이 여전히 전야田野 가운데 있어서 살펴볼 수가 있다. 두 시내가 합쳐지기 때문에 쌍계라고 이름 지었다고 한다. 옛날 용사龍蛇의 변란[58]이 있을 때 절이 불에 타서 사적이 아득하게 되어 위음왕威音王[59] 이전의 역사가 되었다. 천계天啓 을축년(1625)에 이르러 지청智淸과 묘담妙湛이 지금 사찰의 현당玄堂을 짓고 쌍계라는 옛 이름을 그대로 따랐다. 숭정崇禎 경진년(1640)에 성연性衍이 승당을 건립하고, 순치順治 갑신년(1644)에 계준戒俊과 의순義淳이 법전을 건립하고 경림鏡琳이 단청하여 삼존 금상과 불화·불탱을 봉안하였다. 의순은 또 법보인 『화엄경』과 『법화경』을 인쇄하여 궤에 보관하였다. 병술년(1646)에 설매雪梅 대사가 지협智洽과 함께 정루正樓를 세웠다. 강희康熙 신해년(1671)에 절이 불에 타서 갑인년(1674)에 성연이 도정道淨·석규碩圭와 함께 현당과 승당을 중건하였다. 병진년(1676)에 계환戒還·도잠道岑·대균大均이 법전을 재건하고 또 천준天俊과 청운淸雲 등이 절의 뒤쪽 꼭대기에 은선隱仙 강당을 지었다. 무진년(1688)에 태수가 절에 이르러 만세루를 세우라 명하여 나의 법조法祖이신 한암寒巖 대사께서 지찬指贊 등과 함께 일을 감독하여 마쳤으니 이것이 중흥의 사적이다.

건륭 계사년(1773)에 이르러 절이 쇠퇴하여 암자로 되고 지곡사智谷寺에 소속되었다. 갑인년(1794)에 해가 가물어 스님들이 보존하지 못하게 되자, 지곡사 스님이 정루를 팔아 관가의 부역에 충당하였다. 내가 장계를 올려 보존해 주기를 청하자 곧 관명이 내려 철거되지 않았다. 이제는 법전·정루·현당·향로전만 남아 있고 상주물常住物도 다 사라져 남아 있는 것이 없으며 땔감 채취와 방목으로 산이 헐벗어 법계가 될 수 없으니 천계 연간에 처음 지어진 뒤로 오늘날과 같이 쇠퇴한 때가 없었다. 그러나 운수가 극에 달하면 변화하는 법이니 또한 흥성할 운이 이를 것인가, 아니면 하늘이 장차 이 절을 예전처럼 복구하지 않고 빈터로 둘 것인가? 정루의 인연으로 보건대 처음 세운 것도 관가의 명이요, 이제 보존된 것도 관가의 명이니 어찌 외호外護의 성대한 은택이 오늘날이라고 해서 옛날만 못할 것인가? 그러나 승려 모습에 이리의 마음으로 스스로 그 도를 멸하는 자는 나도 어찌할 수가 없도다.

重錄雙溪寺寺蹟記

寺之古蹟。有三述焉。一曰釋道岑之記。二則無名氏也。岑記但詳載堂宇架數。而不係年記。無名二氏。幸悉年記。而載蹟汎漫。言法界則周羅竺華。攷年代則紬及佛法始興時。皆於雙溪寺蹟。有過不及之失。故不免重錄焉。按三氏述記。皆云寺之肇建。不知何代。古來相傳。新羅敬順王時所剙。今梧樹王旨兩洞間。有寺墟。大寺旨者是也。五層塔猶存田野中可攷。以兩川合流。故名雙溪云。徃在龍蛇之變。寺燬而事蹟邈然。爲威音王刧前史矣。至天啓乙丑。有衲智淸妙湛。營今寺玄堂。因其雙溪舊名。崇禎庚辰。性衍建僧堂。順治甲申。戒俊義淳。建法殿。鏡琳丹堊。而造三尊金像及畫幀。奉安焉。義淳又印法寶華嚴法華。櫃藏焉。丙戌雪梅大師。與智冾建正樓。

康熙辛亥寺火。而甲寅性演與道淨碩圭。重營玄僧兩堂。丙辰戒還道岑大均。再建法殿。又天俊淸雲等。營隱仙講堂於寺之後巓。戊辰官車到寺。命建萬歲樓。實余法祖寒巖大師。與指贊等董役卒功。是爲中興事蹟也。訖於乾隆癸巳。寺敗爲庵。屬於智谷寺。甲寅歲旱。僧不能保。智寺僧賣正樓。以補官役。余狀乞保護。卽有官令勿毀。今存惟法殿正樓玄堂香爐殿。其常住佛物。蕩空無遺。樵牧童山。不可爲法界。盖自天啓始成。未有如今日衰敗之極矣。數極則變。抑有興運之將至乎。天將以此寺。不可復古而空虛已乎。以正樓因緣觀之。始建也官命。今存也亦官命。豈外護殷澤。今不如古。而其於僧貌狼心。自滅其道者。則吾末如之何也耳。

두류산 회화기

계해년(1803) 가을 8월 나는 표충사表忠寺에서 향사享祀한 후 암자로 돌아오는 길에 군후郡侯(본 군의 수령)와 옥천玉泉 사군使君(군수)이 천왕제일봉에 올랐다가 길을 돌아 입실하여 만나려 한다는 것을 들었다. 조금 후에 사미가 갑자기 옥천 사군이 왔다고 보고하여 급히 나가 맞이하였다.

사군이 말하기를 "스님에 대하여 들은 지가 오래되었는데, 보고 나니 한 고목이요 석나한石羅漢이로다." 하였다. 솔잎차와 산과일을 드리자, 사군이 음미하며 말하기를 "참으로 담백하구나. 마른 스님의 활계에 딱 어울리는구나."라고 하며 시를 주었다.

    수척하고 마른 모습 목석과 같은데
    이 산에 거주한 지 얼마나 되었나
    항상 흰 구름 벗 삼아 한가하여
    한 잔의 솔차와 책상 위의 서적뿐

내가 화답하였다.

    마음 적막하여 죽은 재와 같은데
    계율에는 시도 금하니 다른 것이랴
    선도는 본래 한 물건도 없는데
    우습다, 여전히 상 위엔 책 가득하네

사군이 나에게 말하기를 "오늘 밤 그대의 군후와 실상사實相寺에서 함께 묵기로 하였는데 올 수 있겠는가?" 하였다. 내가 말하기를 "가르침대로 따르겠습니다."라고 하였다.

이에 한 단지 솔차를 지니고 수레 뒤를 따라 벽송정碧松亭에서 군후를 기다렸다. 소나기가 내려 촌가에 피했는데 군후의 행차가 이미 지나갔다는 말을 들었다. 해도 저물어 횃불을 잡고 실상사의 부도암浮屠庵으로 들어갔더니, 두 사군이 동석하여 한창 즐거워하고 있었다. 군리郡吏가 보고하기를 "치하治下의 산인山人 아무개가 뵈려고 왔습니다."라고 하니, 곧 부르기에 들어가서 자리를 나란히 하였다. 사군이 말하기를 "우리 두 사람이 서로 만나는데 한 마른 스님이 자리에 함께하니 매우 기이하다."라고 하였다. 내가 솔잎차와 산과일을 드리면서 말하기를 "기름진 밥상 위에 이것도 또한 기특한 맛이니 만일 담론을 허락하시면 유불이 섞여 일가가 되어 세 가지 기특함(一家三奇)을 다 이룰 것입니다." 하니, 두 군자가 껄껄 웃었다. 내가 무릎을 꿇고 말하기를 "삼기三奇를 긍정하느냐 긍정하지 않느냐는 대가의 가풍에 일임하지만, 산승의 경우는 다시 한 우스갯말을 두고자 합니다." 하였다. 두 군자가 말하기를 "우리가 우스우면 곧 웃는 것이요, 선문禪門의 뜻과는 무관하다." 하고, 곧 종이를 몇 장 이어서 수창하니 밤이 깊어 갔다. 나는 승가의 금기로 먹지 못하니, 굶주림이 심하여 시를 화답하지 못하고 물러나 자기를 청하였다. 밤늦게 군리기 옥사를 보고 하고, 또 구름이 사방에 자욱하여 멀리 조망하지 못하리라 여겨서 각각 돌아갈 계획을 정하고 나니, 마음이 슬퍼져 안정되지 않았다. 군후가 먼저 이별의 운을 노래하였다.

    첩첩한 청산에 구름도 자욱한데
    아득히 영호남에서 함께 구름 보네
    오늘 아침 이별의 정이 얼마인가
    첩첩 청산에 자욱한 구름 같도다

옥천 사군이 화답하였다.

산봉우리에서 팽택彭澤의 구름[60] 이는데
　　한잔 술로 항상 강동江東의 구름[61] 생각하리
　　오늘 아침 또 이렇게 만났다 헤어지니
　　웃으며 천왕봉 위의 구름 가리키네

내가 끝에 덧붙였다.

　　산 구름은 길손 따르고 나는 구름 따라
　　한자리에 청운과 백운이 어울렸네
　　문밖에 손님 송별하고 마음 슬프니
　　비로소 사람 일 백운보다 못함 알았네

그때 견성암見性庵 주실主室 스님이 산과일을 가지고 왔다. 이에 앞서 옥천 사군이 견성암을 방문했는데 스님이 없어서 벽에 시를 써 놓았다.

　　듣자니 고승은 예불하러 떠나고
　　닫힌 산문에 홀로 불경만 남아 있네
　　우연히 『능엄경』 읽다 숲의 해가 져
　　도리어 앞길 먼 영원암 잊었네

군후가 그 시를 차운하였다.

　　견성암 스님 나를 웃으리니
　　나그네 슬프게 산문을 나서네
　　한 줄기 산중의 시내를 보라
　　흐름 찾아가면 근원에 이르리라

내가 화답하였다.

> 뚜렷한 청산에 오마五馬[62]가 행차하니
> 쌍쌍이 호적 소리 운문에 퍼지네
> 아는가, 동으로 흘러드는 시내 밖에
> 복사꽃 떠내려오는 별천지 있음을

옥천 사군이 운을 내었다.

> 산에 든 지 사흘 만에 천산을 답파했으나
> 천왕봉 백척간두에는 오르지 못했네
> 조曺·유兪와 같은 두 손님 없어서
> 한번 웃고 첩첩한 구름 속에서 돌아왔네

대개 점필재佔畢齋[63] 선생이 위성渭城의 태수로 계실 때 천왕봉에 올랐는데 조·유 두 손님을 데리고 갔다. 조는 조신曺伸[64]이요, 유는 유호인兪好仁[65]이다. 사군이 자신을 점필재에 견주고 군후는 조·유에게 미치지 못한다고 희롱한 것이다.

군후가 화답하였다.

> 오늘 세상 누가 함께 산에 들 만한가
> 괜히 산의 해만 높이 떠올랐구나
> 술 단지 앞에서 김 공의 기문 읽어 보니
> 오늘 김 공만 홀로 슬피 돌아가게 되었네

내가 끝에 붙이기를,

굽이굽이 그림 같은 산 신선이 노닐어
　　제일 봉우리만 한 칸을 미치지 못했네
　　다만 오르고 오르면 못 오를 리 없으니
　　정상 오르기 전 돌아간다 말하지 마소

군후가 운을 내어 이르기를,

　　이곳에서 서로 만난 뜻 어떠한고
　　어찌 꼭 괴로이 넝쿨을 헤쳐 가리
　　깊은 밤 선방에 등불 켜는 마음은
　　창해와 고산 중 무엇이 더한고

내가 화답하였다.

　　천산에 구름 자욱하니 시름 어찌할꼬
　　게다가 앞길에 넝쿨조차 어지럽네
　　선실에서 인지仁智의 도리 세밀히 논하니
　　천왕봉 수승한 감상도 이보단 못하리

군후가 또 옥천 사군이 나에게 준 시를 차운하였다.

　　묻노라 영산의 참모습이 어떠한고
　　지난밤 미풍에 가는 비도 개었네
　　세간의 마장을 그대는 아는가
　　경암 늙은이의 글을 참구할지니

내가 화답하였다.

>스님 따라 석탑에서 진여를 강론하니
>가을날 솔창에 산비도 맑게 개었네
>군자는 스스로 인수의 터에 거처하니
>불로장생의 단서丹書⁶⁶도 아랑곳없어라

 군후가 말하기를 "오늘의 시구는 모두 이별의 근심에서 나와 즐겁지 아니하니, 차라리 떨쳐 버리고 옛정을 말하면 어찌 이 모임이 아름답고 수승하지 않겠는가?"라고 하며 이에 운을 내었다.

>여린 매화 푸른 난간에 가는 비 내리는데
>붉은빛 속에 차가운 푸른 소매 그리네
>문득 꿈결인 듯 사군을 만나니
>시 지어 부쳐 옥랑에게 보게 하네

 나를 돌아보고 화답하라고 하니 내가 감히 하지 못하고, "부처님이 비구에게 경계하기를 구업口業이 청정하지 못하면 마땅히 무간지옥에 들어간다고 하였습니다."라고 하였다. 군후가 웃으며 말하기를 "옛날에 태전太顚 스님은 홍련과 함께 거처하여 며칠을 기쁘게 지내면서 혐의하는 안색이 없었는데, 이제 경암 스님은 옥랑玉娘을 보지 않고도 더럽혀질까 저어하니 또한 좁지 아니한가?"라고 하였다. 내가 말하기를 "사람마다 각각 뜻이 있으니 어찌 자취를 같이 하겠는가?" 하고 이에 억지로 화답하였다.

>공을 보고 색을 보는 것 모두 간여하지 않고
>높이 구름 끝에 누우니 푸른 나무가 차갑네

운을 이음에 두공부杜工部의 시어詩語[67] 사랑스러우니
　　노년에 꽃을 안개 속에 보는 듯하다네

옥천 사군이 차운하였다.

　　미인의 푸른 소매 눈물이 아롱져
　　술잔 주어 추위 녹인 일 생각하네
　　한 폭의 정다운 시가 살아 있는 그림인 듯
　　늙은 몸으로 애써 안개 속 꽃을 보네

수창酬唱하는 사이 날은 이미 정오가 되었다. 군후가 또 고시를 지었다.

　　그대 천왕봉 오르지 못함 한하지 말게
　　만 길 천왕봉은 다만 내 가슴에 있는 것
　　동해에 해가 떠서 서해로 지면
　　뭇 경치 사라져 첩첩산중 흐릿해지니
　　대천세계가 모두 이와 같다고
　　경암 스님 나를 위해 조용히 말해 주네
　　한번 웃고 산 나서니 해는 이미 저물고
　　천왕봉 위 구름만 뭉게뭉게 피어오르네

내가 화답하였다.

　　내 예전에 천왕제일봉에 올랐더니
　　망망한 대천세계 가슴에 펼쳐졌네
　　오초吳楚가 강남으로 바둑판처럼 펼쳐지고

황하와 벽해가 겹겹이 둘렀네
나라가 의지하여 만세토록 견고하니
사악四岳[68]을 바라보아 부끄러운 모습 없네
사군은 노력하여 앞길을 가서
산이 멀고 물이 용솟음침을 보시길

이윽고 온 산에 구름이 걷히고 천기가 맑았다. 두 군자가 서로 말하기를 "이와 같이 맑게 개었고 우리들의 기회도 다시 오지 않을 것이요, 또 이졸吏卒이 산 정상에서 이미 기다리고 있으니 직접 가서 모임을 파하는 것이 좋겠다." 하고, 드디어 수레를 재촉하여 마침내 곧바로 제일봉으로 향하였다. 옥천 사군이 드디어 군후의 시를 차운하였다.

그대 보지 못하였나, 방장산 상봉에 오른 것을
이 봉우리에 한번 오르면
만 리를 보고 팔황八荒을 흉중에 담는다
하늘 높은 것도 느끼지 못하고
다만 천지의 넉넉함만 느끼네
산 첩첩하고 바다 아득한데
나는 작은 몸으로 아득히 바라보나니
무엇인들 가슴에 포용하지 못하리
오늘 그대 함께 일월대에서 크게 마시니
세상 사람은 산 위에 피는 구름만 보리라

내가 고별하며 말하였다. "산길이 위험하니 무사하시기를 축원합니다. 높은 곳에서 조화의 기운을 찾고 망망한 곳에서 다시 미묘한 이치를 찾으소서. 이미 오르고 오르는 공을 두었으니 마땅히 실지의 터를 밟아 돌이

켜 중니仲尼가 태산에 올라[69] 본 것을 생각한다면 어찌 헛되겠는가?" 두 군자가 가마에 올라 슬피 말하기를, "스님이 늙어 붙잡아 함께 가지 못하는 것이 한스러우나, 이 말씀을 주시니 참으로 가슴에 새길 벗이로다."라고 하였다.

가마가 나는 듯 달려 잠깐 사이에 아득한 구름 사이로 들어갔다. 나는 아직 아침 공양 전이었는데, 동행한 스님이 절의 주지에게 물어보려고 하자 무례한 부도암의 광승狂僧이 돌을 들어 우리를 향해 치면서 말하기를, "선교禪敎의 도총섭이 본분의 계율은 지키지 않고 관가의 수령만을 따라 다니니 어찌 공양받을 수 있으랴."라고 하였다. 내가 듣고 송연하여 동행승을 만류하여 말하기를, "감히 저와 다투지 말라. 비록 광인의 말이나 취할 만하니 내가 삼가 피하면 될 뿐이다."라고 하였다.

지팡이를 짚고 통천을 나서니 성이 김씨인 사람이 최후의 단월이 되기를 원하여 나와 동행한 네 사람이 가서 공양을 마쳤다. 김씨가 말하기를, "들으니 실상사의 스님이 문전의 높은 손님을 위하여 공양을 하지 않았다고 하는데, 승가의 풍기를 규찰하고 바로잡는 직책을 맡고 계시면서 왜 무례한 죄를 묻지 않습니까?"라고 하였다. 내가 숨기며 말하기를, "저가 어찌 감히 그러겠는가? 내가 스스로 먹기가 싫어 그만두게 한 것이다. 일찍이 『한서漢書』를 읽으니 형제가 서로 소송한 일이 있어 태수가 문을 닫고 허물을 생각했다고 하니, 설사 제가 광언狂言을 했다 할지라도 잘못은 교화하는 자에게 있으니 어찌 어리석은 자를 질책할 필요가 있으랴."라고 하였다. 김씨가 웃으며 말하기를, "이 시대에는 인의仁義도 베푸는 바가 없고 자비도 소용이 없으니, 스님의 말씀과 같다면 승가의 기풍을 바로잡을 수 없단 말입니까?" 하였다. 날이 어두워 방장실에 돌아와 천왕봉을 바라보니 구름 한 점 없었다. 마음으로 기뻐하고 축하하여 말하였다. "유쾌하도다. 옛날 점필재 선생이 산에 올라 다섯 밤을 묵고도 해를 보지 못하여 성모사聖母祠에 들어가 날이 개기를 기도한 문장이 사람을 한 번 웃게 하였는데, 이제 두 군자는 한 번에 곧 올랐고 또 이와 같이 맑게 개었으니 때의 행운과 불행이리라. 다만 군후의 시 가운데, '세간의 마장을 그대는 아는가? 경암 늙은이의 글 참구할지니.'라고 한 구절은 내일 아침의 일이요, 오늘 저녁은 꼭 아닐 것이다. 만약 내일 새벽하늘이 다시 맑게 트여 멀리까지 크게 보여 막힘이 없다면 참으로 행운일 것이다."

다음 날 탐색하고 온 스님이 와서 말하였다. "어젯밤 백모사百母祠에서 묵고 아침에 제일봉에 올랐습니다. 얼음과 눈이 산에 가득하여 사람들이 춥고 떨어서 머물 수가 없었습니다. 다만 구름이 마침 걷혀 겨우 사방을 보는데 막힘은 없었습니다. 정오에 가마를 돌려 마천교馬川橋 위에서 영호남의 길로 서로 이별하였습니다." 내가 듣고 망연자실하여 홀로 난간에 기대어 구름을 바라보며 세 번 한숨을 쉬었다. 좌우가 그 까닭을 묻자 내가 말하였다. "옛사람은 이별할 때 호계虎溪를 지나 셋이 웃었는데,[70] 이제 두 사군을 위하여 멀리서 이별하며 각각 한 번 웃으니 이 때문에 세 번 탄식하는 것이다." 여러 듣는 자가 모두 웃었다. 내가 꾸짖어 말하였다. "너희들이 웃기야 웃지만, 어찌 나의 웃는 뜻을 알겠느냐?"

이제 전말을 갖추어 써서 '두류산 회화기'라고 제목 하여 두 시군 인하案下에 공경히 바치고 한 번 웃는다.

頭流山會話記

癸亥秋八月。余以表忠享祀後。還庵中途。聞郡侯與玉川使君。登天王第一峰。欲路左。侯謁入室。少頃沙彌忽報玉川使君至。顚倒出迎。使君曰。聞此僧久矣。及見。一枯査石羅漢也。進松茶山果。使君味之曰。好澹哉。冷稱枯僧活計。贈詩曰。癯骨枯形木石如。此山居住幾年餘。長伴白雲無一事。一盃松水一床書。余和之曰。心機寂寞死灰如。佛戒吟哦況復餘。禪道本來無一物。笑他猶有滿床書。使君謂余曰。今夜與爾侯會宿實相寺。可復相從否。余曰如敎。乃以一壺松茶隨畢後。待郡侯於碧松亭。驟雨至。避村舍。聞侯行已過去。日且暮矣。執一炬。入實相之浮屠庵。二使君方同席極歡。郡吏通刺曰。治下山人某。現謁來。即召入連坐曰。吾兩人相會。添得一枯僧在座。堪爲奇畫。余乃進松水山果曰。膏粱盤上。此亦奇味。倘許談論。儒釋混同。一家三奇畢遂也。二君子呵呵大笑。余跽言曰。肯三奇不肯三奇。一任大家家風。若是山僧。更請別置一笑句。二君子曰。吾笑直笑。非關禪旨事。即聯數牋。一酬一唱。夜將深矣。余爲僧弊不食。餒甚。不能和詩。請退宿。後夜郡史。報獄事。且雲霾四塞。度不能遠眺。各定歸計。怏怏然莫定心懷。郡侯先唱別韵曰。萬疊靑山萬疊雲。悠悠湖嶺共瞻雲。今朝別意知多少。萬疊靑山萬疊雲。玉川使君和之曰。出出還同彭澤雲。一樽長憶江東雲。今朝聚散還如許。笑指天王峰上雲。余添尾曰。山雲隨客我隨雲。一席靑雲復白雲。送客出門成悵望。始知人事不如雲。時見性主室師。荷山果而至。先是玉川使君。訪見性庵。師不在。題庵壁曰。聞道高僧禮佛去。獨留經冊關山門。偶閱楞嚴林日暮。却忘前路遠靈源云。郡侯次其韵曰。見性庵僧應笑我。行人怊悵出山門。請看一道山中水。畢竟尋源定到源。余和之曰。歷歷靑山行五馬。雙雙胡笛出雲門。知應萬水朝東外。泛出桃花別有源。玉川使君出韵曰。入山三日踏千山。未進天王百尺竿。恨無二客曺兪輩。萬疊雲烟一笑還。盖佔畢齋先生。以渭城太守。登天王峰。押曺兪二客而行。曺曺公伸。兪兪公好仁也。使君自況以佔畢。而戲郡侯不及曺兪也。郡侯和之曰。今世誰堪伴入山。空教山日上三竿。樽前獨閱金公記。此日金公悵獨還。余尾之曰。仙遊曲曲畫圖山。第一高峯隔一竿。但可登登誰不到。未登其頂未言還。郡侯出韵曰。此地相逢意若何。何須辛苦歷藤蘿。禪庵半夜懸燈意。滄海高山較孰多。余和之曰。籠雲千峀奈愁何。況有前程亂薜蘿。入室細論仁智道。天王勝賞未應多。郡侯又次玉川使君瞻余韵曰。靈山眞面問何如。昨夜輕風細雨餘。世間魔障君知否。此事須叅鏡老書。余和之曰。從僧石榻講眞如。秋日松窓山雨餘。君子自居仁壽地。長生不識有丹書。郡侯曰。今日詩句皆出離愁不樂。不如擺脫道舊。豈非此會之佳勝歟。乃出韵曰。嬾梅踈雨碧闌干。長憶丹中翠袖寒。忽見使君如夢寐。題詩寄與玉娘看。顧謂余和之。余不敢曰。佛戒比丘。口業不淨。當入無間地獄。郡侯笑之曰。昔太顚與紅蓮同處。幾日怡然無嫌色。鏡巖不見玉娘而若將浼焉。不亦少乎。余曰人各有志。何必同轍而行者。乃強和曰。觀空觀色摠無干。高臥雲端碧樹寒。聯韵偏憐工部語。老年花似霧中看。玉川使君次曰。佳人翠袖淚闌干。尙想分醪慰薄寒。一幅情詩同活畫。強敎泥絮霧花看。酬唱之間。日已午矣。郡候又發古詩曰。君莫恨不上天王峰。天王萬丈只在吾心胷。日出日入東西海。衆景滅沒迷千重。大千世界渾如此。鏡師爲我言從容。一笑出山日已晚。天王峰上雲溶溶。余和之曰。我昔登天王第一峰。茫茫千界開心胷。吳楚江南列碁局。黃河碧海環重重。邦國賴之萬世固。擧頭四岳無慚容。使君努力且前行。大觀須到山逈逈水溶溶。已而雲收四山。天朗氣淸。二君子相謂曰。淸霽如此。吾人期會。不可不得。且吏卒已待山頂。不可無身。徍罷之。遂促畢。卒直向第一峰。玉川使君遂次郡侯韵曰。君不見。方丈山上山上峰。一上此峰使人萬里眼。八荒胷天不覺高。只覺大覆之有餘。山重重海重重。余乃一身渺然而高視兮。孰非吾人腔子裡所包容。今日與君轟飮日月臺。世人但見此峰之上雲溶溶。余告別口。山逕危險。伏祝珎重。崔嵬處。更探蘊和。造茫處。更探微妙。旣有登登之功。宜踐實實之地。翻思聖人登岱之觀。豈徒然哉。二君子舉上悵然曰。恨僧老矣。不能押去。此足贐言。諒爲銘友。舉行如飛。須臾入杳雲間。余未朝齋。同行僧欲問寺主。無禮浮屠庵狂髡。擧石向打曰。禪敎都揔攝。不守本分戒。隨逐官長行。此何足供饋。余聞之悚然。止同行僧曰。毋敢爭彼。雖狂言則可擇。吾謹避耳。扶節出通川。有金姓人。願爲最後檀越。余與同行四人就食訖。金曰聞實相僧。門前尊客。不爲設供。職在糾正僧風。何不問無禮之罪耶。余諱之曰。彼何敢然。吾自厭食而止之。嘗讀漢史。有兄弟相訟。太守閉閤思過。設有彼狂。過在敎化者。何足責愚。金笑曰。當此之世。仁義無所施矣。慈悲無所用矣。若如尊師之言。僧風不可糾正已乎。日黑歸方丈。望見天王峰。上無一雲。心自欣賀曰。快矣哉。昔佔畢先生。登山五宿不得日。入聖母祠祈晴之文。令人一笑。今二君子。一擧而便登。淸霽又如此。豈時之幸不幸者歟。但郡侯詩中。世間魔障君知否。此意須叅鏡老書。明朝之事。薄暮未必。倘復曉天朗廓。大觀無阻。則幸之又幸也。翌日探報僧來言。昨夜宿百母祠。朝登第一峰。氷雪滿山。人皆寒戰。不可宿留。但雲氣適歛。僅得四望無遮。日午還羣馬川橋上。相別湖嶺之路。余聞則惘然若自失。獨倚欄頭望雲而噓者三。左右問其故。余曰。故人爲別。過溪三笑。今爲二使君。遙別各一笑。故三噓耳。衆聞者皆笑。余叱曰。爾輩笑剩笑。何知吾笑意。乃備書顚末。命題頭流山會話記。拜獻二使君案下。一笑。

잡저
雜著

논한자설

혹자가 한문공韓文公(한유韓愈)의 「원도原道」를 읽고, "이단의 도를 막지 않으면 성인의 도가 흐르지 않고, 이단의 도를 그치지 않으면 성인의 도가 행해지지 않는다.(不塞不流。不止不行。)"라고 한 부분에 이르러서 책을 덮고 길게 탄식하여 말하기를, "참되다, 말씀이여. 불로佛老의 도를 막지 않으면 성인의 도가 흐르지 아니하고, 불로의 도를 그치지 아니하면 성인의 도가 행해지지 않으니, 비유컨대 수화水火가 서로 부딪히는 것과 같아서 그 형세가 함께 온전하지 못하는 것이다."라고 하였다. 내가 말하기를, "그렇지 아니하다. 옛날 요임금이 치수治水할 때 곤鯀을 시키니 막혀서 공적을 이루지 못하고, 우禹를 시키니 물이 흘러서 공적을 이루게 되었다. 만일 한문공이 수많은 근원과 물결을 알아서 각각 흐르는 이치를 따라 행동하였더라면 당시에 좌천되는 어려움[71]도 없었을 것이요, 후세에도 옷을 남겨 주었다는 비난[72]도 없었을 것이다."라고 하였다.

혹자가 노여움을 띠고 말하였다. "한유는 불로를 배척하고 맹자는 양묵楊墨[73]을 물리쳐 성인의 도에 크게 공을 세웠는데, 너는 스님으로서 어찌 감히 선현을 비판하는가?" 내가 모습을 낮추어 사죄하여 말하였다. "죄를 용서하라. 죄를 용서하고 나의 말을 잘 들을지어다. 저 두 현인의 설이 높기는 높지만 마침내 성인이 '이단을 전공해서는 안 된다.(不攻異端)'는 한마디 말씀으로 그 뜻이 원만하고 말씀이 박절하지 않은 것과는 같지 못하다. 아, 비록 맹자·한유 등 제자諸子의 학설이 없더라도 어찌 성인의 도에 손상이 있겠는가? 한번 논해 본다면, 맹자는 성인의 호연지기는 얻었으나 전체를 갖추는 데에 이르지 못했기 때문에 혹 변론을 좋아하고[74] 매이지 않는 기풍으로 흘렀고, 한문공은 다만 문장의 찌꺼기로 비슷하게 도를 말하였을 뿐이니 그 발언이 많은 흠을 면하지 못한다. 예컨대 장적張籍[75]에게 답한 글에서 '자기의 뛰어난 도는 공자·맹자·양웅楊雄[76]이 전한 것이라.'고 하였으나, 그 양웅이라고 말하면 옳지만 공자라고 말하면 그릇된 것이다. 공자·맹자·양웅을 한 계통으로 삼아서 분별하여 밝히지 않았으니 그 또한 '선택하되 정밀하지 못한 것'이다.

또 말하기를 '공자는 천하를 도우려고 주유하였지만, 오히려 식량이 끊기고 분주하였으니 그 궁함이 또한 심하였다. 다행히 그 무리들이 서로 지켜서 마침내 천하에 공자의 도를 세웠으니, 예전에 만일 홀로 말하고 홀로 썼다면 그 보존함을 기약할 수 있었겠는가?'라고 하니, 아, 한 공의 말과 같다면 성인은 가난하면서 빈궁한 것이니 어찌 부유한 사람과 영달한 사람, 그리고 붕당을 지어서 공과 함께 노니는 자만 같겠는가? 대저 성인은 천리天理를 말씀으로 삼으니, 천리가 없어지지 않으면 성인의 말씀도 사라지지 않는 것이다. 어찌 일찍이 홀로 말했다고 하여 지킬 무리들이 없겠는가? 성인이 세상에 있는 것은 해와 달이 하늘에 있는 것과 같아서, 깨끗하고 더럽고 높고 낮은 것을 가리지 않고 비추지만 뒤집힌 그릇 아래는 미치지 못하는 법이다. 이 때문에 오직 의를 지켜 나가나니, 비록 회계사나 가축을 담당하는 하급 관리라 할지라도 비루하다고 여기지 않는다. 또한 제齊·노魯·송宋·위衛나라의 임금이 그 도를 쓰지 않자 이내 떠났으니 어찌 일찍이 분주하게 구차히 벼슬을 구했겠는가? 한문공의 경우는 재상에게 두 번 세 번 편지를 올려 그치지를 않았다. 공자는 광匡 땅에서 어려움을 겪었고 진陳·채蔡나라 사이에서 굶주려 자로子路가 화를 내고 자공子貢이 원망하였으나 유독 안자顏子만 편안히 말하기를, '선생님의 도가 너무 커서 세상에 용납되지 못하는 것이니 용납되지 못한다고 해서 무슨 병통이 되겠습니까?'라고 하니, 이것이 70 제자가 미치지 못한 것이다.

군자가 도를 즐기고 어려움에 안주하는 것이 이와 같으니, 한문공이 궁귀窮鬼[77]를 보내고 맞이하며 백방으로 계교하는 것과는 같지 않다. 공자께서 말씀하시기를 '하늘이 나에게 덕을 내려 주셨으니 환퇴桓魋[78] 따위가 나를 어떻게 할 것인가?'라 하시니, 성인의 도는 가함도 없고 불가함도 없어서 우러러보면 더욱 높고 뚫으면 더욱 견고하여 아성亞聖(안연顏淵)의 덕으로도 엿보지 못하였으니 어찌 숙손叔孫[79]이 감히 훼손할 수 있었겠는가? 한문공이 도리어 슬퍼하여 부축하여 높이려고 했으니 어찌 쓸데없는 걱정이 아니겠는가? 대저 성인은 말씀하지 않을지언정 말하면 반드시 이치에 맞는다. 이 때문에 『춘추春秋』를 짓자 난신적자亂臣賊子가 그 처벌을 피하지 못하였다고 하니 이는 성인의 말씀이요, 한문공이 말한 것이 아니다. 한문공이 문장을 지음에 반드시 공자를 칭하고 왕개보王介甫와 말할 때에도 반드시 요순堯舜을 칭하였으니 참으로 우스운 일이다.

맹간孟簡에게 준 편지에 이르기를, '태전太顚이란 스님이 있어 매우 총명하고 도리를 알아 산으로부터 고을 외곽으로 초치하여 함께 이야기해 보니 실로 형해形骸를 벗어나고 이치가 뛰어난 자라.'고 하니, 한유가 말하는 도리는 유가의 도리인가 불가의 도리인가? 태전은 불자佛者이니 자신의 도에 총명하다고 한들 한문공이 무엇을 취했는가? 만약 형해를 벗어나고 인륜을 무시하면 공공적적空空寂寂의 도가 명교名敎(유교)와 크게 위배되니, 한문공은 이것을 사모하여 기뻐하였는가? 『전등록傳燈錄』을 살펴보니 한문공이 태전의 고풍高風을 듣고 홍련紅蓮을 시켜 파계시키고자 하였으나 하지 못했다. 태전의 시에 이르기를,

십 년 동안 축융봉에서 내려가지 않고
색과 공을 보니 색이 곧 공이로다

> 어찌하여 한 줄기 조계의 맑은 물을
> 홍련의 한 잎사귀에 떨어뜨리랴

라고 하자, 공이 드디어 몸소 정사精舍에 찾아가니 태전이 선상禪床에 앉아서 일어나지 않았다. 공이 노여워하자 시자侍者 삼평三平이 선상을 세 번 두드렸는데, 공이 이에 깨우치고 태전에게 일러 말하기를 스님의 풍격이 고준高峻하여 시자를 통해 들어갈 수 있었다고 하니, 이것이 사실 기록이다. 그가 이르기를, 고을 외곽으로 불렀다고 하니 이는 또한 그의 풍채를 깎아내리는 것이다.

훗날에 불교를 배격한 것은 화복禍福의 설이다. 그러나 공이 일찍이 유수재劉秀才에게 답한 편지에서, '옛날부터 사관은 사람의 화가 있지 않으면 반드시 하늘의 재앙이 있다.'고 하여 성인의 『춘추』도 또한 재앙을 받을 경우에 나란히 놓았으니, 만약 화복의 설이 사특하다는 것을 믿는다면 공이 어찌 저와 같이 두려워했겠는가? 그 또한 '말을 하되 자세히 살피지 않은 것'이다. 이와 같이 하고서 이단을 그치고 막는다면 실로 어려울 것이요, 이와 같이 하고 성인의 도를 유행하게 한다면 또한 어려운 것이다. 내가 이 때문에 말하기를, 당나라 성리性理의 학문은 한문공의 문장의 도와 유사한 학설로 말미암아 정도로 돌아가지 못하였다고 하는 것이다."

論韓子說

或讀韓文公原道。至不塞不流不止不行。掩卷長歎曰。誠哉言乎。佛老之道不塞。聖人之道不流。佛老之道不止。聖人之道不行。比如水火相投。其勢不俱全也。余曰不然。昔堯之治水也。使鯀則塞而不績。使禹則流而告功。若使韓公。能知千源萬派。各流其理而行之。當年無貶官之厄。後世無留衣之譏也。或者色怒曰。韓子之闢佛老。孟子之黜楊墨。大有功於聖人之道。汝僧安敢譏議先賢乎。余低容而謝曰。恕罪恕罪。諦聽吾言。彼二賢之說。

高則高矣。終不若聖人不攻異端。一句都說。盡其渾遠之旨。不迫之辭。雖無孟韓諸子之說。何損於聖人之道哉。盖嘗論孟氏得聖人浩然之氣。而未及其體故。或失於好辯不覊之風也。韓公特文辭糟粕。彷彿言道而已。其發也。不免百孔千瘡。如答張籍書。已勝之道。乃孔子孟軻楊雄之所傳也。其云楊雄可孔子則未也。以孔子孟子楊雄爲一統。無卞白。其亦擇焉而不精也歟。又曰孔子輔相周天下。猶且絕粮奔走。其窮亦甚。賴其徒相與守之。卒有立於天下。向使獨言而獨書。其存可冀乎。噫。如韓公言。聖人而貧而窮也。寧不若富人達人朋黨之人之爲公之可與遊者乎。夫聖人以天理爲言。天理不亡。聖人之言。亦不滅矣。豈嘗獨言而不存徒黨之可守乎。聖人在世也。如日月之在天。淨穢高下不擇流照。然其覆盆之下則不及焉。是以惟義所在。雖季史幟吏。不以爲鄙及乎。齊魯宋衛之君。不用其道。乃去之。何嘗奔走苟求。如韓公上宰相書。至再至三而不知止也。孔子之厄於匡。餓於陳蔡也。子由怒子貢怨。獨顏子晏如曰不容何病。此其七十子之不可及也。君子之樂道。安窮如此。非如韓公送窮延窮之多端計較也。子曰天生德於予。桓魋其於予何。聖人之道。無可不可。仰之彌高。鑽之彌堅。以亞聖之德不能倪也。豈以叔孫之所敢毁者。而韓公悲之。欲扶而揚之。豈亦杞人之憂天乎。夫人不言。言必有中。故春秋作而亂臣賊子。不能逃其誅。此聖人之言。而非韓公之所能言者也。韓公爲文言。必稱孔子。與王介甫言。必稱堯舜。可一笑也。與孟簡書。則曰有僧太顚。頗聰明識道理。自山召致州郭與之語。實能外形骸。以理自勝。抑未知道理者。儒之道耶。佛之道耶。顚佛者。雖然聰明於其道。公奚取焉。若實外形滅倫。空空寂寂之道。與名教大違之。殷公慕此而悅之耶。按傳燈錄。韓公聞太顚高風。使紅蓮徃欲毁之不得。顚詩云。十年不下祝融峯。觀色觀空色即空。如何一滴曺溪水。肯落紅蓮一葉中。公遂躬造其廬。顚則坐禪床不起。公怒色。侍者三平。扣床三下。公於此有省。謂顚曰。師風高峻。侍者邊得入。此其實錄也。其云召致州郭。抑減他風采者歟。末後排之者。禍福之說也。然公嘗答劉秀才書。

古來史氏之不有人禍。必有天殃。以聖人春秋之作。亦列在殃禍之比。若信禍福之爲邪說。則公何畏懼如彼哉。其亦語焉而不詳也。如此而止塞。止塞難矣。如此而流行。流行難矣。余故曰。唐世性理之學。由韓公文辭。彷彿之說。而不能返乎正也。

여의 대사의 변괴설에 대하여 논함

송나라 석개石介[80]는 자가 수도守道인데 일찍이 괴기怪記를 지어 불교를 비난했다. 원나라 여의如意 대사가 황제를 받들어 변론하고 또 말하기를, "석개의 문학과 의론은 소명 태자昭明太子[81]·손작孫綽[82]·우세남虞世南[83]·위징魏徵[84]·소식蘇軾에게 멀리 미치지 못한다. 저 여러 군자들은 모두 불교를 믿었는데 석개가 유독 괴이하게 여기는 것은 무엇 때문인가?"라고 하였다.

석개가 불교를 괴이하게 여기는 것은 당연한 것이다. 대저 석개는 중국 사람으로 유학의 무리이니, 중국에서 보고 듣는 것이 아니고 유가 경서에 말해지지 않는 것을 어찌 괴이하게 여기지 않겠는가? 옛날에 소왕素王(공자)이 정鄭나라로 갈 때 정나라 사람이 괴이하게 여겨서 상갓집 개와 같다고 여겼다. 공자는 천하에 성인으로 받들어지는데 정나라 사람만 괴이하게 여기니 무엇 때문인가? 공자는 정나라 사람이 아니니 정나라 사람이 공자를 괴이하게 여기는 것 또한 마땅하다. 그러나 정나라 사람은 공자를 괴이하게 여기지만, 공자는 정나라 사람을 괴이하게 여기지 아니한다. 이제 석개가 불교를 괴이하게 여기지만, 우리가 어찌 저를 괴이하게 여겨 변론할 것인가? 나무 그루터기가 괴이한 것이 아니지만 보는 것이 괴이한 자는 두려워 달아나고, 그림자가 괴이한 것이 아니지만 마음이 괴이한 자는 병에 걸린다. 환퇴桓魋가 나무를 베었지만[85] 나무야 어찌 괴이할 것이며, 이사李斯[86]가 경전을 불살랐지만 경전이 어찌 괴이한 것이겠는가? 만 가지 모습의 사물이 천도天道를 얻은 것은 한 가지이니, 이 때문에 천리를 아는 자는 만 가지 모습을 괴이하게 여기지 않으니 어찌 한 가지 이치 가운데에 저것을 고집하고 이것을 괴이하게 여기며, 이것을 고집하여 저것을 괴이하게 여기겠는가? 그러하니 석개가 불교를 비난한 것이나 소명·손작·우세남·소식 등의 여러 군자가 불교를 높인 것이나 불교에는 손익이 없는 것이다. 부처는 허공을 본체로 삼아 비난과 칭찬을 바람 소리로 보며, 중생을 한 자식처럼 자비롭게 대하니 어찌 피아를 나누어 괴이하게 여기고 혐의하겠는가? 이 때문에 성불하는 것은 부처를 비방하는 인연으로 시작되고 석가모니의 가족 중에도 제바달다提婆達多[87]가 있었으니, 석개가 부처를 비방한 것이 후생에 성불할 한 가지 인연이 되지 않을 줄 어찌 알겠는가?

저 여의 대사가 황제의 명을 받들어 괴이함을 변론할 때는 또한 마땅히 시비선악이 일어나기 전의 혼돈渾沌의 통일된 이치로서 고하여 반드시 변론함이 없게 해야 하거늘, 어찌 물을 불에 던져서 불이 물을 괴이하게 여기게 하고, 창을 방패에 던져서 방패가 창을 괴이하게 여기게 하는가? 이 때문에 인주人主가 백가百家의 근원을 통일하여 함께 무쟁삼매無諍三昧를 증득한 연후에야 여러 괴이함을 변론하지 않아도 절로 그칠 것이다.

論如意大師卞怪說

宋石介。字守道。嘗作怪記詆佛。而元朝如意大師。奉詔卞且曰。石介之文學名論。不及於昭明孫綽虞世南魏徵蘇軾者遠矣。彼諸君子。悉皆信佛。石介獨以爲怪。何耶。余曰石介之怪佛固也。夫介中國之人。儒門之徒。非中國之見聞者。非儒書之所言者。安得不怪也。昔素王之之鄭也。鄭人怪之。若喪家之狗。夫子聖於天下。而見怪於鄭人何。夫子非鄭人。鄭人之怪夫子。亦宜也。鄭人怪夫子。夫子不怪鄭人。今石生怪佛。吾何怪彼而卞也。兀木非怪。見怪者怖走兮。影非怪。心怪者嬰疾。桓魋伐樹。樹何嘗怪也。李斯焚經。經何嘗怪也。萬形之物。得於天則一。故知天者。不怪萬形。何於一理中。執彼而怪此。執此而怪彼。然石介之詆佛。昭明孫綽虞世南蘇軾諸君子之崇佛。未有損益於佛。佛以虛空爲體。毀譽視風聲。慈悲衆生。猶如一子。何嘗彼生而我嫌哉。是以成佛。始於謗佛之緣。瞿曇種中。亦有提婆達多。安知石生之詆佛。不爲他生成佛之一緣也。彼如意之奉詔卞怪。則亦宜以指馬未起前混元一統之道。告之而必也。使無卞也。何乃以水投火。火不怪水。以矛投楯。楯不怪矛耶。故人主統一百家之源。同證無諍三昧。然後庶羣恠之不卞而自止也。

화복이 없다는 윤씨의 설에 대하여 논함

내가 일찍이 옛날 윤씨의 말을 살펴보니, "양 무제梁武帝가 복이 없다고 한 것으로 위 무제魏武帝[88]가 화가 없음을 미루어 아나니, 부처는 어찌 위 무제에게는 영험하고 양 무제에게는 영험하지 않은가?"라고 하였다.

나는 말한다. "양 무제가 굶어 죽은 것과 위나라 무제가 갑자기 죽은 것은 모두 천명이다. 성인도 천명은 어찌할 수 없다. 이 때문에 안회顏回가 죽을 때에 공자가 구하지 못한 것이다. 두 무제 사이에 부처가 어찌 사사로움을 펼치겠는가? 또 37명의 임금이 봉선제封禪祭[89]를 올려 하늘을 섬겼으나 장수한 자를 듣지 못했고 무을武乙은 가죽 주머니에 피를 담아 쏘아서 하늘을 쏜다고 하여 벼락을 맞아 죽었으니, 하늘을 섬겨 복이 없는 것을 하늘을 쏘아 화가 없는 것의 예라고 할 수 있는가? 도척盜跖은 제명대로 살다 죽고 안회는 요절하였으니, 군자가 복이 없는 것은 배울 것이 없거니와 소인들이 화가 없는 것은 징계할 만하지 않은가? 아, 윤씨의 '화복이 없다'는 의론은, 한갓 부처를 비방하려고 하였으나 자신의 말이 모순에 빠진 줄을 알지 못한 것이다."

論尹氏無禍福說

嘗閱古尹氏之言。以梁武之無福。例知魏武之無禍。佛何靈於魏武。而不靈於梁武乎。余曰梁武之餓死。魏武之暴亡。皆命也。聖人無如命。何故顏回之死也。夫子莫之救。彼二武之間。佛何私焉。且三十七代之君。封禪事天。而未聞長生。武乙革囊射天。而暴雷震死。亦可以事天之無福。例於射天而無禍耶。盜跖壽死。顏淵夭卒。君子無福。不足學也。小人無禍。不足懲乎。噫。尹氏無福無禍之論。徒欲毀佛。而不知其言之自墮也。

무학 대사의 사적을 논한 설

무학의 사적은 승사僧史에도 없고 세속에서 전하는 것도 믿을 수 없다. 마땅히 비문을 사실로 여겨야 한다. 변계량卞季良[90]이 무학의 비문을 편찬하였는데, 세속의 본관과 성명을 기록하지 않았기 때문에 그릇되게 전해 내려오는 것이 더욱 많았다.

산인山人 제수禔修가 「은신암 사적기隱身庵事蹟記」에서 말하기를, "무학의 성은 염廉이요 이름은 시생始生이다. 어머니는 노비로 옛 삼기현三岐縣 사람이다."라 하였고, 또 말하기를 "실록은 보지 않았다."라고 하였으니, 길에서 들은 것으로 기록한 것이다. 지열志悅 스님이 얻은 「무학비기無學秘記」에는 "성은 성成이고 이름은 사겸士謙이다. 고려 시대 경양위敬讓尉 익재益齋의 서자이다."라고 하였다.

내가 또 한 기록을 보니 "무학의 성은 박이요, 보국숭록대부輔國崇祿大夫 병조판서兵曹判書에 추증된 휘諱 치인致仁의 아들이다. 삼가현三嘉縣 부도사浮屠寺에 무학의 탑이 있다. 고을 사람이 전하는 이야기로는 성이 문文씨인 집안의 비첩婢妾의 아들이라고 한다. 근래에 문씨 성의 후손이 무학의 탑 앞에 있는 상석을 훼손하고 자신의 할아버지의 묘를 넓히려고 하다가, 몇 리를 걸어가더니 대낮에 우레와 천둥이 쳐서 돌을 옮기는 자가 두려워서 도망갔고 그 집안은 저절로 망하였다. 지금도 돌이 길가에 있다."라고 하였다.

부도사의 스님이 말하기를, "부도사의 옛 이름은 사나사舍那寺인데 무학의 부도가 있었기 때문에 오늘날의 이름으로 고쳤다."고 한다.

곁에 있는 영암사靈巖寺·보암사寶巖寺·몽계사夢鷄寺 등이 모두 무학의 도량인데 비문에는 기록되지 않았다. 무학의 스승은 나옹懶翁 스님이요, 나옹의 스승은 지공指空이다. 목은牧隱 이문정공李文靖公[91]이 지공·나옹 두 조사의 비문을 편찬하였는데, 그 아명과 속성을 기록하지 않았으니 대개 속세의 연원은 도인에게는 중요하지 않은 일이라 생략한 것이다. 저 문씨 성의 사람은 길거리의 말에 오도되어 선현을 비방하고 욕되게 하여 하늘의 벌을 받았으니 무엇이 괴이할 것이 있겠는가?

論無學事蹟說

無學事蹟。未有僧史。諺傳不可信也。當以碑文爲實。而卞公季良。撰無學碑。其俗本姓名則不錄。故謬襲滋多。有山人禔修。修隱身事蹟記曰。無學姓廉名始生。母業婢。三岐古縣人。又曰未見實錄。但以塗聽爲記。僧志悅所得無學秘記。則姓成。名士謙。麗朝敬讓尉益齋庶子。余又見一錄。無學姓朴。贈輔國崇祿大夫兵曹判書。諱致仁之子。三嘉浮屠寺。有無學塔。縣人諺傳。文姓家婢妾子。近者文姓裔孫。毀無學塔前床石。欲侈其祖墳。行至數里。白日雷霆震作。運石者。懼而逃。其家自亡。至今石在路傍。浮屠僧云。浮屠寺舊名舍那寺。有無學浮屠。故改今名。傍有靈巖寺寶巖寺夢鷄寺。皆無學道場。亦碑文所不錄。無學之師曰懶翁。懶翁之師指空。牧隱李文靖公。撰指空懶翁二祖師碑文。未嘗錄其幼名俗姓。盖世蹄淵源之事。特道人餘事。故略之也。如彼文姓者。誤以塗諺。毀辱先賢。獲罪於天。何足怪也。

오효자전

오효자는 이름이 두삼斗參이고 자는 사원士元으로 덕계德溪 선생의 방손이다. 경신년 2월 8일에 회계會稽 금석리에서 태어났다. 부친은 윤성閏成으로 어려서 재행才行이 있다고 일컬어졌으며, 소춘암蘇春庵에게 수업을 받았다. 춘암이 매우 그릇으로 여겨 조카 수중洙中과 함께 절차탁마하게 하였으며, 유성화柳聖化와 윤동교尹東郊도 자주 자제를 보내 경서의 이치를 강론하게 하였다. 나이 24세에 춘암을 따라 하동의 화개동으로 갔다가 병으로 죽었다.

효자는 갓난아기여서 어머니 김씨가 방곡方谷의 외가에 데리고 돌아갔다가 얼마 후에 거창의 고제리高梯里에 이사 가서 살았다. 효자가 차츰 자라자 어머니를 봉양하는 여러 예절이 지극한 정성 아닌 것이 없었다. 집이 가난하여 취학하지 못했으나 어머니를 섬기는 여가에 역대 성현의 글을 들어 스스로 대의를 통달하여 이로써 사림들의 칭찬을 받은 지가 오래되었다.

무술년 여름에 어머니가 반년 동안 이질을 앓아 여러 가지 처방을 하였으나 효험이 없었다. 어느 날 저녁 어떤 손님이 어디선가 와서 스스로 의원이라 칭하고 진찰하면서 말하기를, "원기가 이미 쇠퇴하여 허열虛熱이 한창 심하니, 살리고자 한다면 마땅히 강의 물고기를 구해야 한다."고 하였다. 때는 늦겨울이라 시내가 눈과 얼음으로 덮여 있어 효자가 어찌할 바를 모르고 눈물을 흘리며 집 앞의 작은 시내로 나가서 돌을 들어 얼음을 깨니, 두 마리 장어長魚와 둘레가 한 자 되는 큰 자라가 빙글빙글 돌며 뛰쳐나왔다. 효자가 매우 기뻐 가지고 돌아가니 의원은 이미 떠나갔다. 드디어 국과 회를 만들어서 올리니 병이 나을 수 있었다. 이웃 사람들이 모두 놀라고 칭찬하며 말하기를, "빙어氷魚의 일[92]은 옛이야기로만 들었는데 오늘날에도 보게 되었구나. 하물며 저 강호의 물고기가 어찌 이 작은 시내까지 이르렀을까?"라고 하였다. 마을의 노인 박중기朴重耆가 관가에 알리고자 하였으나 효자가 애써 만류하여 이에 그쳤다.

　기해년 가을 7월에 어머니의 병이 재발하여 음식을 먹지 못하니 효자가 눈물을 흘리며 드시고 싶은 것을 물었다. 어머니가 병 때문에 계절과 향토의 생산물을 알지 못하고 말씀하시기를, "어렸을 때 순채를 즐겨 먹었는데 지금은 병들어서 맛이 있는지 알지 못하겠구나."라고 하니 효자가 듣고 울부짖으며 가슴을 쳤다. 집 뒤에 산죽山竹 몇 무더기가 있었는데 효자가 그 앞으로 가서 한참을 울부짖다 보니 팔뚝만 한 죽순이 세 개가 나 있었다. 곧바로 데쳐서 드리니 어머니가 맛을 보고 말씀하시기를, "맛있기는 맛이 있으나 운명이 다한 것을 어찌하겠는가?" 하고 돌아가시니 효자가 통곡하다가 기절하였다. 이웃 사람들이 한창 천연두를 근심하여 곡하는 소리를 꺼렸기 때문에 밖에 빈소를 차리고 밤낮으로 곁에서 모시며 곡소리를 그치지 않았다.

　9월에 천연두의 환난이 차츰 안정되자 비로소 집 안에 빈소를 차리고 제사를 지내니 이웃 마을 사람들이 모두 모였다. 효자가 어머니께서 임종 때 죽순의 맛을 찾은 것을 생각하고, 이제 서리 내리는 가을철도 지났는데 어떻게 죽순을 마련하여 제수로 쓸 것인가 하고 집 뒤 산죽 떨기 앞에 이르러 보니 큰 죽순 10여 개가 나 있어서 꺾어서 품고 돌아왔다. 모인 손님들이 보고 크게 놀라 말하기를, "이것은 어찌 된 물건인가? 이것은 향토 산도 아니고 게다가 제 계절도 아닌데 어찌하여 얻게 되었는가? 하늘을 감동시킨 효성을 덮을 수 없도다."라고 하였다. 면임面任이 곧 죽순을 싸서 봉하여 관가에 알리니 관가에서도 가상히 여기고 쌀 한 섬을 보내주었다.

　사림의 변덕화卞德和·박사돈朴思敦·성호을成虎乙·문봉지文鳳至·유성춘柳成春 등 30여 명이 함께 당영棠營(해남) 관아에 호소하자 당영의 제사題辭에 이르기를, "한 고을의 유림의 소장을 조정에 알리는 것은 일이 중요한지라 다시 널리 살펴봐야 할 것이다."라고 하니 이에 이웃 읍의 유림들까지 통서通書를 발하여 조정에 알리고자 하였다. 효자가 만류하며 말하기를, "자식으로서 부모를 봉양하는 것은 떳떳한 일이요, 행실을 꾸며서 명예를 구하는 것은 이익을 추구하는 일이다. 옛날 모의毛義[93]가 어버이가 계실 때는 추천서를 받들고 기뻐하였으나 어버이가 돌아가시고 나서는 조정에서 불러도 가지 않았다. 이제 여러 현인들이 나를 가련히 여겨 설사 임금의 큰 상이 있을지라도 어버이가 이미 돌아가셨으니 무엇에 쓰겠는가?" 하였다. 여러 선비들이 어길 수 없어 더욱더 공경하고 존중하였다.

10월 16일에 산의 터를 점지하려고 하니 꿈에서 백의 노인이 삼봉산三峯山 정상 상여암喪轝巖 아래에 데리고 가서 표지를 가리키며 말하기를, "이곳에 장사 지내라."라고 하였다. 꿈에서 깨어나 가서 보니 표지가 그대로 있었다. 마침내 묘혈을 한 자 남짓 파니 홀笏과 같은 세워진 돌이 있었다. 또 몇 자를 파니 황금색의 자라 같은 큰 두꺼비가 엎드려 있었다. 사람들이 기이한 묘혈인데 효성에 감응하여 얻었다고 여겼다.

효자가 묘혈의 흙으로 움막을 짓고 3년간 시묘를 하였다. 전후좌우가 모두 큰 산이어서 큰 나무가 하늘을 찌르고 인기가 멀리 떨어져 있었나. 효자의 집은 하인이 없으니 식량을 이을 수 없어서 봄에는 산나물을 먹고 가을에는 나무의 열매를 먹었다. 이웃 사람들이 혹 양식을 보내 주어 연명하게 하였다. 효자의 종숙부從叔父 징澄이 일찍이 그 움막을 갔는데 큰 호랑이가 움막을 지키는 것을 보고 매우 두려워하였다. 효자가 천천히 이르기를, "산중에 사람이 없어서 호랑이와 표범을 벗 삼으니 숙부님께서 괴이하게 여기지 마소서."라고 하였다. 시묘를 마치고 나자 사지가 습기를 맞아 가누지를 못하였다. 사람들이 가련히 여겨 약으로 치료해 주니 겨우 집 안 뜰을 걸어 다닐 수 있었다. 처자를 이끌고 위성渭城 남리南里로 돌아가 종숙부 징에게 의지하였다. 마을 사람들이 평소에 그의 효성을 듣고 초가 한 칸을 지어서 살게 하였다.

갑인년 정월 어느 날 밤에 효자가 처자와 함께 죽으니 사람들은 그 까닭을 알지 못하였다. 고을 북쪽 언덕에 합장하였다. 지금까지 나무하는 아이들과 목동들이 그를 위해 벌목을 금하고, 길을 가며 아는 자들은 가리키며 '오효자의 무덤'이라고 하였다.

백련자白蓮子가 말한다. "항상 들으니 악은 재앙을 받고 선은 복을 받는다고 하였다. 효도는 백 가지 행실 중에 제일이요, 만 가지 선 중에 으뜸인데, 오효자와 같은 자는 살아서는 그와 같이 가난하고 병들었으며 죽어서도 또한 정려旌閭의 표창을 얻지 못하였으니, 그 선한 자에게 복을 준다는 것이 과연 어디에 있는가? 잠시 스스로 해석해 보니, 하늘은 만인을 냄에 각각 그 직분을 주었으니, 만일 효자가 명성과 영달을 모두 얻게 되었다면 반드시 돈으로 효를 사게 되었을 것이니 그 효를 어찌 일컬을 만했겠는가? 그렇다면 효자는 다만 효도만 행하고 그 직분은 명예와 영달에 관계가 없는 것이 아니겠는가? 그렇지 아니한가?"

吳孝子傳

吳孝子者。名斗參。字士元。德溪先生之傍孫也。庚申二月初八日。生於會稽琴石里。父闇成。小稱才行。受業於蘇春庵。春庵甚器之。以姪洙中。與之琢磨。而柳侯聖化。尹侯東郊。屢遣子弟。講論經理。年二十四。隨春庵於河東之花開洞。以病死。孝子在襁褓。母金氏携歸於方谷外家已。而移居居昌高梯里。孝子稍長。奉母諸節。無不至誠。家貧雖未就學。事親之暇。聽歷聖賢書。自通大義。以是爲士林推詡者久矣。至戊戌之夏。母患痢半年。百方無驗。一夕有客。無何而至。自稱醫者。診之曰。眞元已敗。虛熱方極。欲爲生道。當求江膳。時則季冬。溪間雪凍。孝子罔知攸爲雨淚。而出家前小溪。擧石破凍。二尾長魚。周尺大鱉。盤回而跳出。孝子喜甚。擔而歸。醫已去矣。遂羹膾以進。得瘥。隣人老少。無不嗑舌。曰氷魚之事。古聞而今見。況彼江湖之物。何以至此小溪耶。鄕老朴重耆。欲報于官。孝子力止。乃已。己亥秋七月。母病再發廢食。孝子泣問所思味。母病故。不知節序。不知土産而曰。小時喜食笋菜。今病中不知有味否也。孝子聞之叫叩。家後有山竹數叢。孝子徃其前。號泣良久視之。笋生臂大者三。即茹。進母。嘗之曰。味則味也。其奈命限何。因以奄忽。孝子哭痛殞絶。隣人方痘患忌哭聲。乃奉殯于外。晝夜侍側。哭不絶聲。九月痘患稍定。始家殯而祭之。隣里皆會。孝子思母臨終索笋味。今更霜秋。安得笋用於祭需耶。至家後山竹叢前。視之。大笋生者十餘。折而抱歸。會客見者。大驚曰。是何物耶。此非土産。又況非節。何由而得此。感天之孝。不可掩實。面任即封笋報官。官則嘉歎。送米一石。士林卞德和朴思敦成虎乙文鳳至柳成春等三十餘人。齊訴棠營。營題曰一邑儒訴狀。聞體重。更待廣採事。於是隣邑儒士。發通書。將爲上聞。孝子止之曰。人子奉養父母常也。餙行而求名者利也。昔毛義親在。則奉檄而喜。親歿徵辟不至。今諸賢憐我。設使寵賞有。至親已歿矣。焉用之哉。諸士不能違。益加敬重。十月旣望。將占山。夢白衣老人。携至三峯山絶頂喪畢巖下。指標曰。葬于此。覺而徃視。標亦宛在。遂穿壙尺餘。有立石如笏。又穿數尺。大蟾色黃如甋者伏焉。人以爲異穴。孝感故得之。孝子因穴土爲廬。而侍墓三年。前後左右皆泰山。大木滃天。人烟夐絶。孝子家無僮僕。無以繼粮。春食山蔬。秋食木實。隣人或送粮延命。孝子之從叔澄。嘗造其廬。見大虎守廬。懼甚。孝子徐謂曰。山中無人。虎豹與友。叔無怯焉。居廬旣罷。四肢中濕不收。士林憐之藥救。堇得戶庭行步。携妻子。歸渭城南里。從叔澄依焉。洞人素聞其孝。共搆一間茅屋而居之。甲寅正月某日夜。孝子與妻子同歿。人莫知所以。合葬於洞之北邙。至今樵竪牧兒。爲之禁伐。道路識者。指點吳孝子塚云。

　　白蓮子曰。常聞惡報以殃。善報以慶。孝爲百行之先。萬善之長。而若吳孝子者。生而如其貧病。死又不得旌閭。其善慶報福。果安在哉。俄自解之曰。天生萬人。各有其職。若使孝子者。顯榮皆可求得。必以錢買孝。孝焉足稱乎。然則孝子但孝行。其職不干夫顯榮耶。抑不然也耶。

박열부전

열부는 성은 박이요, 안의현安義縣 아전의 딸이다. 조모가 꿈에 한 정사精舍에 이르렀는데 두 명의 동자가 나와 맞이하여 기쁘게 이야기를 나누고 곧 뒤를 따라 집에 이르렀다. 한 동자는 사직 인사를 하고 함양 길로 떠나고 한 동자는 며느리의 방으로 들어갔다. 그러고는 임신하여 열부를 낳았는데 자질이 곱고 아름다우며 말과 행실이 저절로 내칙에 맞았다.

나이 19세에 함양 임씨林氏의 집안에서 청혼을 받았는데 나이가 또한 열아홉으로 뛰어난 동자로 칭송되었다. 혼인날 병에 걸려 겨우 혼례를 지내고 밖에서 자고는 신랑이 말을 타고 돌아간 뒤 일어나지 못하였다. 부고가 이르자 열부의 부모가 분상하지 못하게 하였다. 열부가 옳지 못하다고 하며 말하기를, "혼례를 이미 치렀으니 부부입니다. 여자는 반드시 지아비를 따라야 하니 지아비의 상례에 가지 않는다면 내가 어디로 가겠습니까?"라고 말하니 부모가 뜻을 빼앗지 못하였다.

열부가 상례喪禮를 3년 동안 행하면서 슬픔을 견디지 못하자 사람들이 혹 예가 지나치다고 하여 만류하였다. 열부가 말하기를, "아버지의 상에 자식이 어찌하며 지아비의 상에 아내가 어찌합니까? 낭군이 죽고 자식이 없으니 상제喪制를 제가 겸해야 하니 어찌 예를 따지십니까?"라고 하였다.

그때의 태수가 그녀의 현명함을 듣고 아들의 첩으로 삼고자 하였다. 열부가 그 아버지에게 말하기를, "박명하고 모진 삶으로 삼년상 전에는 의리상 다른 사람에게 허락할 수 없었는데, 이제 지금 관가의 협박을 받게 되니 자결하여 욕되지 아니한 것만 못합니다." 하고는 칼을 빼서 가슴을 찌르니, 아버지가 칼을 빼앗고 태수에게 울면서 하소연하였다. 태수가 놀라 두려워서 그쳤다. 그 아버지를 가상히 여기고 격려하며 말하기를, "너는 너의 딸을 잘 보살피도록 하라. 지난날 협박한 명령은 나의 허물이다."라고 하였다.

열부가 지아비의 두 번째 기일에 미리 재단해 놓은 지아비의 옷 몇 벌을 제문祭文을 지어 태우고, 또 유서를 써서 지아비의 무덤 곁에 묻혀서 부부의 몸이 함께 묻히기를 원하였다. 그리고 곧 독약을 마시고 쓰러져 주위 사람들이 약을 먹이려고 하니 열부가 입을 다물고 받아들이지 않으면서 말하기를, "어찌 약으로 해독하여 살겠는가?" 하였다. 얼마 동안 중얼중얼 아미타불을 염송하며 일어나서 말하기를, "죽는 것이 좋으니 원컨대 저승으로 돌아가 우리 낭군님을 모시고 함께 극락세계에 태어나면 지극히 영화로우리라. 부처님께서 만약 신령이 있으면 나의 발원을 저버리지 마소서." 하고 말을 마치자 운명을 다하였다. 그때가 건륭 58년 계축년 7월 18일이다.

멀고 가까운 곳에서 들은 자들이 슬퍼하고 탄식하지 아니함이 없었으니 참으로 열의烈義가 있는 부인이었다. 열부가 태어난 해는 지아비와 같았고 배우자라는 이름은 있었으나 각각 동남동녀로 죽었다. 의론하는 자가 이르기를 선부仙府에서 내려온 신선이라고 하였다. 조모가 두 어린 동자를 꿈꾼 것은 두 읍에서 나뉘어 태어날 징조였다. 열부는 비구니 봉성奉性과 교분이 있었으니, 열부가 죽자 봉성이 말한 것이다.

백련자가 말한다. 『왕생경往生經』에 '충신·효자·열녀는 모두 극락세계에서 태어난다'고 하였으니 불교에도 어찌 삼강의 뜻이 없겠는가. 또 말하기를 '충신·효자·열녀로 염불할 줄 아는 자는 상품上品의 연화대蓮花臺에 태어난다'고 하였다. 세상의 도가 떨어진 이래로 충신·효자·열녀를 진실로 쉽게 얻을 수 없고, 충신·효자·열녀로 염불하는 자는 더욱 드물다. 박열부는 규중의 신선의 자질로 염불하는 법을 누구에게 들었관대 최후의 마지막 순간에 아미타불을 염송하고 극락에서 태어나기를 원했으니, 전생에 좋은 인연을 심지 않았다면 그럴 수 있겠는가? 일찍이 들으니 문수와 보현보살이 종류를 따라 형체를 나타내는데 동진童眞의 몸을 많이 나타낸다고 하니, 아마도 열부 또한 보살의 화신이 나타난 것으로 연화대

상품에 반드시 태어날 것임을 알 수가 있다. 우선 이같이 기록한다."

朴烈婦傳

烈婦姓朴。安義縣吏人之女。祖母夢至一精舍。有兩靑童出迎。歡與語。即隨後至家。一童辭去咸陽路。一童入子婦房。因有娠而生烈婦。姿質姸美。言動自合內。則年十九。受聘於咸陽林姓家。即年亦十九。以奇童稱。延客之日。即有疾。僅成禮外宿。郞駄歸。仍不起。訃至婦之父母。不欲令奔喪。婦不可曰。婚已成禮。則夫婦矣。女必從夫。夫喪不奔。我安歸哉。父母不能奪。婦執喪制三年。哀毀不堪。人或以過禮止之。婦曰父喪子何如也。夫喪妻何如也。郞君死而未有子。喪制妾身當兼之。何責乎禮也。時太守聞其賢。欲爲子娶副。婦謂其父曰。薄命殘生。三喪之前。義不可許人。今爲官威負迫。莫如自決爲不辱。即引刀揕胷。父奪刀而泣訴官。官亦悚然止之。嘉勉其父曰。汝善護汝女。徃曰負令。官之過也。烈婦以夫再碁日。預裁夫衣各件。作祭文而焚之。又爲遺書。願埋夫塚傍。庶幾骸骨同歸之意。即飮毒藥殞倒。左右欲以藥灌之。婦噤口不納。曰豈可藥解而生也。俄頃喃喃念阿彌陁佛作勢。而言死好死好。願歸泉下陪我郞君。同生極樂。榮之至矣。佛若有靈。勿負我願。說訖而盡。時則乾隆五十八年癸丑七月十八日也。遠近聞者。莫不色歎。眞烈義之婦也。烈婦生年與夫同。雖有配偶之名。各以童男童女而死。議者謂。仙府降跡之人也。其祖母之夢兩靑童。分生二邑徵矣。烈婦與比丘尼奉性有素。烈婦死奉性云。

   白蓮子曰。徃生經中。忠臣孝子烈女。皆生極樂世界。佛敎中何嘗不有三綱之義乎。又曰忠臣孝子烈女。而能知念佛者。生於上品蓮胎。世降已來。忠臣孝子烈女。固不易也。以忠臣孝子烈女。而能念佛者。尤爲希有。如朴烈婦。以閨中仙質。念佛之法。孰從而聽而。乃於最後刹那之際。喃喃念阿彌陁佛。願生極樂。非宿種而然者乎。嘗聞文殊普賢。隨類分形。多現童眞身。意者。烈婦亦菩薩化現之類。而蓮臺上品。必見其生處。姑爲識。

연적전

글방에 손님이 있으니 스스로 천일天一선생이라고 불렀다. 작은 몸체와 네모진 몸에 입 가는 대로 문장을 지으면 샘이 용솟음치는 듯했다. 그 흐름을 받아 용문龍門[94]에 오른 자가 헤아릴 수 없었다. 도홍陶泓(벼루)·모영毛穎(붓)·진현陳玄(먹)·운손雲孫(종이)과 정신적인 교유를 맺었다. 시인과 묵객이 높이고 제휴하기에 바쁘고 기화奇貨라고 여겨서 일언일자一言一字라도 반드시 그 입에서 나오기를 기다려 취하여 썼다.

어느 날 빈 재각에서 천일선생이 안궤에 기대어 조용히 있었는데 도홍 등이 나아가 말하기를, "천일선생은 내 말을 들으라. 우리들이 처음 선생을 사랑하여 도가 방원方圓에 들어맞고, 마음은 맑은 물을 간직하여 토하고 받아들여 사물을 이룹게 하니 군자의 풍모가 있다고 여겼다. 이 때문에 서로 교유하여 떠날 줄을 몰랐다. 그런데 선생은 어찌하여 세속의 소자小子들과 더불어 경솔하게 마음을 쏟아 내며 날마다 고인古人의 조박糟粕과 강산의 바람과 이슬만을 일삼고 그칠 줄을 모르느냐? 이제 나는 배가 뚫어지고 모영은 머리가 벗어졌으며, 진현은 머리까지 닳고 운손은 색이 바래고 보풀이 일어나서 다만 많은 선비들의 부림을 받고 있으나 선생에게 무슨 상관이 있겠는가? 나는 원하니, 선생은 밖을 중요하게 여기지 말고 안을 하찮게 여기지 말아서 그 사람이 아니거든 전하지 않는다면[95] 도를 온전히 할 수 있으리라."라고 하였다.

이에 천일선생이 송연히 용모를 고치고 사과하여 말하기를, "지극하도다, 네 분 벗의 말이여. 옛날에 한창려韓昌黎(한유)가 문사 짓기를 좋아하여 「사설師說」을 지어 당세의 스승이 되어 천하 사람들이 휩쓸려 따라서 성리학은 다시 정도正道로 돌아오지 않았으니, 어찌 또 맹자가 말한 큰 환난이 아니겠는가? 예전에 내가 다만 붓과 벼루에 남은 물방울로써 사람들과 사우師友 관계를 맺었으니 진실로 부끄러울 뿐이다."라고 하고, 드디어 자호自號를 고쳐 '연적'이라 하고 세상 사람들과 다시는 접하지 않았다.

硯滴傳

文房有客焉。自號天一先生。短體方腹。信口爲文辭如瀉泉。人或承其涓餘。而登龍門者。不可數。與陶泓毛穎陳玄雲孫。定爲神交。騷人墨客。推携不暇。以爲奇貨。而雖一言一字。必待其口出而取用焉。一夕空齋。天一嘗隱几杳然。陶泓等進曰。天一先生。聽吾言。吾等始愛先生。道合方圓。心藏清水。吐納利物。以爲有君子之風。故相從而不知去也。先生何乃與流俗小子。輕瀉肝膽。日事古人糟粕。江山風露。而不知已耶。今陶泓腹穿。毛穎頭禿。陳玄踵磨至頂。雲孫色悴毛竪。適足爲多士之役也。於先生何有哉。吾願先生。勿多於外。勿小於內。非其人勿傳。則道可全也。於是天一子。悚然改謝曰。至矣。四友之言。昔韓昌黎。喜爲文辭。作師說爲師當世。而天下靡然隨之。性學不復返。豈亦孟子所謂大患者非耶。日余特以筆硯餘滴。師友於人者。良愧耳。遂改自號曰硯滴。不復與世相接焉。

조제축

조군竈君(부뚜막신)은 목숨을 맡는지라 생사가 말미암습니다. 암자의 스님이 새해를 맞이하여 병이 깊어지는 근심이 있어 치료하고 약을 썼으나 효험이 없어 이에 기도합니다.

적이 생각건대 병승病僧 아무개는 운수 행각하는 이요, 경행經行하는 학인으로 800리 멀리 스승을 참배하니, 나이는 25세입니다. 한 발우의 살림으로 속세의 바람이 마음의 바다에 영원히 그쳤고, 육시六時[96]에 예불하고 염송하여 지혜의 빛이 항상 자성의 하늘을 비추었습니다. 어찌 깊은 병이 침범하여 갑자기 10여 일 고통을 겪게 될 줄 알았겠습니까? 한기와 열이 오고 가니 귀신의 장난인지 하늘의 뜻인지 알기 어렵고, 죽과 물조차 먹고 마시지 못하니 목숨을 보존하고 회생할 것을 어찌 바랄 수 있겠습니까?

삼가 바라니 모승某僧의 삼생의 보채報債와 백겁의 죄인罪因이 일시에 불꽃 가운데 소멸하고, 탕약과 음식을 먹은 후에 오장육부가 조화롭게 되어지이다. 권도權道로 분노의 위엄을 베풀어 마귀이 요사함을 제기히여 주시고, 우러러 관세음보살의 약단지를 빌려 감로수를 부어 주기를 바라옵니다. 삼계를 옹호하는 무리가 모두 경복의 상서로움을 맞게 하시고, 온 절의 예불하고 수행하는 스님들에게 다시 전염되는 근심이 없게 하소서. 간절한 뜻으로 황공하게 삼가 글을 올립니다.

竈祭祝

竈君司命。死生由之。庵僧迎新。疾病憂矣。用醫劑而莫及。乃祈禱之。伏以病僧某。雲遊之人。經行之士。叅師八百餘里。生年二十五春。一鉢生涯。塵風永息心海。六時禮念。慧月長照性天。豈謂二竪之侵。遽作旬日之痛。寒熱進退。鬼祟天行之難明。粥飮廢除。保命回生之何望。伏乞某僧。三生報債。百劫罪因。一時消滅於烘焰之中。六腑調和於湯食之除。權施忿怒之威柄。掃除魔妖。仰借觀音之藥壺。傾斟甘露。三界擁護之衆。咸作慶福之祥。一堂焚修之僧。更無傳染之患。不勝懇意。主臣謹疏。

화봉 화상 위답록 후

　무술년(1778) 가을 9월 11일에 우리 화봉華峯 화상께서 장차 입적하려 하실 때 수전 여덟 두락의 땅을 거두어, 거주하신 안심암安心庵의 스님으로 하여금 화상의 열반일에 제사 지내는 계책으로 삼았다. 이윽고 문인 봉악鳳岳 태공泰公이 그 일을 길게 전하고자 책에 쓰고 아울러 기일에 임하여 제사하는 절차를 기록하였다. 또 행초行草로 된 한 장의 글을 써서 나로 하여금 그 뒤에 서술하게 하였다. 나와 화상은 법문의 숙질간이 되어 여러 해를 친히 모셨으니 의리상 감히 사양할 수가 없다.
　삼가 살피건대, 화상의 법휘法諱는 성일性一이고 호는 화봉인데 또한 반월伴月이라고도 한다. 속성은 정씨鄭氏요, 본관은 부여로서 집안 대대로 청렴하고 밝게 빛났다. 어려서 부모를 여의고 산에 들어가 명준明俊 장로를 만나서 삭발하였다. 서교西敎(불교)를 널리 배워 마침내 용암龍巖의 의발을 전수받았으니, 용암은 곧 회당晦堂의 뛰어난 제자이다. 회당은 우리나라의 종법을 중흥시킨 이로서 당시의 제자들이 모두 뛰어나지 아니한 자가 없었다. 교문敎文의 뜻이 어려운 곳에 이르면 스님께서 홀로 날카롭게 헤치고 풀어 주셨다. 말년에는 구학口學[97]이 수고롭기만 한 것을 알고 강의를 그만두고 참선에 전념하셨으니, 그 경지를 비록 스스로 말씀하지 않으셨으나 일찍이 영명永明 스님의 〈산거山居〉 율시 50여 편에 화답하였으니 법을 아는 자가 소중히 여겼다. 내가 일찍이 묻기를 "도에 드는 과정과 절차는 무엇을 우선해야 합니까?" 하자, 스님이 높은 목소리로 일갈하셨다. 또 묻기를 "산악처럼 움직이지 않을 때는 어떠합니까?" 하니, 스님께서 말씀하시기를 "고요히 무기無記에 빠지게 되니 귀가鬼家의 활계이다."라고 하셨다. 또 묻기를 "어떤 것이 고요한 가운데 비추는 경지입니까?" 하니, 스님께서 말씀하시기를 "또 어지럽게 달리지 말지어다."라고 하셨다. 오호라, 나의 어리석음이여. 스스로 깨달아 들지 못하니 간절하게 가르쳐 주시는 것이 매번 이와 같으셨다.

무술년 가을에 내가 덕유산으로부터 와서 알현하였는데, 화상께서 손을 잡고 이르시기를 "내가 어젯밤 앉아서 관세음보살을 염원하며 죽을 때를 알고자 하였다. 꿈에 큰 개가 발뒤꿈치를 물어서 깨어났으니 죽어서 돌아갈 때가 되었는가 보다." 하시고 얼마 후에 병을 보이시고 편안히 앉아서 떠나시니, 몸의 빛은 금산金山과 같았다. 수는 77세였다. 오호라, 기이하도다.

태공이 몸소 상제喪制를 행하여 안심동安心洞의 경원庚原(서쪽 들)에 탑을 봉안하였다. 퇴운退雲과 묘한妙閑이 선을 전수받았다. 혹자가 묻기를 "화상의 평생 공부가 이와 같이 불우함은 어찌 된 것인가? 죽은 후의 일에 마음을 구구하게 썼으니 속세의 사람에 가까운 것이 아닌가?" 하니, 내가 말하기를 "아, 우리 세존께서는 허공을 체성으로 삼고 유상有相을 허망하다 하시었다. 사라쌍수 사이에서 열반에 드실 때 제자들에게 가르침을 남겨 불상과 탑을 일으켜 인천人天의 공양을 받고 불사를 일으키게 하셨으니 어찌 명리를 공경하여 그러했겠는가? 이 때문에 「보살계품」에 일일이 이르기를 효순孝順의 마음을 발한다 하였으니, 화상이 여기에 구구히 마음을 둔 것도 그 또한 훗날의 사람들이 효순한 마음으로 돌아가 그치기를 바란 것이다."라고 하였다. 안심암은 회계현 서쪽 20리에 있으니 오늘날에는 지곡사智谷寺[98]에 소속되어 있다.

華峯和尙位畓錄后

戊戌秋九月十有一日。我華峰和尙。將示寂。錄水田八斗地。令所屈安心庵。以爲和尙涅槃日祀事之計。旣焉門人鳳岳泰公。欲壽其事。書之卷。並錄忌辰位啣之節。又爲行草一紙。敎余叙其後。余於和尙。爲法門叔侄。親奉瓶巾亦多年。所義不敢辭。謹按和尙。法諱性一。號華峰。亦曰伴月。俗姓鄭氏。貫扶餘。家世淸顯云。幼失怙恃。入山遇明俊長老剃髮。博學西敎。

遂傳龍巖衣鉢。龍巖卽晦堂之高足也。晦堂爲東國重興宗法。一時大衆。莫不快鷹俊鶻。而至於文義盤根處。師獨擅游刃之名。末年知口學爲勞。屛講專禪。其所造詣雖不自言。而甞和永明山居律五十餘篇。識法者重之。余甞問。入道程節。以何爲先。師高聲一喝。又問不動如嶽時如何。師曰凝然無記。鬼家活計。又問如何是寂中照。師曰且莫亂走。嗚呼。余之憒也。自不能悟入。而其老婆諄諄則每如是。戊戌秋余自德裕來謁。和尙執手而謂曰。吾昨夜坐閒。念觀世音。欲知謝報之期。夢大犬嚙跟而覺。葉落歸根。此其時歟。俄而示微疾。晏然坐化。身色如金山。壽七十七。嗚呼異哉。泰公躬執喪制。奉塔于安心洞之庚原。退雲妙閑傳其禪。或問和尙平生工夫。果如是不偶。何。區區身後。殆乎世諦人斯。余曰吁。我佛世尊。以虛空爲體性。有相爲虛妄。雙樹之間。遺敎弟子起塑塔。聽人天供養。而作佛事。豈有名利恭敬而然也。故菩薩戒品一一皆云。發孝順心。和尙之所以區區於此。其亦庶幾後之人。歸之於孝順之心而止矣。安心庵在會稽縣西二十里。今屬智谷寺。

소_疏

정사년 6월 일 원자 탄일의 불공소【옥천사에서 축원함】

대각세존大覺世尊께서 중생을 제도하시는 비원으로 꽃비 내리는 하늘에서 강림하시니 사문沙門인 신은 임금을 축복하는 정성이 번개가 둘러싼 날[99]보다 간절하여, 이에 조그만 글솜씨로 우러러 성수의 만년을 축원합니다.

저희 제자들은 야학野鶴의 한가한 마음과 미물 같은 천한 자취로 사민四民(사농공상士農工商)의 밖에 처하여, 다행히 어람御覽하시는 종이를 갖추어 바치고 삼보三寶(불법승佛法僧)의 가운데 욕되게 있어 공경히 내교內敎의 향화를 받듭니다. 목어와 범패로 사흘을 창화하니 승속의 보고 듣는 자가 만인이라. 하늘의 이치는 사사로움이 없어 태평의 상징이 있으니 정성이 지극하면 소리와 메아리처럼 응합니다.

바라오니, 성상 전하께서는 옥체가 강녕하사 만세토록 늙지 않고 항상 새로우시며, 심기가 맑고 쾌상하여 짧은 시간에 물약勿藥의 효험[100]이 빠르며, 성자신손이 천년을 이어 반석처럼 편안하고 임금님의 교화와 빛이 온 나라 끝까지 영원히 번창하기를 축원합니다.

왕비 전하는 수명이 멀리 만세에 짝하시고 덕은 우러러 귀의하는 억조창생에게 덮이소서.

동궁 저하는 만백성의 환호 속에 억만년을 오늘처럼 장존長存하시고 삼시의 경찬慶讚 속에 임금님의 밝은 조정에 길이 임하여지이다.

대왕대비 전하는 동방의 성후聖后요, 내궐內闕의 어버이시라 당년에 태양을 도와 조선이 이에 극락국이 되었으며 영원히 소해小海(세자)를 옹호하여 옥전玉殿에 길이 마니摩尼의 주렴이 드리워지이다.

혜경궁惠慶宮 저하는 경복慶福 육순을 누리신 후에 다시 몇천의 육순을 누리소서.

가순궁嘉順宮 저하는 인수仁壽를 백세 누리신 후에 다시 몇십의 백세를 더하소서.

다시 바라오니, 선왕·선왕비·열성列聖의 영가께서는 구품의 연화대에 부처님을 뵙고 득도하시고, 시방세계에 삼연三緣[101]을 따라 강생하시기를 제자들은 간곡히 기도합니다.

丁巳六月日元子誕日佛供疏【玉泉寺爲祝】

大覺尊度生悲願。顯臨於花雨之天。沙門臣祝君心誠。切懇於電繞之日。爰憑一毫之微善。仰延萬歲之聖齡。伏念弟子等。野鶴閑情。糞虫賤跡。居四民之外。幸備御覽之刻。籐忝三寶之中。祇奉內敎之香火。魚梵和昌於三晝。緇白觀聽者萬人。天理無私。太平有象。懇誠之極。聲響之從。伏願聖上殿下。玉體康寧。不老長新於萬歲萬萬歲。膈氣淸快。勿藥速效於片時更片時。聖子神孫。累千歲而盤泰。堯風舜日。極八域而永昌。王妃殿下。壽配萬歲之遐長。德被兆民之歸仰。東宮邸下。萬姓歡呼。億千歲長存今日。三時慶讚。九五期永臨明朝。大王大妃殿下。東方之聖后。內闕之神堯。扶太陽於當年。朝鮮乃爲極樂之國。擁小海於遐迓。玉殿長垂摩尼之簾。惠慶宮邸下。慶福六旬之後。更享幾千六旬。嘉順宮邸下。仁壽百歲之餘。又加幾十百歲。復伏願先王先王妃列聖仙駕。九品蓮坮。見諸聖而得道。十方世界。任三緣而降生。弟子等。不任懇禱激切之至。

을미년 6월 불공소

밝은 성품이 허공의 달과 같이 법신을 나타내시니 사생四生이 슬피 우러르며 나아가고, 성스러운 원자元子는 하늘이 내린 영명한 자질로 만백성이 받들어 환호합니다. 오성五星[102]이 해동에 모이고 세성歲星[103]이 동북쪽에 열 번 도니, 이에 가지加持[104]의 과科를 의지하여 더욱 무도舞蹈의 정성을 바칩니다. 이에 어전에서 차와 향을 주시니 팔부八部의 신령[105]이 옹호하고 용장龍藏의 보축寶軸을 삼시에 목어와 범패로 펼치니 감응이 어찌 더디겠습니까? 신묘한 공을 헤아릴 수 없습니다. 적이 생각하니, 세법이 불법이요 인심이 성인의 마음인지라. 일찍이 인아가 어찌 있으리오. 깨닫지 못하는 사이에 부처님의 법도가 아님이 없으니 이를 따르고 본받습니다.

바라오니, 주상 전하께서는 성체가 만년을 길이 강녕하시고 지극한 덕이 천세에 두루하여 북궐에 삼대三坮의 춤[106]을 바치고 남풍에 오현금[107]을 연주하소서.

왕비 전하는 은혜가 동국을 덮고 수명이 남산과 나란하며, 세자를 잘 인도하시고 만민이 우러러 받들어지이다.

원자궁元子宮 저하는 복해福海가 만 리 멀리 왕양하고, 수산壽山이 천추에 높이 솟아 구름을 보면 풍우가 순조하고 해를 보면 강과 바다가 맑고 편안하여지이다.

대비 전하는 성수聖壽가 억만의 시간보다 더하시고 인덕이 삼천세계에 전해져서, 천조天竈(하늘의 부엌)에서는 무우산無憂散(근심 없는 약)을 두루 전하고 선파仙婆(신선 할미)는 항상 불로의 영단을 바쳐지이다.

혜경궁 저하는 만년을 장수하시어 항상 오늘같이 늙지 아니하고, 백복을 장엄하여 영원히 태화太和하여, 서왕모西王母(곤륜산의 여신)가 공양의 정성을 다하고 마야부인이 방외의 교유를 맺어지이다.

가순궁 저하는 백년의 수에 다시 다함이 없는 수를 더하시고, 많은 자손의 문에 계속 빛나는 군자를 탄생시켜 저 우임금의 도를 열어 우리 원자를 보호하소서.

다시 원컨대 문무백관이 임금님께 받은 직책을 따라 행하고, 농공의 만백성이 모두 왕의 공을 받들어 불일佛日이 영원히 어두운 길에 비치고 선풍禪風이 밝은 세상에 펼쳐지기를 바랍니다.

乙未六月 佛供疏

皎性空月現法身。赴四生之悲仰。聖元子天縱英質。戴兆民而歡呼。星五聚於海東。歲十周於震北。是仗加持之科。倍伸踏舞之誠。茲者御賚茶香。八部神祇之護擁。龍藏寶軸。三時魚梵之唱宣。感應奚遲。神功叵測。窃惟世法即佛法。人心惟聖心。曾我何有兮。不識不知莫非爾極兮。乃順乃則。伏願主上殿下。聖體長寧於萬年萬萬年。至德周翕於千世千千世。北闕獻三坮之舞。南風奏五絃之琴。王妃殿下。恩庇東國。壽齊南山。啓生地底之雷。環供星中之月。元子宮邸下。福海汪洋。萬里之外。更有萬里。壽山高屹。千秋之上。又加千秋。望之雲兮。雨順風調。就之日兮。河淸海晏。大妃殿下。聖壽長於億萬刼波。仁德傳於三千世界。天竈偏煎無憂之散。仙婆常獻不老之丹。惠慶宮邸下。壽考萬歲而恒今無老。莊嚴百福而永後太和。王母盡厨中之誠。摩耶結方外之誼。嘉順宮邸下。百年之壽。更加無盡仁年。千子之門。連生有斐君子。啓彼禹道。護我元良。然後願文武百僚。率奏堯職。農工萬姓。咸戴舜功。佛日永曜。昏衢禪風。庶振明世。

기미년 9월 대전 탄신일 불공소

부처님의 공덕은 헤아리기 어렵고 임금님의 은혜는 망극합니다. 일편단심으로 오체를 던져 귀의하니 삼단三壇의 스님이 시방에서 와 모입니다. 때는 성절聖節 만세의 48년 맑은 가을 9월 22일로 향연이 삼천세계에 두루 퍼지고, 자비의 비가 백억의 공신空身에 내립니다. 큰 종을 울리니 이에 소리와 메아리의 감응이 있고 지혜의 빛은 작위作爲가 없으니 어찌 여탈與奪의 사사로움이 있겠습니까?

바라오니, 주상 전하께서는 옥체가 길이 강녕하시고 성수가 한없으시며, 복성이 동방에 모여 먼 나라가 도성에 조공하고 훈풍이 남쪽에서 불어와 서맥瑞麥이 전야에서 익어지이다.

왕비 전하께서는 수가 만년에 짝하고 덕이 사방을 덮으며, 세자를 보호하여 해악의 신령이 오직 왕명에 귀의하게 하며, 내칙內則(궁중의 법도)을 거듭 밝혀 여염의 백성이 모두 바른 규범을 알게 하여지이다.

원자궁 저하는 탄생 10세에 천추千秋를 축수하오니, 널리 어진 덕이 알려져 중생의 스승이 되고 태평 시대에 우리 임금의 아들이라 노래하게[108] 하소서.

대비 전하께서는 성덕이 천년에 전해지고 인수仁壽를 만년을 누리시어, 생령의 위에 모두 세상을 제도하는 인군이라 칭송하고 불법 가운데에 영원히 대권보살大權菩薩이 되소서.

혜경궁 저하께서는 우리의 성모聖母이시라. 저 선인宣仁 태후[109]보다 나으시니 일생을 마음 닦아 길이 한없는 복을 누리시고, 삼시에 올리는 음식이 모두 불로不老의 단약丹藥이 되어지이다.

가순궁 저하는 인仁이 태사太姒[110]보다 낫고 덕은 강원姜嫄[111]에 짝하시니, 우리의 세자를 낳으시어 진실로 방국의 근본을 세우시고 백성의 부모 되었는지라 송죽松竹의 푸른 기운을 축원하여 바칩니다.

다시 바라오니, 선왕·선왕비·열성 선가列聖仙駕께서는 삼십삼천에 차례로 왕 노릇 하시고 신명이 백천만겁 나라를 도우소서.

다시 원하오니, 종실의 제궁은 모두 수복壽福을 증장增長하고 문무백관은 다 충성을 바치기를 바랍니다.

己未九月大殿誕日佛供疏

佛德難思。君恩罔極。一片丹心。投歸五體。三壇白足。來集十方。時維聖節萬歲之四十八年淸秋九月之二十二日。香烟布遍三千世界。慈雨降臨百億空身。洪鐘任扣。爰有聲響之報。慧鑑無作。何曾與奪之私。伏願主上殿下。玉體長寧。聖壽無盡。福星東聚。重譯貢於畿城。薰風南來。瑞麥登於田野。王妃殿下。壽配萬歲。德被四方。保護東儲。海岳神祇。惟歸王命。申明內則。閨閤下賤。咸知正閫。元子宮邸下。誕生十歲。祝壽千秋。普聞仁德衆生之師。太平謳歌吾君之子。大妃殿下。聖德千載。仁壽萬年。爲生靈上。咸稱濟世仁君。於佛法中。永爲大權菩薩。惠慶宮邸下。是我聖母。邁彼宣仁。一生修心。長享無疆之福。三時尙食。皆爲不老之丹。嘉順宮邸下。仁逾太姒。德匹姜嫄。誕我嗣君。固樹邦國之大本。爲民父母。祝獻松竹之長春。復伏願先王先王妃列聖仙駕。三十三天。次第分王。百千萬刼。神明佑國。然後願宗室諸宮。同增壽福。文武百僚。盡輸忠良。

경신년 2월 2일 책봉 때의 불공 경찬소

성스러운 원자께서 탄생한 지 11년에 저궁儲宮(세자)으로 책봉되시니 우리의 국조國祚가 만억년을 이어 갈 반석의 터를 굳게 세웠습니다. 이에 향화의 수승한 복을 의지하여 견마犬馬의 작은 정성을 바칩니다. 생각건대 제자들은 태평 시대를 만나 재법齋法에 엄숙히 나아갑니다. 향과 등을 나열하니 엄연히 천상의 삼광三光(일·월·성)과 같고, 차와 음식을 아울러 진설하니 인간의 오미五味를 다 갖추었습니다. 그러나 정성으로만 감응하는 것이니 일에 임하여 진실해야 하는 것입니다.

축원하오니, 주상 전하께서는 성수 만년을 누리시고 옥체가 항상 강녕하여 늙지 않으시고, 나라가 영원히 태평 시대를 즐기기를 바랍니다. 이에 극락세계의 무량복수불께 화남和南(경례敬禮)합니다.

축원하오니, 왕비 전하는 수가 만년을 누리시어 덕은 태음太陰의 주군보다 뛰어나고 은혜는 창생을 덮는 어머니가 되소서. 이에 유리세계 약사여래불께 화남합니다.

축원하오니, 세자 저하께서는 천추를 누리시어 백억세계 성신聖身과 80종의 호상好相으로 춘궁에 책명되니 천추가 오늘 같고 장차 우리나라로 하여금 만세에 후천세계를 열게 하소서. 이에 영산 학수靈山鶴樹의 상주불멸 능인能仁여래불께 화남합니다.

축원하오니, 대비 전하는 만세의 수를 누리시어 저성儲聖(세자)을 극락국으로 인도하시고, 백성들을 초췌하고 병든 곳에서 구제하시며, 호불護佛의 힘은 마야부인보다 더하고 다스림의 공은 선인 태후도 미치지 못하게 하소서. 이에 보문普門을 나타내 보이시고 원력願力이 넓고 깊은 관세음자재보살마하살께 화남합니다.

축원하오니, 혜경궁 저하는 만년의 수를 누리시어 덕은 삼조에 흡족하여 의를 좋아하는 사람마다 충군애국하고 은혜는 팔방을 덮어 선을 향하는 집집마다 염불 염승케 하소서. 이에 삼매를 억념하고 부처님을 도와 중생을 제도하시는 대위세大威勢보살마하살께 화남합니다.

축원하오니, 가순궁 저하는 천추의 수를 누리시고 때에 벼에 아홉 이삭의 상서가 있어 계속 수많은 자손이 번성하고, 오래 백복의 인연을 심어 억조의 백성이 모두 받들어지이다. 이에 동자들을 구하여 죄를 없애고 장수하게 하는 무진의보살마하살께 화남합니다.

축원을 마치고 삼보에 예를 올려 만세의 세존께 회향하고, 다시 신묘다라니를 두어 삼가 반야바라밀을 염송합니다.

庚申二月初二日册封佛供慶讚疏

聖元子誕生之一十一歲。册封儲宮。我國祚綿歷於萬億萬年。樹固盤石。爰仗香火之勝福。用陳狗馬之微誠。伏念弟子等。遭遇聖明。肅詣齋法。香燈互列。儼若天上之三光。茶饌交陳。備盡人間之五味。顧乃惟誠所格。庶幾即事而眞。伏祝主上殿下。聖壽萬歲。玉體長寧不老。國界永樂太平。是故和南極樂世界無量福壽佛。伏祝王妃殿下壽齊年。德邁太陰之君。恩庇蒼生之母。是故和南琉璃世界藥師如來佛。伏祝世子邸下壽千秋。百億界聖身。八十種好相。册命春宮。千秋今日。將使東國。萬世後天。是故和南靈山鶴樹常住不滅能仁如來佛。伏祝聖大妃殿下壽萬歲。導得儲聖於極樂之國。濟活羣氓於凋瘵之鄕。護佛之力。摩耶不如。化理之功。宣仁莫及。是故和南普門示現願力弘深觀世音自在菩薩摩訶薩。伏祝惠慶宮邸下壽齊年。德洽三朝。好義人人忠君愛國。恩被八域嚮善。家家念佛念僧。是故和南憶念三昧助佛度生大威勢菩薩摩訶薩。伏祝嘉順宮邸下壽千秋。時禾九秀之瑞。連生千子而萬孫。久樹百福之因。咸戴兆民又億姓。是故和南救諸童子滅罪長壽無盡意菩薩摩訶薩。祝願已三寶禮。回向于萬歲尊。更有神妙陀羅尼。謹念般若波羅密。

관음 불공 축 【을사년(1785) 3월에 칠불산 아래에 도적들을 잡는 관리가 말씀하기를, "승려도 또한 백성이니 마땅히 힘을 합쳐 도적을 잡아야 한다. 너희들은 어찌 부처님의 힘을 빌려 국사를 돕지 아니하느냐?"고 하기에, 곧 대답하고 24일부터 시작하여 약 7일 기한으로 공경히 기도하였다.】

모년 모월 모일에 제자 아무개 등은 삼가 임금의 명을 받든 관리의 가르침을 받들어, 재계목욕하고 정성으로 향과 연등과 차를 갖추어 감히 대성령大聖靈이신 중생의 고난을 구하시는 관세음보살님께 아룁니다.

적이 생각건대, 온 천하가 임금님의 땅이 아님이 없어 부처님께 기도하여 세상을 돕는 것은 우리 중들에게 있습니다. 태평 시대 하늘의 태양이 비추는 때에 문성文成과 난대欒大[112]의 무리가 감히 불법不法을 저지르고 개나 쥐 같은 좀도둑 떼가 불순한 마음을 낼 줄 어찌 알았겠습니까? 이제 임금님이 급히 체포하라 명하시어 사신이 오셨으나, 산에 오르고 숲에 숨어들어 아득히 실정을 알지 못한지라 노심초사하여 직분을 행하지 못할까 두려워합니다. 하물며 의심난 자를 신문하고 유사한 자를 체포하니, 무고한 백성이 혹은 고문과 형벌을 받아 날을 지체하고 일하는 많은 장정들이 수고로움을 이기지 못하니 가장 슬픈 일입니다. 부득이 구제할진댄 간흉과 도적을 속히 체포하여 양민을 보호하고, 죄지은 자를 처벌하여 나라와 시대에 복을 주어야 할 것입니다. 그리하여 불도가 태평 시대의 다스림에 보탬이 있게 하고 왕신王臣이 불법을 외호할 수 있도록 간절히 비는 마음을 가누지 못하겠습니다. 화남.

觀音佛供祝【乙巳三月七佛山下。妖賊誅捕官敎曰。僧亦民也。當同心捕賊。汝等何不祈佛力。以助國事。卽唯唯。自二十四日爲始。虔禱約七日爲限。】

年月干支弟子某等。謹奉奉命官敎。齋沐虔誠。其香燈茶味。敢告于大聖靈感救苦難觀世音菩薩。伏以普天率土。莫非王國。祈佛佑世。惟在我僧。豈謂堯舜之時。天日之下。文成欒大之徒。敢行非法。鼠窃狗偸之類。乃能生心。今有聖命急捕。使臣方臨。登崗入藪。杳莫知情。焦思疲骨。恐不效職。況復問疑執似。元元無辜。或被拷刑。淹日遲時。役役多丁。不勝勞撓。最是慈悲。拯濟之不得已焉。莫如凶奸贓賊之速捉宜也。存良誅罪。福國祐時。旣僧道之有益治平。庶王臣之外護佛法。是爲懇激不勝。和南。

한화록문답
閑話錄問答

칠불암에서 상당하여 당승이 묵언하는 연유를 물은 데 대하여 대답하다

어느 날 밤 재를 마치자 선승들이 손을 모아 나를 강사로 맞았다. 그들이 묻기를 "제가 다행히 여기에서 가르침을 받게 되었는데, 당제堂制에 묵언하라 하니 감히 유래를 묻습니다."라고 하기에, 내가 과문하여 알지 못한다고 사양하였다. 지당知堂(당의 주지) 스님이 벽의 글을 가리키며 나에게 눈짓하였는데 '100번 싸워서 100번 이기는 것이 한 번 참는 것만 못하고, 만 마디 말이 만 번 마땅하더라도 한 번 침묵하는 것만 같지 못하다.'라고 하는 구절이 있었다. 곁에 한 스님이 빙그레 웃었으나 나는 대꾸하지 아니하고 방장으로 돌아갔다. 그 스님이 후에 가만히 들어와 말하기를 "아까 지당이 벽의 글을 가리켰는데 화상께서 불응한 것은 무슨 뜻입니까?" 하기에, 내가 말하기를 "몰랐을 뿐이다."라고 하였다.

스님이 웃으며 말하기를, "스님께서 모른다고 한 것은 그 뜻을 취하지 않는 것이니, 만약 참아야 할 경계가 있고 침묵해야 할 말이 있다면 바로 도전할 시절이요, 말도 없고 경계도 없다면 이승二乘(성문·연각)의 단견斷見을 면치 못하니 스님께서 취하지 않는 것이 마땅합니다. 필경에 스님이 침묵하신 뜻은 어느 곳에 있습니까?"라고 하였다. 내가 말하기를, "알지 못할 뿐이다. 옛날에 양梁나라 무제武帝가 불법의 으뜸가는 진리(聖諦第一義)를 묻자 달마 조사께서 말씀하시기를 '확연廓然하여 성제가 없다.'고 하셨다. 무제가 말하기를 '짐과 마주한 이는 누구인가?' 하니, 달마 조사께서 말씀하시기를 '알지 못하노라.' 하시고 그 후로 9년을 면벽하며 말씀이 없으셨으니 이것이 곧 당제의 유래이다. 달마는 성조聖祖이신데도 오히려 알지 못한다 하셨으니 하물며 나는 식견이 범상하고 본 것이 적으니 어찌 감히 말을 하겠는가? 그러나 나의 알지 못함은 어리석음이요 달마의 알지 못함은 지혜이니, 지혜와 어리석음은 서로 다르나 알지 못함은 한가지라, 나는 또한 침묵할 뿐이다. 옛사람의 말에 '만약 침묵이요 오래되었다고 말하면, 자리에 앉아 헤아리며 소굴을 이룰 것이다.'라고 하니, 그대는 어떻게 달마의 뜻을 이해하는가?" 하였다. 스님이 곧 문답을 그쳤다.

七佛上堂答堂僧嘿言來由

一夕齋罷。禪衆叉手。致余師講者。幸役于此。堂制嘿舌。敢問來由。余辭以寡聞。不識知堂指壁書目。余有曰。百戰百勝。不如一忍。萬言萬當。不如一默。傍有一僧哂。余亦不應。歸方丈。僧後從容入言。向者知堂之壁書。和尙不應。作麽意。曰不識耳。僧笑曰。師之不識不取矣。若道有境可忍。有言可默。政是挑戰之時節。無言無境。未免二乘灰斷。宜乎師之不取。畢竟師嘿在什麽處。曰不識而已。昔梁武帝問。聖諦第一義。祖曰廓然無聖。帝曰對朕者誰。曰不識。而後九年面壁無語。此即堂制來由。達摩以聖祖而猶曰不識。況余凡識寡見。烏敢有說。然余之不識。愚也。達摩不識。聖也。聖愚雖殊。不識一也。吾且嘿已矣。古人云。若言是嘿是良久。據坐商量成窠曰。子如何會得達摩意旨。僧便休。

벽송사에서 정토에 답한 설

승려가 물었다. "서방정토가 사실입니까?"

답했다. "『아미타경』에서 세존께서 설하신 것이다."

물었다. "육조가 이르기를, '서방 사람이 죄를 지으면 어디로 갈꼬?'라는 말씀을 왜 하셨습니까?"

답했다. "불제자가 삼보를 비방하면 시방세계에 참회가 통하지 않아 오직 지옥을 가게 된다."

승려가 말했다. "그대의 말씀은 불제자를 서방 사람이라 하고, 삼보를 비방하는 것을 죄를 짓는다고 하시니 육조의 뜻입니까?"

답했다. "네가 어찌 꿈에선들 육조를 보겠느냐? 불조佛祖의 방편은 사람을 위하여 속박을 풀어 주는 것으로, 아뇩보리阿耨菩提[113]라 이름 부를 정해진 법이 없다. 육조가 일찍이 서방에 묶인 자를 풀어 주었는데 너는 또 서방이 없다 함에 매이니, 서방에 묶인 자는 오히려 부처님 전에 태어날 수 있지만 서방이 없다고 하는 자는 하나의 천제闡提[114]이니 염라대왕의 귀졸鬼卒이 어찌 너를 놓아줄 것인가?"

승려가 물었다. "서방 십만억 국토라 함은 어찌 중생의 열 가지 악업을 이른 것이 아니겠습니까? 열 가지 악업이 청정하면 극락이 현전할 것이니 하필 염불을 해야 합니까?"

답했다. "부처를 생각하지 않는다면 누구를 생각할 것인가?"

승려가 말했다. "내가 본래 무념無念이라 다만 주리면 먹고 피곤하면 자는 것으로 충분하니, 억지로 염불하려고 한다면 이는 부처에 속박되는 것일 뿐입니다."

답했다. "높기는 높으나 장물 도적이 노출되었도다. 너는 다만 먹고 자는 것만 생각하고 염불하지 못하니 어찌 호오好惡의 정이 아니며, 그 이른 바 무념이라는 것도 다만 선한 생각이 없다는 것일 뿐이니, 분명히 너를 헤아려 보건대 어찌 다만 열 가지 악업일 뿐이겠는가?"

승려가 물었다. "『아미타경』은 오교[115] 중에 어느 가르침에 해당됩니까?"

답했다. "지욱智旭[116]의 소疏에 이르기를 원돈圓頓 중의 원돈교圓頓敎에 해당한다."

승려가 놀라 말했다. "그릇되도다. 여래의 법 중에 원돈의 경전은 『화엄경』인데, 이 경전이 만일 원돈 중의 원돈의 가르침이라면 도리어 『화엄경』보다 낫습니까? 시험 삼아 논하건대 경 중에 한마음이 어지럽지 않다 하신 말씀이 어찌 그 종지가 아니며, 사바세계를 싫어하고 극락세계에 태어나는 것이 어찌 그 취지가 아니겠습니까? 그 인을 말하면 부처의 명호名號를 간직하여 지니고 과를 말하면 업을 청정하게 하여 부처를 본다는 것이니, 이는 마음의 번뇌를 거두어 기뻐하고 싫어하는 마음을 닦는 인과경에 불과한지라 원돈의 끝도 드러내지 못합니다."

답했다. "그대의 말도 또한 한 가지 의리이니 어찌 여래의 일우법一雨法[117] 가운데 모두 기연機緣을 따라 깨달음에 드는 것이 아니겠는가? 그대는 잘 들을지어다. 여래의 법 중에 원돈의 경전은 화엄만 한 것이 없다. 종지로 삼는 것은 일진법계一眞法界요, 일진법계란 곧 이 한마음이 어지럽지 않은 것이다. 이 한 진심 위에 또한 일심일진一心一眞의 사량도 없어야 바야흐로 진실불란眞實不亂의 경지에 믿어 들어갈 수 있는 것이다. 저 이르기를 '성해性海의 일미一味가 일진법계요, 일미도 또한 없어야 비로소 어지럽지 않다고 이르는 것이다.'라고 하니, 이로 말미암아 말하건대 비록 화엄보다 낫다고 하여도 좋을 것이다."

물었다. "일진법계라는 말은 본래 갖고 있는 심성을 곧바로 가리키는 것이요, 일심불란이라는 말은 바로 수행의 방편인데 어찌하여 한 가지 뜻으로 귀결합니까?"

답했다. "이 마음의 불변을 일一이라 하고 불망不妄을 진眞이라고 하나니, 불망불변이 바로 불란不亂인 것이다. 만약 동이同異의 지견을 짓는다면 여전히 육십이견118의 근본이 되는지라 어지럽게 되지 않겠는가?"

승려가 물었다. "일심불란의 깊이를 헤아리는 것이 해롭지 않으니 예불과 염불로 부처를 구하는 것은 어찌 대혜 종고大慧宗杲119가 이른바 '어리석은 이의 행위'가 아니겠습니까?"

답했다. "나는 차라리 대혜의 어리석은 이가 될지언정 너를 좇아 사특한 사람이 되지 않을 것이다. 그대가 취사가 없는 곳에 망령되게 취사를 보며, 우열이 없는 곳에 망령되게 우열을 잡는다면 어리석은가 어리석지 않은가? 반드시 그대의 말과 같다면 대세원통大勢圓通의 문도 열성列聖의 기연에 있지 않고『보현원왕경普賢願往經』도 요의了義라고 이를 수가 없다. 아, 업이 청정하면 부처를 볼 수 있다는 말이 어찌 사지事智가 현전함이 아니겠느냐? 원만한 공덕을 성취하면 열 소리를 써서 한 소리에 이르고, 그 지속의 한계를 말한다면 불과 하루에서 7일에 이르러, 이 과보를 버리면 곧 연화보좌에 앉아 내가 곧 미타彌陀요, 미타가 곧 나인지라 원돈 중에 원돈이라 한 것이 어찌 옳지 아니하랴."

승려가 앞으로 나와 물었다. "저는『화엄경』이 성품에 합당한 극진한 말씀이라고 여겨 항상 읽습니다. 이제 스님의 말씀을 들으니 차라리 화엄을 버리고『미타경』을 읽는 것이 좋겠습니까?"

답했다. "괴롭도다, 사람의 마음이 열리지 않음이여. 그대가 화엄을 성에 합당한 경전이라 하니 다만 경전을 읽어 자성을 본다면 자성이 아미타요 경도 아미타라, 아미타 중에 화엄이 있고 화엄 중에 아미타가 있나니 어찌 애증을 내어 취사하는가?"

승려가 물었다. "8만 4천 방편은 한 알의 쌀과 같고, 염불의 방편은 도창都倉(나라의 큰 창고)의 곡식과 같다고 하니 이 뜻이 어떠합니까?"

답했다. "일체의 방편은 염불의 방편이요, 불佛은 총상總相120이라, 염불의 방편은 도창의 곡식과 같은 것이다."

승려가 말했다. "그렇다면 염불하는 사람은 만행萬行을 하지 않습니까?"

답했다. "만약 쌓인 곡식이 없다면 어찌 도창이라 부르겠느냐? 한 구절 아미타는 시是도 비非도 아니요, 계戒바라밀은 선정과 산란도 아니며 선禪바라밀은 깨달음과 미혹도 아니요, 혜慧바라밀은 가고 옴이 없어 절로 정토이다. 이와 같이 십도十道의 만행과 인과의 덕용이 무량무변아승기이기 때문에 아미타라고 부르는 것이니, 어찌 '염불하는 사람은 만행을 하지 않는다.' 하는고?"

승려가 말했다. "그대가 논한 것은 자성미타입니다. 만일 서방미타의 명호만을 집지執持하는 자는 어찌 이와 같을 수 있겠습니까?"

답했다. "네가 허공을 나누려고 한들 되겠느냐?"

승려가 물었다. "십념十念으로 왕생한다는 뜻이 무엇입니까? 여러 경전에 삼대아승기겁三大阿僧祇劫 동안 만행을 낱낱이 닦아야 바야흐로 보리를 증득한다고 하였는데, 염불하는 사람은 십념으로 왕생하여 문득 보리에 불퇴전한다고 하니, 인지의 수행은 이와 같이 작은데 과보를 얻는 것은 이와 같이 크니, 크게 이치에 맞지 않아 인정에 가깝지 않으니 원컨대 해설하여 주소서."

답했다. "이치상 실로 왕생하는 것은 다만 일념을 쓸 뿐이니 조사께서 이르기를, '한 생각 잊을 때에 분명히 또렷하여 아미타가 다른 곳에 있지 않도다.'라고 하였다. 십념이라고 이른 것은 곧 십세十世이니 현전 일념 위에 이미 일어나고 일어나지 않는 것이 삼세가 되고, 삼세가 각각 삼세를 갖추어 십세가 된다. 이와 같이 다함이 없고 말할 수 없기 때문에 삼대아승기겁이라고 하는 것이다. 그러나 이 십세와 삼기겁이 현전 일념을 여의지 않기 때문에 이르기를 '일념에 널리 무량겁을 보니 가고 옴도 없고 머무름도 없도다.'라고 하며, 또 이르기를 '구세, 십세가 상즉相卽하니 잡란치 아니하여 분별되도다.'라고 하였다. 이 때문에 일념이 십념이요, 십념은 무량념無量念이니 뜻을 얻는 자는 잠깐 사이에 정각을 이루고, 오묘한 이치에 이르지 못한 자는 삼기겁을 낱낱이 수행하여야 비로소 보리를 증득할 수 있는 것이다. 그러하니 십념왕생은 돈점의 근기를 포괄하여 거두고 간곡한 사실四實의 말이라, 다만 긍정하는 마음을 둘지언정 어찌 의심하고 꺼려하느냐?"

물었다. "염불문 가운데 오념五念[121]을 그치고 오장五障[122]을 통하며 오탁五濁[123]을 맑게 하고, 신身·구口·의意의 삼업을 경계하며 동정動靜·어묵語默·오매寤寐를 전일하게 하여야 무심진여문無心眞如門에 든다고 하니, 과정과 절차가 번거롭고 세세하여 첩경을 얻어 문득 들지 못하니 수시垂示하여 주소서."

답했다. "네가 첩경을 얻어 문득 들고자 하는 생각이 오장이요, 오탁이다. 너의 신·구·의의 업을 경계하고 너의 동정 등을 전일하게 하여 너의 뭇생각이 일어나지 않을 때에 이를 무심염불이라 부른다. 무심삼매로부터 극락의 정안正眼을 활짝 여는 것을 진여염불이라고 부른다. 그러나 한 구절 아미타는 일찍이 허다한 과정과 절차가 있지 아니하니 처음도 아미타요 끝도 아미타라, 추호의 다른 생각을 용납하지 않으니 이것이 바로 일행진여삼매一行眞如三昧이다. 그대가 첩경으로 문득 들고자 한다면, 다만 아미타를 생각하고 부질없는 사량과 계교를 짓지 않는다면 거의 속이지 않으리라."

碧松社答淨土說

僧問西方淨土。是事信否。曰阿彌陀經。世尊說也。問只如六祖謂西方人造罪何徃。爲什麽道。曰釋子謗三寶。十方世界。不通懺悔。惟地獄是徃。僧曰子之言。以釋子爲西方人。謗三寶爲造罪。豈六祖意耶。曰汝何處夢見六祖。佛祖方便。爲人解縛。無有定法。名阿耨菩提。六祖甞解縛於西者。汝又縛於無西。縛於西者。猶可生於佛前。縛於無西。一闡提也。閻羅鬼卒。豈肯放汝乎。

僧問西方十萬億國土。豈不云衆生十惡業耶。十惡業淨則極樂現前。何必念佛爲。曰佛若不念。念者阿誰。僧曰我本無念。只知飢食困眠且足。强欲念佛。是佛縛耳。曰高則高矣。贓賊露也。汝只能念食念眠。不能念佛。則豈不是好惡之情。而其所謂無念者。特無善念而已。分明數爾。奚但十惡哉。

僧問阿彌陀經。五教中何教所攝。曰智旭疏云。圓頓中之圓頓教。僧愕曰謬哉謬哉。如來法中。圓頓之經。乃華嚴是已。是經果若圓頓中之圓頓。則反復勝於華嚴者乎。嘗試言之。經中一心不亂。豈非其宗耶。厭娑婆。生極樂。豈非其趣耶。言其因則豈非執持名號。而言其果則豈非業淨見佛耶。是不過攝心勞修欣厭因果之經。圓頓裨末不顯。曰君言亦自一義。是豈如來一雨法中。各自隨機悟入者非耶。子諦聽。如來法中圓頓之經。莫如華嚴。其所宗必一眞法界也。一眞法界者。即此一心不亂。於此一眞心上。亦無一心一眞之量。方能信入眞實不亂之地。如云性海一味。一眞法界。一味相沉。始名不亂也。由此言之。雖有過於華嚴亦可也。問一眞法界之言。直指本有心性。一心不亂之言。乃是修行方便。豈可會同一義也。曰此心之不變謂之一也。不妄謂之眞也。此不妄不變。政是不亂也。若作同異知見。依舊六十二見之本。其欲不亂得乎。僧曰一心不亂。且不妨深淺商量。至於禮念求佛。豈大慧所謂愚人所爲耶。曰吾寧作大慧。愚人不願從。若爲邪人。子於無取捨中。妄見取捨。無優劣中。妄執優劣。愚耶。非愚耶。必如君言。大勢圓通之門。不在於列聖機緣。普賢願王之經。不可謂了義已乎。吁。業淨見佛。豈非事智現前。而克就圓功。則只消十聲。至於一聲。言其遲限。則不過一日至於七日。捨此一報。便坐寶蓮。我即彌陀。彌陀即我。其曰圓頓中之圓頓。不亦宜哉。

僧進問曰。某甲自以華嚴稱性極談故。常讀之。今聞師言。寧欲棄華嚴。而讀彌陀經則可乎。曰苦哉。人情之不通也。子謂華嚴稱性之經。但讀得經。見得性。性是阿彌陀。經亦阿彌陀。阿彌陁中有華嚴。華嚴中有阿彌陀。何生憎愛取捨。僧問八萬四千方便。如一粒粟。念佛方便。如都倉之粟。是意云何。曰一切方便。皆念佛之方便。佛爲摠相。故念佛方便。如都倉之粟也。僧曰然則念佛之人。不爲萬行乎。曰若無積粟。何名都倉。一句阿彌陁。非是非非。戒波羅蜜。非定非亂。禪波羅蜜。非悟非迷。慧波羅蜜。無去無來。自淨土也。如是十度萬行。因果德用。無量無邊阿僧祇。故名阿彌陀。何曰念佛之人。不爲萬行也。僧曰子之所論。乃自性彌陁也。如西方彌陁上。執持名號者。安能如是。曰汝隔截虛空作麽。

僧問十念徃生。是意云何。諸經中三大阿僧祇。歷修萬行。方證菩提。念佛之人。十念徃生。便不退菩提。因修如其小。獲果如其大。大甚逕庭。不近人情。願爲解說也。曰理實徃生。只消一念。故祖師云。一念忘時明了了。彌陁不在別家鄕。言十念者。卽十世也。現前一念上。已起未起。是爲三世。三世各具三世。是爲十世。如是無盡不可說故。亦卽三大阿僧祇㤼也。然此十世三祇。不離現前一念。故曰一念普觀無量㤼。無去無來亦無住。又曰九世十世互相卽。因不雜亂隔別成。故一念卽十念。十念卽無量。念得意者。彈指成正覺。未至妙者。歷修三祇大㤼。方證菩提。然則十念徃生。該收頓漸之機。丁寧四實之語。但辨肯心。何苦疑難。

問念佛門中。停五念。通五障。淸五濁。戒身口意。一動靜語默寤寐然後。入於無心眞如門。程節煩瑣。未得捷徑頓入。幸爲垂示。曰汝欲捷徑頓入之念。是障是濁故。戒汝身口意。一汝動靜等。待汝衆念。不能起時。是名無心念佛。從無心三昧中。豁開極樂正眼。是名眞如念佛也。然一句阿彌陁。未嘗有許多程節。始也。阿彌陁。終也。阿彌陁。不容絲毫異念。是乃一行眞如三昧也。子欲捷徑頓入。但念阿彌陁。莫作閑思計較。庶不相欺也。

삼교의 동이를 논하다

백련자가 일찍이 말하였다. "도는 하나인데 불·노·유로 나뉘었으니 노자도 부처요, 공자도 부처임을 알겠도다. 이 때문에 불교 가운데 인승人 乘과 천승天乘이 있는데, 인승은 유교와 같고 천승은 도교와 같으니 회삼 귀일會三歸一(삼교를 하나로 귀결시킴)의 요체에 이르지 못한다면 모순되어 서 로 부딪힘을 면치 못할 것이다. 우리 불도는 무쟁삼매無諍三昧로서 제일 바라밀을 삼으니 삼가 시속의 선비와 함께 감히 성인의 가르침을 의론하 지 말지어다."

혹자가 물었다. "삼교가 있어 온 이래로 공자도 성인이라 하고 부처와 노자도 성인이라 하니 누가 까마귀의 자웅을 알겠는가?"

내가 답했다. "나는 까마귀가 아니니 그대가 다만 십분 까마귀가 되어 야 자웅을 알 수 있으리라."

물었다. "삼교의 큰 뜻은 무엇을 으뜸으로 삼느냐?"

답했다. "불도는 마음을 밝히고 노자의 도는 기를 전일하게 하고, 유가 의 도는 마음과 기 두 가지를 이해하고 소식消息하는 것이다."

물었다. "불가는 마음을 오로지하고 노사의 도는 기를 오로지 하는데, 유가의 도는 두 가지를 보존하니 누가 온전하고 누가 치우친 것이냐?"

답했다. "하늘은 양이 주이지만 음이 없지 않고, 땅은 음이 주이지만 양 이 없지 않으며, 사람은 음양을 받아 어긋나지 아니하니, 누가 치우치고 누가 온전한 것이며 무엇을 취하고 무엇을 버릴 것인가?"

혹자가 웃으며 말했다. "노불老佛의 도는 선유先儒가 자세히 배척하였 다. 물과 불같이 서로 용납하지 못하는데, 너희 중들은 항상 견강부회하 고 부화뇌동하려고 하니 이 때문에 허물을 알지 못하는 것이다."

답했다. "유가는 공자를 높여 사람이 있어 온 이래로 공자만 한 이가 없 다고 한다. 그러나 공자는 말하기를 '노자는 용과 같도다. 용은 깊은 연못에 자신을 잘 보존한다.'고 하니, 깊은 연못에 잘 보존한다고 함은 불가사의한 사람이라는 것이다. 또 말하기를 '서방에 성인이 있는데 그 이름이 부처이다. 노하지 않아도 위엄이 있으며 명령하지 않아도 백성들이 따르니 말로 표현할 수가 없다.'[124]고 하니, 이는 공자의 말씀이다. 공자의 말씀이 이와 같은데 여러 유자들이 불로를 비난하니 과연 자신들이 공자보다 낫다는 것일까?"

論三敎同異

白蓮子嘗曰。道一而佛而老而儒矣。知佛者。老亦佛也。儒亦佛也。故佛敎中有人天乘。人乘同於儒敎。天乘同於老敎。未至於會要。則不免矛盾相格。吾徒以無諍三昧。爲第一波羅密。謹毋以時士。而敢議聖人之敎也。
或問自有三敎來。孔子聖也。佛老聖也。誰知烏之雌雄。曰吾非非烏非烏云。子但做烏得十分。雌雄自可知也。問三敎大旨。以何爲極則。曰佛道明心。老道專氣。儒道心氣。二途理會。消息之。問佛專心老專氣。儒則兩存。孰全孰褊。曰天才主陽。未嘗無陰。地才主陰。未嘗無陽。人才禀二儀而不悖。未知孰褊孰全。何取何捨。或者笑曰。老佛之道。先儒闢之詳矣。如水火之不相容也。汝僧每欲附會雷同。此所以不知其過也。曰儒道宗於夫子。自生民以來。未有如夫子者。然而曰老子其猶龍乎。龍者。善于淵。善于淵。則不可思議之人也。又曰西方有大聖人。其名曰佛。不怒而威不令而行。無得而稱焉。此孔夫子之言也。夫子言之如是。諸儒之詆佛老。果有賢於夫子者乎。

서운 장실이 법어를 구한 데 대하여 답하다

여래께서 49년간 설법하실 때에 항상 먼저 서운瑞雲을 나타내시니 무심無心의 자애로운 비로 중생을 널리 적신다는 뜻이다. 이에 향운香雲·개운蓋雲·화운花雲·당운幢雲·무량불가설운망無量不可說雲網이 있어 무량불가설 제불을 공양하고 무량불가설 중생을 이롭게 제도하여 무등등 아뇩보리無等等阿耨菩提를 성취하니 상서로운 그 구름을 뉘라서 칭송할 수 있으리. 그렇지만 구름은 제불을 공양한다고 하지 않고 중생을 이롭게 제도한다고 말하지 않으니, 서운의 공덕은 더욱 미칠 수 없는 것이다.

나의 법문의 아우 금봉錦峰에게 제자가 있어 법호가 서운이니, 무심으로 널리 적신다는 뜻이다. 영산회상 당시에 인천人天의 백만억 대중이 함께 서운 가운데에 있었는데 무엇이 상서이며 무엇이 구름인지 알지 못하였다. 눈이 있어도 보지 못하고 귀가 있어도 듣지 못하여 세존께서 수고롭게 광장설廣長舌로 동설서설東說西說하고 횡설수설橫說竪說하셨으니 모두 서운의 빛과 그림자이다. 서운의 사람도 전혀 교섭이 없거늘 하물며 나의 거칠고 망령된 말을 어찌 서운이 구하는고? 서운은 심적암深寂庵 강실講室에 거주하다 물러나서 오로지 선지禪旨만을 구하고 있으니, 반드시 스스로 긍정하고 스스로 깨칠 날이 있으리라.

賽瑞雲丈室求語

如來於七七年間。說法之時。常先放瑞雲。以其無心子雨。普滋羣品也。於是有香雲蓋雲花雲幢雲無量不可說雲網。供養無量不可說諸佛。利濟無量不可說衆生。成無等等阿耨菩提。瑞乎其雲。孰得以稱焉。雖然雲未嘗言我爲供養諸佛。雲未嘗言我爲利濟衆生。此其瑞雲之德。尤不可及也。吾法門弟錦峰有弟子。號曰瑞雲。所以無心普滋之意也。靈山當日。人天百萬億衆。同在瑞雲中。不知何者是瑞。何者是雲。有目如盲。有耳如聾。勞他世尊廣長舌相。東說西說。橫說竪說。皆瑞雲之光影也。若瑞雲中人。了沒交涉。況余儱妄之語。何爲瑞雲之所求哉。瑞雲住深寂講室。已而退屈。專求禪旨。必有自肯自得者耳。

경암집 끝
鏡巖集終

행장

스님의 법휘는 관식慣拭인데 후에 응윤應允으로 고쳤다. 집이 경호鏡湖에 있었기 때문에 사람들이 호를 경암이라고 하였다. 속성은 민閔이니 여흥驪興 민씨의 후예로 대대로 사대부 집안이다. 어머니 오씨가 계명산鷄鳴山에 기도하여 스님을 낳았다. 3세에 오씨 부인의 상을 당하였다. 5세에 입학하여 9세에 경사經史를 통하였다. 어느 날 밤 가을 달이 매우 아름다웠는데 아버지가 운을 불러 경치를 읊게 하자 곧 대답하였다.

　　가을 깊은데 바람이 대숲에 불고
　　물이 빠지지 달빛 어린 시내 소리
　　저 기러기는 어디로 날아가나
　　쓸쓸하게 먼 하늘로 사라지네

아버지가 듣고 매우 기분이 좋지 않았다. 자제들이 까닭을 묻자 말하기를, "이 시를 보니 이 아이는 일찍 죽거나 아니면 반드시 사문沙門이 될 것이다. 이 때문에 기분이 좋지 않다."라고 하였다. 13세에 아버지가 세상을 떠났다. 15세에 입산하여 진희 장로를 만나 삭발하고 한암 화상에게 구족계를 받았다. 여러 산문의 유명한 스님들을 두루 참배하고 마침내 추파의 문하에 돌아갔다. 28세에 개당하여 대중을 교화한 지 거의 20여 년이있다. 이윽고 탄식하여 말하기를, "남의 보배를 세어 본들 무슨 이익이 있으리오." 하고 환암 화상[125]을 좇아 선지禪旨를 받았다. 이에 사방의 학자가 양종의 대종사로 높였다.

우리 임제臨濟[126] 조사는 석애石崖에게 법을 전하고 석애의 후손에 태고太古가 있었다. 태고로부터 4대를 전하여 벽송碧松이 되고 벽송으로부터 7대를 전하여 회당晦堂이 되었으며, 회당은 한암에게 전법하니 한암은 추파의 스승이다. 또 청허로부터 7세 전하여 환암이 되니 이것이 실로 스님의 연원이다. 스님은 일찍이 허명이 실제보다 지나침을 부끄럽게 여겨 두류산 정상에 초가를 엮어 몇몇 납자들과 날마다 네 번씩 정진하고 다시는 세상과 상관하지 않았다. 갑자년 정월 13일 원적圓寂하실 때에 대중에게 서쪽을 향하여 염불하게 하고 편안히 떠나셨으니 수가 62세요, 승랍은 48년이었다. 스님은 타고난 성품이 자상하고 학문과 지혜가 정묘하고 투철하여 학자들이 내전內典 가운데 이해하지 못한 곳이 있으면 반드시 스님에게 나아가 질정하였다. 말년에는 여러 번 포살범망회布薩梵網會[127]를 개설하니 사부대중이 운집하였다. 이 때문에 당대의 승속僧俗이 스님의 설법을 총림의 으뜸으로 삼았다. 시를 읊거나 저술하는 것은 스님이 좋아하는 바가 아니나 문인들이 여기저기 흩어진 가운데서 수습하여 총 수십 편을 세상에 간행하였다.

문인 팔관八關 찬撰

行狀[1)]

師法諱慣拭。後改應允。家在鏡湖故。人號之曰鏡巖。俗姓閔。驪興之裔。世世簪纓。母吳氏。禱鷄鳴山而生師。三歲遭吳夫人喪。五歲入學。九歲通經史。一夕秋月政好。嚴君呼韵。令賦卽景。師卽對曰。秋高風動竹。水落月鳴川。何處隨陽鴈。蕭蕭遠入天。嚴君聞之甚不豫。子弟問其故曰。觀此詩。兒不早歿。必爲沙門徒也。是以不豫。十三嚴君棄世。十五入山。遇震熙長老薙髮。受具於寒巖和尙。徧叅諸山名師。終歸秋波門下。二十八開堂化衆。殆二十餘年。旣而歎曰。數寶何益。從喚庵和尙。受禪旨。於是四方學者。推爲兩宗大宗師。我臨濟祖師。傳法石崖。石崖之後有太古。太古四傳而爲碧松。碧松七傳而爲海堂。海堂傳之寒巖。寒巖秋波師也。淸虛七世而爲喚庵。此實師之淵源也。師嘗以虛名過實爲恥。乃結茅頭流絶頂。與二三衲子。日以四番精進。不復與世相干。甲子正月十三日。將圓寂。令大衆。向西念佛。晏然而逝。壽六十二。僧臘四十八。師賦性慈詳。學解精透。學者於內典有所未解處。必就師質之。末年累設布薩梵網會。四衆雲集。是以當世緇白。以師說法。爲叢林第一。若吟哦著述。非師所喜。門人等收拾於落葉中。總數十篇。刊行于世。

門人八關撰。

1) ㉑ 이 행장行狀은 저본에는 권두卷頭(跋文 다음)에 있었지만, 편자가 이곳으로 옮겼다.

경암 행장 끝
鏡岩行狀終

경암 대사 영찬

 스님의 성정은 스님의 문자로 알 수 있고 스님의 계행戒行은 스님의 문도로부터 볼 수 있다. 보지 못한 것은 스님의 진용眞容과 환구幻軀일 뿐이다. 그러나 이미 알 수 있는 것을 인하여 아직 보지 못한 것을 상상한다면, 고담枯淡하고 단묘端妙하여 종종의 법상을 모두 갖추었음을 알 수 있으리라.
 여와 목만중 78세 노인이 쓰다.

鏡巖大師影贊[1]
師之性情。得之師文字。師之戒行。得之師門徒。所未嘗覩者。師之眞容幻軀耳。然因其所已得。想像其所未覩。可知其枯淡端妙種種法象畢具也。
　餘窩睦萬中七十八歲老人題。

1) ㉮ 이 영찬影贊은 저본에는 권두卷頭(序文 다음)에 있었지만, 편자가 이곳으로 옮겼다.

경암집 발

　신라와 고려 시대에 불교가 크게 흥성하고 명승이 배출되었으나, 혹은 빈말에 의탁하여 명리를 훔치고 혹은 이단의 학술을 끼고 보고 듣는 자를 현혹시켜 그 본래면목을 잃지 않은 자가 거의 드물었다. 본조本朝에 이르러 유학을 숭상하고 성인의 도를 높여 양종의 승과를 파하고 승니僧尼의 도첩을 혁파하였다. 이로부터 삭발하여 승복을 입는 자가 대부분 농상을 게을리하고 부역을 회피하여 한가히 노는 무뢰배들이었다. 눈과 귀는 불경의 한 구절도 알지 못하니 부처를 배운다고 말할 수 있을 것인가?
　그러나 선비로서 세상에 불우한 자가 때때로 불문에 기탁하여 마음에 맹세히고 고행하며 힘써 내전을 연구하여 말이 윤리에 위배되지 않아 이로써 자성을 보고 이로써 대중을 교화하였으니, 이는 진실로 선비의 불행이요 불씨佛氏의 행운이다. 이 때문에 군자는 말하기를, "불씨의 학문이 더욱 높을수록 (성인의 도가) 더욱 무너지고 더욱 굽힐수록 (성인의 도가) 더욱 드러난다."고 한 것이다. 여와 선생이 일찍이 나에게 말하기를, "추파 스님의 시문은 소순疏筍의 기미[128]가 없고 충군애친의 의리에 대해 정성스러운 마음이 그치지 않으니, 이는 참으로 불우한 선비이다."라고 하였다. 그리고 내가 그 글을 읽을 때에 "교목의 한 잎이 기림에 날아 들어 갔다.(喬木一葉。飛入祇林。)"는 말에 이르자, 여러 번 읽으며 탄식하고 한번 만나지 못한 것을 한스러워하였다. 지난번에 방장산의 팔관 스님이 그 선사의 유고를 지니고 나를 찾아와 말하기를, "나의 스승의 이름은 응윤이요 호는 경암으로, 추파의 뛰어난 제자이니 그대가 한마디 말이 없을 수가 있겠는가?" 하니 나는 의리상 사양할 수 없었다.

삼가 살피건대, 스님의 속성은 민閔으로 영남의 거족이다. 9세에 경사를 통하고 또 시를 지을 수 있었다. 얼마 되지 않아 집안의 어려움을 만나 방장산에 들어가 추파에게 배워 일찍 의발을 전수받았다. 늘그막에는 좌선하며 날마다 불경을 송독하고 염불하여 드디어 양종의 영수가 되었다. 세 번 무차대회를 열어 사부대중이 우러르고 예를 올리는 자가 만 명을 헤아리니, 비록 신라·고려의 명승이라도 이보다 나을 수는 없었다. 스님은 이미 이치를 돈오하였으니 문장 또한 이치에 닿았다. 「오효자전」과 「박열부전」은 유가의 문장과 매우 흡사하다. 또 그가 고향 사람에게 준 시편에서 곤궁하고 외로운 모습을 서술한 것은 추파가 척전陟巔에게 고해 준 말이요, 함양 자사子舍에게 준 편지에서 "재주를 지닌 선비는 은둔해서는 안 된다."라는 말은 추파가 김 동자金童子를 격려하는 뜻이었으니, 스님은 추파를 잘 배운 분이라고 할 수 있다. 스님과 추파의 마음과 마음이 서로 전하여 이 문로門路를 열어 대중으로 하여금 마하반야가 이와 같고 다만 공허적멸에 그칠 뿐이 아님을 알게 하였으니, 두 스님이 불씨에 세운 공이 크다. 이 때문에 나는 두 스님의 처한 바를 가만히 슬퍼하고 거듭 불씨를 위하여 축하하는 것이다.

통훈대부通訓大夫 이조 좌랑吏曹佐郞 겸兼 실록 기주관實錄記注官 완산完山 이재기李在璣가 발문을 쓰다.

鏡巖集跋[1)]

羅麗之際。竺敎大興。名僧輩出。而或托空言。而盜竊名利。或挾異術。而眩耀觀聽。不失其本來面目者幾希。洎本朝崇儒尊道。罷兩宗科。革僧尼度牒。自是薙髮被緇者。率多惰農桑逃賦役。無賴遊閒之輩。耳目不識貝多一葉。其可曰學佛云乎哉。然而士有不遇於世者。徃徃托迹於斯。乃誓心苦行。力治內典。爲言不背於倫彛。以是見性。以是化衆。此固士之不幸。佛氏之幸也。故君子曰。佛氏之學。愈尊而愈壞。愈絀而愈顯。餘窩先生。嘗爲余言。秋波師詩文。無蔬筍氣。於忠君愛親之義。拳拳不已。此眞不遇士也。及余讀其書。至于喬木一葉。飛入祇林之語。爲之三復歎咤。恨未之一見也。日方丈山人八關。袖其先師遺藁。謁余曰。吾師名應允。鏡巖其號。秋波高足弟子。子其可無一言乎。余義不敢辭。謹按師。俗姓閔。亦嶠南鉅族。九歲通經史。又能作韻語。未幾遭家難。入方丈山中。從秋波學。早受衣鉢之托。暮秊坐禪。日誦經念佛。遂爲兩宗領袖。三設無遮大會。四衆之瞻禮者。以萬數。雖羅麗名僧。莫之過也。師旣頓悟於理。文亦理到。傳吳孝子朴烈婦。酷似儒家語。且其贈鄕人詩。叙其窮阨孤苦之狀者。秋波所以告陞顚之語也。貽咸陽子舍書曰。負才之士。不可隱遯者。秋波所以勉金童子之義也。師其善學秋波者也。師與秋波心心相傳。開此門路。使大衆。知摩訶般若。如是不如是。祇是空虛寂滅而止耳。二師有功於佛氏大矣。故余竊悲二師所遇。而重爲佛氏賀焉。

　　　通訓大夫吏曹佐郞兼實錄記注官。完山李在璣跋。

1) ㉑ 이 발문은 저본에는 권두卷頭(影贊 다음)에 있었지만, 편사가 이곳으로 옮겼다.

주

1 없음으로 인해~있음을 두고 : 『老子』 11장에 이르기를, "문과 창을 뚫어서 방을 만들면 빈 공간이 있어야 방의 쓰임이 있다.(鑿戶牖以爲室。當其無。有室之用。)"라고 하였다.
2 법화삼매法華三昧 : 죄업을 참회하는 수법修法. 먼저 육시六時 오회五悔를 하여 아침·낮·해 질 녘·초저녁·밤중·새벽의 여섯 때로 참회·권청勸請·수희隨喜·회향·발원의 다섯 가지 참회를 닦는다. 이 삼매의 방법에는 신개차身開遮·구설묵口說默·의지관意止觀의 세 가지가 있다. 첫째는 다니고 앉는 두 가지를 개개하고, 머물고 눕는 두 가지를 차遮하는 것을 말한다. 둘째는 대승경전을 외우고 다른 일을 말하지 않는 것이다. 셋째는 유상행有相行과 무상행無相行인데, 유상행은 『法華經』「勸發品」에 의해 평상의 산란심으로 『法華經』을 외우며, 선삼매禪三昧에 들지 않고, 앉으나 서나 다니거나 일심으로 법화의 문자를 외우며, 밤낮 6시에 육근六根으로 지은 죄업을 참회하는 것을 말한다. 무상행은 『法華經』「安樂行品」에 의해 깊고 묘한 선정禪定에 들어가 육정근六情根을 관하여 실상삼제實相三諦의 정공正空에 달達하는 삼매인데, 글을 따라 관하는 것은 보현보살이 타는 육아백상六牙白象을 관하는 것을 말한다.
3 회당晦堂 : 회암 정혜晦庵定慧(1685~1741)의 당호. 화엄학에 정통한 교학의 대가로, 김천 불영산 청암사靑巖寺에 주석할 때 그의 문하로 300여 명의 학인이 운집하였다. 저서로 『法集別行錄節要私記解』가 전한다.
4 사마천司馬遷 : 전한前漢 때 역사가로 『史記』의 저자이다. 무제武帝의 태사령太史令이 되어 『史記』를 집필하여 기원전 91년에 완성하였다.
5 안기생安期生 : 중국 고대의 신선 이름.
6 노오盧敖 : 중국 고대의 신선 이름.
7 서산西山 대사 : 조선 중기 고승인 휴정休靜(1520~1604)의 별호. 속성은 최씨崔氏, 본관은 완산, 이름은 여신汝信이며, 아명은 운학雲鶴, 자는 현응玄應, 호는 청허淸虛·서산 등이다. 백화도인白華道人·풍악산인楓岳山人 또는 묘향산에 오래 살아 서산 대사라는 별호로도 불렸다. 휴정은 법명이며 제63대 조사이다. 임진왜란 때 제자인 사명당 유정과 함께 승병을 일으켜 큰 전공을 세웠다.
8 경향庚向 : 갑좌경향甲坐庚向. 집터에서 갑방甲方을 등지고 경방庚方을 바라보는 방향, 즉 동쪽을 등지고 서쪽을 향하여 앉은 자리이다.
9 송운松雲 대사 : 조선 중기 고승인 유정惟政(1544~1610). 속성은 임씨任氏, 본관은 풍천, 이름은 응규應奎이며, 자는 이환離幻, 호는 송운, 당호는 사명당泗溟堂, 시호는 자통홍제존자慈通弘濟尊者이다. 임진왜란 때 스승인 서산 대사와 함께 승병을 이끌어 큰 공을 세웠다. 법명인 유정보다 당호인 사명당으로 더 유명하다.
10 임좌壬坐 : 임좌병향壬坐丙向. 임방壬方을 등지고 병방丙方을 향한 방향, 즉 북쪽을 등지고 남쪽을 바라보는 방향을 말한다.
11 무릇 소상所相의~모두 허망하도다 : 『金剛經』에 이르기를, "모든 만물의 형상은 다 허망한 것이니 만약 모든 형상이 형상이 아님을 본다면 곧 여래를 보리라.(凡所有相。皆是虛妄。若見諸相非相。卽見如來。)"라고 하였다.
12 번와燔瓦 : 기와를 구움.

13 도의 큰~하늘에서 나왔다 : 중국 전한前漢 때 유학자인 동중서董仲舒의 말이다. 『董仲舒百二十三篇』.
14 진양晉陽 : 오늘날의 경상남도 진주를 말한다.
15 기원祇園 : 기원정사祇園精舍(祇洹精舍)라고도 한다. 인도 중부 사위성舍衛城 남쪽의 기수급고독원祇樹給孤獨園에 지은 절로, 부처님과 그 제자들이 설법하고 수도할 수 있도록 수달 장자須達長者가 기증하였다. 7층의 가람으로 웅장하고 화려하였는데, 당나라 현장玄奘이 그곳을 순례하던 당시에는 황폐하였다고 전한다.
16 화장해華藏海 : 화엄연화장華嚴蓮華藏의 세계로 불교 화엄 사상의 핵심이다. 현상계와 본체, 현상과 현상이 서로 대립하는 모습을 그대로 지니면서도 서로 융합하여 끝없이 전개하는 약동적인 큰 생명체라고 설명할 수 있다.
17 겸재謙齋 하河 선생 : 조선 중기 학자인 하홍도河弘度(1593~1666)를 말한다. 본관은 진주晉州, 자는 중원重遠이며, 겸재는 호이다. 어려서부터 효성이 지극하여 부모의 상을 정성껏 치렀으며, 옛 성현을 기약하여 스스로 몸가짐을 엄숙히 하였다. 광해군의 실정을 비판하였고, 인조반정 후 조정의 부름을 받았으나 사양하고 학문에만 힘썼다.
18 우禹·직稷 : 중국 고대 태평 시대를 열었던 순임금의 명신들이다.
19 위성渭城 : 장안 교외의 함양咸陽. 위수渭水에 임해 있기 때문에 위성이라고 한다. 여기서는 경상도 함양을 가리킨다.
20 한산寒山과 습득拾得 : 한산은 당나라 때 사람으로, 항상 천태 시풍현始豐縣 한암寒巖의 깊은 굴속에 있었으므로 한산이라 한다. 늘 국청사에 와서 습득과 함께 대중이 먹고 남은 밥을 얻어서 대통에 넣어 가지고 둘이 서로 어울려 한산으로 돌아가곤 하였다. 미친 듯한 행동을 하면서도 그의 말은 불도佛道의 이치에 맞았고, 또 시를 잘하였다. 어느 날 태주 자사台州刺史 여구윤閭丘胤이 한암에 찾아가 옷과 약 등을 주었더니, 한산은 큰 소리로 "도적놈아, 이 도적놈아, 물러가라." 하면서 굴속으로 들어갔는데 그 뒤로는 소식을 알 수 없었다고 한다. 세상에서 한산·습득·풍간豊干을 삼성三聖이라 부르며, 또 한산을 문수보살의 재현이라 한다.
21 무주암無住菴 : 『新增東國輿地勝覽』 권31 경상도 함양군 「佛宇」조에서는 무주암이 지리산에 있다고 하였다. "『補閑集』에 '승려 무기無己가 스스로 대혼자大昏子라 호하고 이 산에 숨었다. 장삼 하나로 30년 동안을 지냈고, 매년 겨울과 여름이면 나오지 않았다. 그는 허리를 새끼 띠로 감아 묶고서 봄가을이면 배를 두드리며 산을 유람하는데, 하루에 서너 말 밥을 먹었다. 한곳에 앉으면 반드시 열흘이 넘었고, 일어나 걸으면서 게偈를 지어 크게 읊었다. 산중에 70여 개 암자가 있는데, 한 암자에서 한 끼씩 먹으면서 게 한 수씩을 남겼다.'고 한다."
22 보조국사普照國師 : 지눌知訥(1158~1210). 속성은 정씨鄭氏, 호는 목우자牧牛子. 정혜결사定慧結社를 조직했다. 제자 수우守愚를 보내 송광산松廣山 길상사吉祥寺를 중창하게 했다. 1200년(신종 3) 정혜결사를 거조사에서 길상사로 옮기고 이후 11년간 그곳에 머무르며 결사 운동에 정진했다. 1205년(희종 1)에 길상사가 준공되자 왕은 이름을 '조계산曹溪山 수선사修禪社'로 고치게 하고 가사를 하사했다. 이곳이 지금의 조계산 송광사이다.
23 방장산方丈山 : 전라북도 정읍시와 고창군, 전라남도 장성군의 경계에 솟아 있다. 내장산의 서쪽 줄기를 따라 뻗친 능선 중 가장 높이 솟은 봉우리이다.

24 응진應眞 : 부처의 명을 받들어 세간에 영주永住하면서 정법正法을 수호하는 임무를 맡는다는 16인의 아라한을 말한다. 아라한은 ⓢ arhat의 음역으로, 세간의 대공양大供養을 받을 만한 성자라는 뜻이다. 대승大乘과 소승小乘을 막론하고 불교 최고의 과위果位를 얻은 자를 말하는데, 줄여서 나한羅漢이라 하고, 의역해서 응진이라고 한다. 불경이 한역漢譯된 이래로 대개 선종禪宗 사찰에서 신선의 모습으로 그 상을 조성하였으며, 이 십육나한에 달마다라 존자達磨多羅尊者와 포대 화상布袋和尙 혹은 강룡降龍·복호伏虎 두 존자를 합쳐서 십팔나한의 상을 조성하기도 하였다.
25 벽송碧松 대사 : 조선 전기 승려인 벽송 지엄碧松智儼. 전라북도 부안에서 태어나 20세에 무과에 장원급제하였다. 변방에서 수많은 전공을 세웠으나 관직을 버리고 벽계 정심碧溪淨心 대사를 찾아 57세에 지리산에 입산하였다. 벽송의 법은 부용 영관芙蓉靈觀 선사에게 이어지고 그 법이 다시 청허 휴정, 즉 서산 대사에게 이어졌다.
26 벽계碧溪 : 조선 전기 승려인 벽계 정심碧溪正心(淨心). 금산 사람으로 속성은 최씨이며 구곡 각운龜谷覺雲에게서 법을 이었다. 조선 전기 불교가 억압당하자 황악산에 들어가 고자동 물한리에 살았다. 선禪은 벽송 지엄碧松智儼에게 전하고 교敎는 정련 법준淨蓮法俊에게 전했다.
27 벽송암碧松庵 : 오늘날 경상남도 함양군 마천면 지리산 북쪽 칠선계곡 부근에 위치한 절이다.
28 주작朱雀 : 남쪽의 지세를 말한다.
29 괘방掛牓의 형국 : 과거에 급제하여 벼슬아치가 많이 배출될 수 있는 지세를 말한다.
30 징사徵士 : 나라의 부름을 받았으나 응하지 않고 재야에 은거하는 선비.
31 진감眞鑑 : 신라 후기 고승인 혜소慧昭(774~850)의 시호. 속성은 최씨, 전주 금마金馬 사람. 부모를 일찍 여의고 불법을 구하려는 뜻이 간절하였다. 804년 배를 타고 당나라 창주滄州에 가서 신감神鑑에게 출가하니, 얼굴이 검다 하여 흑두타黑頭陀라 불렸다. 810년 숭산 소림사에서 구족계를 받고, 앞서 당나라에 가 있던 도의道義를 만나 함께 다니다가, 도의는 먼저 귀국하고 스님은 종남산에서 3년 동안 지관을 닦은 뒤에 길거리에서 짚신을 삼아 3년 동안 오가는 사람들에게 보시하였다. 830년 귀국하여 상주 노악산의 장백사에 있다가 지리산으로 가서 화개곡의 삼법 화상三法和尙 난야蘭若의 옛 터에 절을 지었다. 838년 민애왕이 즉위하여 만나기를 청하였으나 응하지 않으므로 사신을 보내어 혜소라 호하고, 다시 서울로 오도록 하였으나 가지 않았다. 뒤에 남령南嶺에 절을 지어 옥천사라 하고, 육조六祖의 영당影堂을 세웠다. 문성왕 12년(850)에 나이 77세, 법랍 41세로 입적하였으며, 헌강왕이 '진감眞鑑'이라는 시호를 내리고 탑호를 대공영탑大空靈塔이라 하여 탑을 세웠다. 정강왕 때 옥천사를 쌍계사라 고치고, 최치원崔致遠으로 하여금 글을 지어 세운 국보 제47호 쌍계사진감선사대공탑비雙磎寺眞鑑禪師大空塔碑가 지금 경상남도 하동군 화개면 운수리 쌍계사에 전한다.
32 고운孤雲 최치원崔致遠(857~?) : 통일신라 말기의 학자·문장가. 자는 고운·해운海雲. 12세에 당나라에 유학하여 과거에 급제하고 '황소黃巢의 난'이 일어나자 격문檄文을 써서 이름을 높였다. 저서에 『桂苑筆耕』, 『四六集』 등이 있다.
33 조남명曺南溟 : 조선 중기 학자인 조식曺植(1501~1572). 자는 건중楗仲(健中)이며, 남명南冥은 호이다. 여러 차례 벼슬이 내려졌으나 성리학 연구와 후진 양성에만 전념하였다. 저서에 『南冥集』, 『南冥學記』, 『破閑雜記』가 있고, 『海東歌謠』와 『靑丘永言』에

시조 3수가 전한다.
34 대동大同 12년 : 대동 10년이다.
35 자장慈藏 : 신라 시대 고승. 속성은 김씨金氏, 속명은 선종랑善宗郎. 신라의 진골 소판 무림蘇判茂林의 아들이다. 636년(선덕여왕 5) 왕명으로 승실僧實 등 제자 10명과 당唐나라로 가서 청량산淸凉山에서 문수보살 앞에 기도하고 가사袈裟와 사리舍利를 받았다. 그 뒤 종남산終南山 운제사雲際寺에서 도를 닦고 화엄종華嚴宗의 두순杜順과 계율종戒律宗의 도선道宣에게 배운 뒤, 643년 『大藏經』 1부와 불구佛具 등을 가지고 귀국하였다. 분황사芬皇寺에 머무르면서 궁중에서 『大乘論』을, 황룡사皇龍寺에서 『菩薩戒本』을 강론하자 나라에서 대국통大國統을 삼아 승려들의 일체 규범을 맡게 하였다. 646년 통도사通度寺를 창건하여 계율종戒律宗을 펴는 한편 그곳에 금강계단金剛戒壇을 쌓고 가사와 사리를 모시어 대중을 교화하고, 여러 곳에 사탑을 세웠다. 『華嚴經』을 강론하여 화엄 교법을 천명하였다.
36 도선道詵(827~898) : 통일신라 말기의 승려. 풍수지리설의 대가로, 그의 음양지리설과 풍수상지법風水相地法은 고려와 조선 시대에도 큰 영향을 끼쳤다. 저서에 『道詵秘記』 등이 있다.
37 의상義相(625~702) : 통일신라 시대 경상남도 양산 지역에서 활동하며 화엄종을 개창한 승려. 속성은 김씨이며, 김한신金韓信의 아들로서 계림부鷄林府 사람이다. 저서로 『華嚴一乘法界圖』 등이 있다.
38 철면자鐵面子 : 조선 중기 승려인 중관 해안中觀海眼(1567~?)의 별호. 전라남도 무안 출신. 어려서부터 총명하여 신동이라 불렸다. 처음에 처영處英을 은사로 하여 득도하였으나 뒤에 휴정休靜의 문하에서 참학參學하여 심인心印을 받았다. 임진왜란이 일어나자 그해 영남 지방에서 의승을 일으켰고, 전공을 세워 총섭摠攝이 되었다. 전란 후 지리산 화엄사에 있으면서 대화엄종주大華嚴宗主로서 법화法化를 폈다. 저서로는 『中觀大師遺稿』 1책, 『竹迷記』 1책, 『華嚴寺事蹟』 1책, 『金山寺事蹟』 1책 등이 있다.
39 옛 기록이~기록하지 않았다 : 철면자가 쓴 화엄사·금산사 사적기와 대흥사 사적기인 『竹迷記』는 그 내용이 동일하다 이 때문에 경암은 불국사 사적인 『佛國寺古今創記』가 잘못 전해진 것으로 이해하였다. 옳은 지적이다.
40 백헌白軒 이 상국李相國 : 조선 중기 문신인 이경석李景奭(1595~1671)을 말한다. 백헌은 호. 청나라의 침략으로 위기에 처한 나라를 구하는 데 큰 공을 세웠으나, 삼전도비문을 작성한 일로 송시열 등 명분을 앞세우는 인물들에게서 비판을 받기도 했다. 이념과 정책은 숙종 대의 소론으로 연결된다.
41 능견난사能見難思 : 29점의 바리때 이름이다. 송광사 제6대 국사인 원감 국사 충지冲止(1226~1292)가 원나라에 다녀오면서 가져왔다고 전해진다. 제작 기법이 특이하여 어느 순서로 포개어도 크기가 오묘하게 딱 들어맞는다고 한다. 조선 숙종이 장인匠人에게 그와 똑같이 만들어 보도록 명하였으나 결국 실패하자 '보고도 못 만든다.'라는 의미로 왕이 친히 '능견난사能見難思'라는 이름을 지어 주었다고 전해진다.
42 영산 학수靈山鶴樹 : 인도 중부 구시나가라성 밖의 발제하跋提河 언덕에 있던 사라수림沙羅樹林의 별칭이다. 석존이 입멸하신 보상寶床의 네 귀에 4쌍雙 8본本의 사라수가 있었는데, 한 나무는 무성하고 한 나무는 말랐으므로 4영榮 4고苦라 하며, 또 그 잎이 말라 죽어서 흰 학鶴과 같은 색이 되었으므로 학림鶴林 또는 학수鶴樹라고 한다.

43 나옹懶翁 : 혜근惠勤(1320~1376). 태고 보우太古普愚와 함께 고려 말의 위대한 고승으로 일컬어지며, 조선 불교에도 큰 영향을 끼쳤다. 그림과 글씨에도 뛰어났으며, 노래를 많이 지어 문집인『懶翁集』에 수록되어 있다. 21세 때 친구의 죽음을 계기로 공덕산 묘적암의 요연了然에게 출가했다. 그 뒤 여러 사찰을 순력하다가 1344년(충혜왕 5) 양주 회암사에서 4년간 좌선하여 깨달음을 얻었다. 1347년(충목왕 3) 원나라로 건너가 연경 법원사에서 인도 승려 지공指空에게 배우고, 다시 자선사로 가서 처림處林의 법을 받았다. 공민왕의 간곡한 청으로 1361년 상경하여 내전에서 설법하고 신광사의 주지가 되었다.

44 무학無學 : 자초自超(1327~1405). 조선 최초이자 최후의 왕사이다. 18세에 출가하여 1353년(공민왕 2) 원元에 가서 인도 승려 지공指空(?~1363)과 고려 승려 나옹懶翁(1320~1376)의 가르침을 받고, 1356년에 귀국하여 천성산 원효암에 머물다가 태조가 즉위하자 왕사에 임명되었다.

45 대각국사大覺國師 : 의천義天(1055~1101). 아버지는 고려 제11대 왕인 문종, 어머니는 인예왕후仁睿王后 이씨이며, 넷째 아들로 태어났다. 11세에 출가하여 47세로 입적할 때까지 구법과 수행, 학문과 강학으로 일생을 보냈던 대표적 고승이자 학자이다.

46 제천諸天 : 원래는 하늘을 가리키는데 여기서는 암자를 가리킨다.

47 태화太和 : 신라 진덕여왕의 연호. 647~650년.

48 월성위月城尉 김 공金公 : 김한신金漢藎(1720~1758). 본관은 경주慶州. 자는 유보幼輔. 키가 크고 인물이 준수했으며 재주가 총명하였다. 특히 글씨를 잘 썼다. 1732년 영조의 둘째 딸 화순옹주和順翁主에게 장가들어 월성위月城尉에 봉해졌다. 추사 김정희의 증조부이기도 하다.

49 천감天監 : 양 무제의 연호. 502~519년.

50 겁화가 해저까지~항상 충만하리라 :『六祖大師法寶壇經』「機緣品」제7에 나오는 육조의 게송.

51 소양자搔癢子 : 등긁이로 오늘날의 효자손 같은 것이다. 양화자癢和子라고도 한다.

52 만력萬曆 : 명나라 신종의 연호. 1573~1619년.

53 건륭乾隆 : 청나라 고종의 연호. 1736~1795년.

54 동진의 혜원과~화상의 고사 : 염불 수행을 말한다. 혜원慧遠(334~416)은 동진東晉의 여산廬山에 주석했던 고승이다. 402년 혜원은 123인과 함께 여산 산중의 반야대般若臺에 있던 아미타불상 앞에서 염불 실천의 서원誓願을 세우고 염불행을 수행하였다. 신라의 발징發徵 화상은 758년(경덕왕 17) 건봉사乾鳳寺에 미타만일회彌陀萬日會를 설치하고, 지성으로 염불 수행하여 원성왕 12년 같이 정진하던 도반道伴 31명과 함께 허공으로 올라갔다고 한다. 이것이 우리나라 만일염불회의 효시이기도 하다.

55 하늘이 장차~목탁을 삼으리라 : 원문은 "天將以夫子爲木鐸."이다. 목탁은 나라에서 백성들에게 정책을 알릴 때 주의를 환기하기 위하여 친다. 하늘이 공자를 목탁으로 삼아 백성들을 가르치리라는 뜻이다.

56 리離 : 남쪽을 상징하며, 밝은 지혜를 나타낸다.

57 석도잠釋道岑 : 금강산 유점사의 주지이다.『淸溪集』「金剛山紀行錄」.

58 용사龍蛇의 변란 : 임진년(1592)과 계사년(1593년)의 난리를 말한다.

59 위음왕威音王 : 위음왕불[S] Bhīṣmagarjitasvara-rāja).『法華經』「常不輕菩薩品」에 나오며,

공겁空劫 때 맨 처음 성불한 부처님이다. '한없이 오랜 옛적', 또는 '맨 처음'이라는 뜻
으로도 쓰고, 종문宗門에서는 본분향상本分向上 실제이지實際理地의 뜻을 나타내는
말이다. 본문은 병화兵火로 절의 역사를 알 수 있는 흔적이 소멸되었음을 말한다.

60 팽택彭澤의 구름 : 팽택현彭澤縣 현령을 지낸 도연명陶淵明의〈歸去來辭〉에 "구름은
무심히 산골짝에서 나오고, 새는 날기에 지쳐서 돌아올 줄 아누나.(雲無心以出岫。鳥
倦飛而知還。)"라는 구절이 있다.

61 강동江東의 구름 : 두보杜甫가 이태백李太白을 보내는 시에 "위수의 북쪽에 봄날의
나무요, 강동의 해 저물 때의 구름이라.(渭北春天樹。江東日暮雲。)"라는 구절이 있다.
친구 간의 석별의 정을 말한다.

62 오마五馬 : 한漢나라 때 태수가 수레에 다섯 마리의 말을 매었기 때문에 태수를 뜻하
는 말이 되었다.

63 점필재佔畢齋 : 조선 전기 성리학자·문신인 김종직金宗直(1431~1492)의 호. 자는 계
온季昷. 세조 5년(1459) 문과에 급제하고 형조판서·지중추부사 등을 지냈다. 문장과
경술이 뛰어나 영남학파의 종조宗祖가 되었다. 그의「弔義帝文」은 뒷날 무오사화의 원
인이 되었다. 저서에『佔畢齋集』,『青丘風雅』등이 있다.

64 조신曺伸 : 조선 성종 때의 문인. 자는 숙분叔奮, 호는 적암適庵. 문장과 어학에 능하
여 사역원 정司譯院正으로 발탁되었고,『二倫行實圖』를 편찬하였다. 저서에『適庵詩
集』,『謏聞瑣錄』등이 있다.

65 유호인兪好仁(1445~1494) : 조선 성종 때의 문신. 자는 극기克己, 호는 임계林溪. 성종
5년(1474) 식년문과에 병과로 급제하여 여러 벼슬을 지냈으며,『東國輿地勝覽』편찬에
참여하였다. 시·문장·서예에 뛰어나 삼절三絶로 꼽혔다.

66 단서丹書 : 중국 고대의 황제皇帝와 전욱顓頊의 불로장생의 도道가 기재되어 있다
는 글.

67 두공부杜工部의 시어詩語 : 두보杜甫의 시

68 사악四岳 : 고대 중국에서, 사방의 네 큰 산인 동쪽의 태산泰山, 서쪽의 화산華山, 남
쪽의 형산荊山, 북쪽의 항산恒山을 총칭하는 말.

69 중니仲尼가 태산에 올라 :『孟子』에서 "공자께서 동산에 올라 노나라를 작게 여기시고,
태산에 올라서 천하를 작게 여기셨다.(孔子。登東山而小魯。登太山而小天下。)"라고 하
였다.

70 옛사람은 이별할~셋이 웃었는데 : 진晉나라 도연명陶淵明이 여산廬山 동림사東林寺
의 고승인 혜원惠遠과 교유했던 것을 말한다. 혜원이 객을 전송할 때에 사찰 밖의 호
계虎溪를 건너는 일이 없었는데, 도연명과 육수정陸修靜을 전송할 적에는 마음이 서
로 계합契合된 나머지 자신도 모르게 호계를 건넜으므로 세 사람이 함께 웃었다는 '호
계삼소虎溪三笑'의 고사가 전한다.『蓮社高賢傳』「百二十三人傳」.

71 당시에 좌천되는 어려움 : 한유韓愈가「論佛骨表」를 올려 불교를 비난하다 황제의 진
노를 사서 조주 자사潮州刺史로 좌천된 일을 말한다.

72 후세에도 옷을~주었다는 비난 : 한유가 조주潮州에서 태전太顚 스님을 만나 가르침
을 받고 떠날 때 옷을 남겨 존경을 표한 일을 말한다.

73 양묵楊墨 : 주周나라 말기의 학자인 양주楊朱와 묵적墨翟을 말한다. 양주는 극단의 이
기설利己說을 주장하였고 묵적은 극단의 겸애설兼愛說을 주장했는데, 이들은 모두 맹

자孟子에게 이단異端으로 배척 받았다.
74 변론을 좋아하고 : 맹자 당시에 외부인이 그렇게 칭하였다고『孟子』「滕文公章句 下」에 나온다.
75 장적張籍(767~830) : 당나라의 시인으로, 자는 문창文昌이며 강소성 소주蘇州 사람이다. 한유가 추천하여 장안 진사長安進士에 급제하였다. 국자사업國子司業 등을 지냈고, 시에 능하여 악부시로 이름이 났다. 현전하는 시 418수 중 70~80수가 악부시이며 그 외의 시도 대부분 민간의 고통을 반영하는 내용을 담고 있다. 저서에『張司業集』이 전한다.
76 양웅楊雄(B.C. 53~A.D. 18) : 전한前漢의 학자이자 문인으로, 자는 자운子雲이다. 성제成帝 때 궁정 문인이 되어 지은〈甘泉賦〉,〈河東賦〉등 화려하면서도 성제의 사치를 풍자하는 문장을 남겼고, 후에 왕망王莽 정권을 찬미하는 글을 써 후대에 비난을 받기도 하였다. 저서에『法言』,『太玄經』이 있다.
77 궁귀窮鬼 : 가난을 몰고 오는 귀신. 한유의「送窮文」에서, 자기를 괴롭히는 다섯 궁귀를 내쫓으려다가 궁귀들의 변론을 듣고서 다시 맞이하였다.
78 환퇴桓魋 : 송나라의 대신인 사마환퇴司馬桓魋를 말한다. 공자가 천하를 주유할 때 공자를 해치고자 공자가 강론하고 있던 자리의 나무를 베었다.
79 숙손叔孫 : 노나라의 권신인 숙손무숙叔孫武叔을 말한다. 공자가 죽은 후에 공자를 비방하였다.
80 석개石介 : 송나라 때의 유학자. 자는 수도守道. 과거에 급제하여 태자중윤太子中允에 임명되었으나 부모의 상喪을 당하여 물러났다. 문장의 폐단과 불교, 노장 사상의 폐해를 우려하여『怪說中國論』을 써서 이를 비판하였다.
81 소명 태자昭明太子(501~531) : 남북조시대 양梁나라 무제武帝의 황태자. 성은 소蕭, 이름은 통統, 자는 덕시德施. 소명은 시호이다. 불교를 숭상하고 문학을 좋아하여『正序』,『英華集』등의 저서를 남겼다.
82 손작孫綽 : 남북조시대의 문인.
83 우세남虞世南 : 당나라의 서예가·문인. 자는 백시伯施. 당 태종에게 중용되어 덕행·충직·박학·문사文詞·서한書翰의 오절五絶로 칭송받았으며, 특히 해서楷書의 일인자로 알려져 있다. 저서로『北堂書鈔』가 있다.
84 위징魏徵 : 당나라 초기의 공신·학자. 자는 현성玄成. 태종을 모시고 간의대부諫議大夫가 되어 태평성대를 이루니 이 시대를 '정관貞觀의 치治'라고 한다.
85 환퇴桓魋가 나무를 베었지만 : 주 78 참조.
86 이사李斯(?~B.C. 208) : 진晉나라의 정치가. 법가 사상을 이용하여 여러 나라를 병합하였다. 시황제의 승상丞相으로서 군현제 실시, 문자·도량형의 통일 등 제국의 확립에 공헌하였다. 시황제가 죽은 뒤 2세 황제를 옹립하고 권력을 잡았으나 조고趙高의 참소로 실각하여 처형되었다.
87 제바달다提婆達多 : 석존釋尊의 사촌 아우로, 성질이 포학하고 욕심이 많아서, 석존을 시기하여 그를 죽이려고까지 하는 등 못된 행동을 많이 자행하였다고 한다.
88 위 무제魏武帝 : 중국 삼국시대 위魏나라 시조인 조조曹操(155~220)를 말한다. '황건黃巾의 난'을 평정하는 데 공을 세워 두각을 나타내고, 동탁이 죽은 뒤 헌제를 옹립하여 실권을 장악하였다. 화북華北 평정 후 손권孫權·유비劉備의 연합군과 싸워 대패하

여 그 세력이 강남江南에는 미치지 못하였다. 뛰어난 문학가이기도 하여 이른바 건안 문학建安文學의 흥륭興隆에 기여하였다.

89 봉선제封禪祭 : 중국의 황제가 자신의 공적을 하늘과 땅에 알리고 복을 구하는 제사. 태산에서 거행하였다.

90 변계량卞季良(1369~1430) : 고려 말, 조선 초의 학자·정치가. 자는 거경巨卿, 호는 춘정春亭. 고려 말에 전교典校·주부注簿 등의 벼슬을 지냈고, 조선 시대에는 예조 판서·대제학 등을 지냈다. 저서에 문집『春亭集』등이 있다.

91 목은牧隱 이문정공李文靖公 : 이색李穡(1328~1396). 1380년(우왕 6) 문과에 급제 후 벼슬에 나아가 문하시랑평장사門下侍郎平章事에 이르렀으나 이성계가 조선을 건국한 뒤에는 두문동杜門洞에 은거하였다. 후에 유학을 강조하는 상소를 했다가 이것이 빌미가 되어 현재의 경상남도 의금도依金島에 유폐되었다. 다시 전라남도 여수 낙포로 이배移配되어 스스로를 고산孤山이라 하고, 여기에서 생을 마쳤다.

92 빙어氷魚의 일 : 서진西晉 사람 왕상王祥이 어려서부터 효성이 지극하였는데, 그의 계모 주씨朱氏가 겨울에 생선을 먹고 싶어 하므로 왕상이 옷을 벗고 얼음 위에 누워 얼음이 녹기를 기다리니, 얼음이 갑자기 갈라지면서 산 잉어가 뛰어나왔다는 고사를 말한다.

93 모의毛義 : 후한後漢의 효자. 여강廬江 사람으로, 집이 가난하고 어머니가 연로하였는데, 수령으로 삼는다는 격서가 오자 매우 기뻐하며 벼슬에 나아가니 사람들이 모두 천하게 여겼다. 그 후 어머니가 세상을 떠난 뒤 효렴孝廉으로 천거되었으나 나아가지 않자 비로소 사람들은 그가 벼슬길에 나아간 것이 어머니를 위해서였음을 알았다고 한다.『後漢書』권39「劉平等列傳」.

94 용문龍門 : 황하 상류의 용문이라는 곳에 삼단 폭포가 있는데, 해마다 봄에 잉어가 삼단 폭포를 거슬러 오르면 용이 되어 승천한다고 한다.

95 그 사람이~전하지 않는다면 :『周易』「繫辭」에 "진실로 그 사람이 아니면 도가 공으로 행해지지 않는다.(苟非其人, 道不虛行.)"라는 말이 있다.

96 육시六時 : 하루를 여섯으로 나눈 염불 독경의 시산. 곧 신조晨朝·일중日中·일몰日沒·초야初夜·중야中夜·후야後夜를 말한다.

97 구학口學 : '구이지학口耳之學'의 준말로, 보고 듣는 것만을 중시하는 얕은 학문.

98 지곡사智谷寺 : 경상남도 산청의 웅석봉(지리산 줄기)에 있는 사찰.

99 번개가 둘러싼 날(電繞之日) : 황제黃帝의 모친 부보附寶가 기祁 땅 들판에 나갔다가, 번개 불빛이 북두추성北斗樞星 주위를 감싼 것을 보고 잉태하여 황제를 낳았다는 '전요추광電繞樞光'의 고사를 말한다.『史記』「五帝本紀」.

100 물약勿藥의 효험 :『周易』에 "약을 쓰지 않아도 낫는 기쁨이 있다.(勿藥有喜)"라는 말이 있다.

101 삼연三緣 : 염불하는 이가 얻는 세 가지 인연. 중생이 마음을 일으켜 늘 염불하고, 부처님을 예배하고 생각하면 부처님은 이를 보고 듣고 알아서 부처님과 중생의 신身·구口·의意에서 서로 통한다는 친연親緣, 부처님은 항상 곁에서 모시고 보기를 원하는 이의 앞에 몸을 나타낸다는 근연近緣, 평생 동안 염불을 하면 끝없는 옛적부터 지은 죄업을 없애 주고 죽을 때 성중聖衆과 함께 와서 맞아 간다는 증상연增上緣을 말한다.

102 오성五星 : 수화목금토水火木金土. 이 다섯 별이 모이면 태평 시대가 열린다고 한다.
103 세성歲星 : 목성. 목성이 머무르는 나라는 복이 넘치므로 복성福星이라고도 한다.
104 가지加持 : '가加'는 가피加被, '지持'는 섭지攝持의 뜻으로, ① 부처님의 큰 자비가 중생에게 베풀어지고, 중생의 신심信心이 부처님의 마음에 감명되어 서로 어울림, ② 부처님의 삼밀三密의 연緣에 의해 중생의 삼업三業을 밝히는 것, ③ 부처님의 가피력을 입어 병·재난·부정·불길 등을 없애기 위해 수행하는 기도법 등을 말한다.
105 팔부八部의 신령 : 불법을 수호하는 여덟 신장神將. 용신팔부龍神八部라고도 한다. 천·용·야차·아수라·가루라·건달바·긴나라·마후라가를 이르며, 이 가운데 천과 용이 으뜸이므로 특히 천룡팔부라 한다.
106 삼대三坮의 춤 : 태평성대를 바란다는 말이다. 태계泰階는 삼태성三台星의 별로, 상태上台, 중태中台, 하태下台가 각각 두 개씩 여섯 개인데, 그것들이 제자리에 고르게 있으면 음양이 조화를 이루고 비바람이 순조로워 풍년이 들고 백성들이 편안해져 천하가 태평을 누린다고 한다.
107 남풍南風에 오현금五絃琴 : 옛날에 순임금이 남풍이 불어오자 오현금을 연주하며 백성들이 잘 살기를 축원하는 노래를 불렀다고 한다.
108 우리 임금의 아들이라 노래하게 : 우임금이 죽자 우임금의 아들과 대신인 익益이 천자의 자리를 서로 사양하여 피하였다. 이때 백성들이 모두 우임금의 아들인 계啓에게로 가서 우리 임금님의 아들이라 칭송하여 천자로 받들었다.
109 선인宣仁 태후 : 북송 6대 황제 신종의 어머니. 1085년 신종이 죽고 철종哲宗(재위 1085~1100)이 즉위하자 선인 태후가 수렴청정하여 사마광司馬光(1019~1086) 등의 구법당 세력을 등용해 신법을 차례로 폐지하였다. 그 뒤 1093년 선인 태후가 죽고 철종이 친정親政을 하면서 신법이 다시 실시되기도 하였지만, 신법당과 구법당의 당쟁이 격화되어 정치가 혼란에 빠지면서 큰 성과를 거두지는 못하였다.
110 태사太姒 : 주나라의 성왕聖王인 문왕文王의 어머니.
111 강원姜嫄 : 주나라의 시조인 후직后稷의 어머니.
112 문성文成과 난대欒大 : 한나라 때의 방사方士로서 황제를 현혹하여 부귀영화를 누리다가 죽음을 당했다.
113 아뇩보리阿耨菩提 : 아뇩다라삼먁삼보리(Ⓢ znuttara-samyak-saṃbodhi)의 준말. 아뇩삼보리·아뇩보제라고도 한다. 무상정등정각無上正等正覺·무상정등각無上正等覺 등으로 번역하며, 불과佛果의 지혜를 말한다. 아뇩다라는 무상無上을 뜻하고, 삼먁삼보리는 정변지正遍智 또는 정등정각이라 번역하는데 앞의 것은 구역舊譯이고 뒤의 것은 신역新譯이다. 신역을 줄여서 정각正覺이라 하는데, 범부가 깨닫지 못한 데 대하여 미계迷界를 여의고 각지覺知가 원만하여 일체의 진상을 모두 아는 부처님의 완벽한 깨달음의 경지를 말한다.
114 천제闡提(Ⓢ icchantika) : 일천저가一闡底柯·일천제가一闡提伽·일전가一顚迦를 줄여서 이르는 말. 단선근斷善根·신불구족信不具足이라 번역하여 성불할 성품이 없는 이를 뜻한다.
115 오교五敎 : 부처님의 일대 교설을 5종으로 분류한 것. 당나라 정관貞觀 때 중국에 온 파파밀다라의 설을 들자면, 사제교四諦敎(『아함경』)·무상교無相敎(『반야경』)·관행교觀行敎(『화엄경』)·안락교安樂敎(『열반경』)·수호교守護敎(『대집경』)로 구분한다.

116 지욱智旭(1599~1655) : 명나라의 천태종 승려. 호는 팔불도인八不道人, 자는 우익藕益. 처음 이름은 제명際明이고, 자는 진지振之, 속성은 종鍾씨로, 오현吳縣 목독木瀆 사람이다. 처음에 유교를 배우고 「闢佛論」 수십 편을 지어 불교를 크게 비판하다가 『地藏菩薩本願經』과 『首楞嚴經』 등을 보고 발심하여 1621년 감산 덕청憨山德淸의 문인 설령雪嶺에게 출가하였다. 운서사에서 『唯識論』의 강설을 듣고, 『首楞嚴經』의 종지와 모순됨을 의심하고 좌선을 공부하여 불법에 두 길이 없음을 알았다. 당시 계율이 쇠락해 가는 것을 한탄하고, 율을 일으키려는 뜻을 세우고 먼저 『梵網經』을 주해하기 위해 천태학을 연구하였으며, 구화·온릉·장주 등지로 다니면서 천태종을 선양하며 여러 경·논을 주석하다가 영력 9년 57세를 일기로 입적하였다. 저서로는 『楞嚴經玄義』, 『梵網經合註』, 『閱藏知津』 등 30여 부가 있다.

117 일우법一雨法 : 하늘의 비가 만물을 차별 없이 평등하게 적셔 주듯이 부처님의 법도 중생을 인도한다는 뜻이다.

118 육십이견六十二見 : 외도의 여러 주장을 분류하여 62종으로 한 것. ① 본겁본견本劫本見·말겁말견末劫末見에 대한 여러 가지 말을 62종으로 나눈 것. 곧 본겁은 과거시, 본견은 과거에서 상견常見을 일으킨 것이며, 말겁은 미래, 말견은 미래세에서 단견斷見을 일으킨 것인데, 본겁본견의 설을 18로, 말겁말견의 설을 44종으로 하여 62견으로 분류한 것. ② 과거·현재·미래의 삼세三世에 각각 오온五蘊이 있어, 공하여 15가 되고, 낱낱이 4구句의 이견異見이 있어 합하여 60견見이 되고, 근본인 단斷·상常 2견을 더한 것. ③ 오온. 삼세의 곱하는 것은 ②와 같고, 4구의 방식을 달리하여 이 4구로써 삼세의 오온에 일관하여 62견으로 한 것.

119 대혜 종고大慧宗杲(1089~1163) : 12세기 중국 승려. 자는 담해曇海, 호는 묘희妙喜·운문雲門, 시호는 보각선사普覺禪師. 원오 극근圜悟克勤의 법사法嗣로서 사대부들에게서도 숭앙과 존경을 받았다. 제자로는 사대부인 장구성張九成 등이 있었는데, 제자로 인해 정쟁政爭에 휘말려 형산衡山에 유배되었다. 유배지에서 『正法眼藏』을 저술하였다. 그 후 효종제孝宗帝의 귀의歸依를 받았으며, 대혜 선사大慧禪師라는 호를 받게 되었다. 간화선看話禪의 독창적인 전기로 사상계에 큰 영향을 끼쳤다.

120 총상總相 : ① 화엄종 육상六相의 하나. 만유 제법이 저마다 다른 일체 만유를 포함한 것. ② 일체유위법에는 총상과 별상이 있음. 무상無常·무아無我와 같이 일체에 통하는 것을 총상이라 하고, 땅의 굳은 것, 물의 젖는 것과 같은 것은 별상이라 한다.

121 오념五念 : 아미타불의 정토에 왕생하는 행업行業을 5문門으로 나눈 것. 곧 예배문禮拜門·찬탄문讚歎門·작원문作願門·관찰문觀察門·회향문廻向門을 말한다. 오념문五念門이라고도 한다.

122 오장五障 : (1) 여자가 가진 다섯 가지 장애. ① 범천왕梵天王이 되지 못함. ② 제석帝釋이 되지 못함. ③ 마왕魔王이 되지 못함. ④ 전륜성왕轉輪聖王이 되지 못함. ⑤ 부처가 되지 못함. (2) 보살이 수도를 하는 데 장애가 되는 다섯 가지 장애. 곧 악도장惡道障·빈궁장貧窮障·여신장女身障·형잔장形殘障·희망장喜忘障. (3) 선근善根에 방해가 되는 다섯 가지 장애. 곧 기欺·태怠·진瞋·한恨·원怨. 오애五礙라고도 한다.

123 오탁五濁 [S] pañca-kaṣāya : 세상의 다섯 가지 더러움. 오재五滓·오혼五渾이라고도 한다. ① 겁탁劫濁−감겁減劫 중에 사람의 수명이 줄어 30세에 기근, 20세에 질병, 10세에 전쟁이 일어나는 등의 재액. ② 견탁見濁−말법末法 시대에 이르러 사악한 사상

과 견해가 무성하게 일어나 더러움이 넘쳐흐름. ③ 번뇌탁煩惱濁-사람의 마음이 번뇌에 가득하여 흐려짐. 혹탁惑濁. ④ 중생탁衆生濁-사람이 악한 행위만을 행하여 인륜 도덕을 돌아보지 않고, 나쁜 결과를 두려워하지 않는 것. 유정탁有情濁. ⑤ 명탁命濁-인간의 수명이 점점 단축되는 것. 수탁壽濁.

124 서방에 성인이~수가 없다 : 『列子』제4「仲尼」에 나오는 말이다. 다만 '그 이름이 부처이다.'라는 표현은 없다. 공자는 "서쪽 지방에 성인이 있었습니다. 다스리지 않아도 어지러워지지 않았고, 말하지 않아도 저절로 신망信望이 있고, 교화敎化하지 않아도 스스로 행하며, 넓고 넓어 백성들이 무어라고 이름 짓지 못했습니다.(西方之人。有聖者焉。不治而不亂。不言而自信。不化而自行。蕩蕩乎民无能名焉。)"라고 하였다.

125 환암喚庵 화상 : 영조 48년(1772)에 문곡文谷 대사와 함께 경상남도 함양의 지리산 기슭에 있는 영원암靈源庵에서 만일회萬日會를 개최한 바 있다. 『樊巖集』권57「文谷大師碑銘」.

126 임제臨濟 : 당나라 선승인 의현義玄(?~867). 임제종臨濟宗의 개조開祖. 속성은 형邢. 시호는 혜조선사慧照禪師. 조주曹州 남화南華 사람으로, 어릴 때부터 총명하여 불교를 좋아하고, 출가한 후 제방諸方에 다니면서 경론을 탐구하였다. 계율에 정통하였고 황벽 희운黃檗希運의 법을 이었다. 나중에 하북河北 진주성의 동남 호타하반滹沱河畔의 작은 절에 있으면서 임제원臨濟院이라 이름하였다. 태위太尉 묵군화墨君和가 성중에 있는 집으로 절을 삼고, 스님을 청하여 머물게 하며 또 임제라 하였다. 후에 대명부의 홍화사에 옮겼다가 함통 8년 4월에 입적하였다. 저서로는 『臨濟慧照禪師語錄』1권이 있다.

127 포살범망회布薩梵網會 : 승가에서 보름마다 모여 계경戒經을 설하여, 어긴 일이 있으면 참회하여 선을 기르고 악을 없애는 일.

128 소순蔬筍의 기미 : 채식을 하는 사람이 지은 시를 말한다. 소식이 일찍이 도잠陶潛의 시를 평하여 "한 점 소순의 기미가 없다."라고 일컬었다. 『宋人軼事彙編』.

찾아보기

금강산金剛山 / 165
금대암金臺庵 / 180

다솔사多率寺 / 197
대원암大源庵 / 172, 176
덕유산德裕山 / 195
도솔암兜率庵 / 142

무주암無住庵 / 178
무학無學 / 235

백련암白蓮庵 / 81
번암樊巖 / 121
법화암法華庵 / 161
벽송사碧松社 / 264
벽송암碧松庵 / 182
불공소佛供疏 / 252, 254, 256
불일암佛日庵 / 187

사성암四聖庵 / 190
서봉사棲鳳寺 / 106
선암사仙巖寺 / 194
송광사松廣寺 / 191
승안사承安寺 / 35
쌍계사雙溪寺 / 34, 209

안심암安心庵 / 249
여암旅庵 / 125
여와餘窩 / 132
역암櫟庵 / 138
영원암靈源庵 / 201
오대산五臺山 / 196
옥천사玉泉寺 / 170, 174
운흥사雲興寺 / 93
은신암隱身庵 / 59

지리산智異山 / 207
진허振虛 / 42

칠불암七佛庵 / 184, 262

퇴암退庵 / 73

풍암楓巖 / 130

해인사海印寺 / 168
화봉華峯 / 249
『화엄경華嚴經』/ 207
화엄사華嚴寺 / 189
화장암華藏庵 / 188

한글본 한국불교전서

조·선·출·간·본

조선 1 작법귀감
백파 긍선 | 김두재 옮김 | 신국판 | 336쪽 | 18,000원

조선 2 정토보서
백암 성총 | 김종진 옮김 | 4X6판 | 224쪽 | 12,000원

조선 3 백암정토찬
백암 성총 | 김종진 옮김 | 4X6판 | 156쪽 | 9,000원

조선 4 일본표해록
풍계 현정 | 김상현 옮김 | 4X6판 | 180쪽 | 10,000원

조선 5 기암집
기암 법견 | 이상현 옮김 | 신국판 | 320쪽 | 18,000원

조선 6 운봉선사심성론
운봉 대지 | 이봉춘 옮김 | 4X6판 | 200쪽 | 12,000원

조선 7 추파집·추파수간
추파 홍유 | 하혜정 옮김 | 신국판 | 340쪽 | 20,000원

조선 8 침굉집
침굉 현변 | 이상현 옮김 | 신국판 | 300쪽 | 17,000원

조선 9 염불보권문
명연 | 정우영·김종진 옮김 | 신국판 | 224쪽 | 13,000원

조선 10 천지명양수륙재의범음산보집
해동사문 지환 | 김두재 옮김 | 신국판 | 636쪽 | 28,000원

조선 11 삼봉집
화악 지탁 | 김재희 옮김 | 신국판 | 260쪽 | 15,000원

조선 12 선문수경
백파 긍선 | 신규탁 옮김 | 신국판 | 180쪽 | 12,000원

조선 13 선문사변만어
초의 의순 | 김영욱 옮김 | 4X6판 | 192쪽 | 11,000원

조선 14 부휴당대사집
부휴 선수 | 이상현 옮김 | 신국판 | 376쪽 | 22,000원

조선 15 무경집
무경 자수 | 김재희 옮김 | 신국판 | 516쪽 | 26,000원

조선 16 무경실중어록
무경 자수 | 성재헌 옮김 | 신국판 | 340쪽 | 20,000원

조선 17 불조진심선격초
무경 자수 | 성재헌 옮김 | 신국판 | 168쪽 | 11,000원

조선 18 선학입문
김대현 | 성재헌 옮김 | 신국판 | 240쪽 | 14,000원

조선 19 사명당대사집
사명 유정 | 이상현 옮김 | 신국판 | 508쪽 | 26,000원

조선 20 송운대사분충서난록
신유한 엮음 | 이상현 옮김 | 신국판 | 324쪽 | 20,000원

조선 21 의룡집
의룡 체훈 | 김석규 옮김 | 신국판 | 296쪽 | 17,000원

조선 22 응운공여대사유망록
응운 공여 | 이대형 옮김 | 신국판 | 350쪽 | 20,000원

조선 23 사경지험기
백암 성총 | 성재헌 옮김 | 신국판 | 248쪽 | 15,000원

조선 24 무용당유고
무용 수연 | 이상현 옮김 | 신국판 | 292쪽 | 17,000원

조선 25 설담집
설담 자우 | 윤찬호 옮김 | 신국판 | 200쪽 | 13,000원

조선 26 동사열전
범해 각안 | 김두재 옮김 | 신국판 | 652쪽 | 30,000원

조선 27 청허당집
청허 휴정 | 이상현 옮김 | 신국판 | 964쪽 | 47,000원

조선 28 대각등계집
백곡 처능 | 임재완 옮김 | 신국판 | 408쪽 | 23,000원

조선 29 반야바라밀다심경략소연주기회편
석실 명안 엮음 | 강찬국 옮김 | 신국판 | 296쪽 | 17,000원

| 조선 30 | 허정집
허정 법종 | 성재헌 옮김 | 신국판 | 488쪽 | 25,000원

| 조선 31 | 호은집
호은 유기 | 김종진 옮김 | 신국판 | 264쪽 | 16,000원

| 조선 32 | 월성집
월성 비은 | 이대형 옮김 | 4X6판 | 172쪽 | 11,000원

| 조선 33 | 아암유집
아암 혜장 | 김두재 옮김 | 신국판 | 208쪽 | 13,000원

| 조선 34 | 경허집
경허 성우 | 이상하 옮김 | 신국판 | 572쪽 | 28,000원

| 조선 35 | 송계대선사문집·상월대사시집
송계 나식·상월 새봉 | 김종진·박재금 옮김 | 신국판 | 440쪽 | 24,000원

| 조선 36 | 선문오종강요·환성시집
환성 지안 | 성재헌 옮김 | 신국판 | 296쪽 | 17,000원

| 조선 37 | 역산집
영허 선영 | 공근식 옮김 | 신국판 | 368쪽 | 22,000원

| 조선 38 | 함허당득통화상어록
득통 기화 | 박해당 옮김 | 신국판 | 300쪽 | 18,000원

| 조선 39 | 가산고
월하 계오 | 성재헌 옮김 | 신국판 | 446쪽 | 24,000원

| 조선 40 | 선원제전집도서과평
설암 추붕 | 이성희 옮김 | 신국판 | 338쪽 | 20,000원

| 조선 41 | 함홍당집
함홍 치능 | 성재헌 옮김 | 신국판 | 348쪽 | 21,000원

| 조선 42 | 백암집
백암 성총 | 유호선 옮김 | 신국판 | 544쪽 | 27,000원

| 조선 43 | 동계집
동계 경일 | 김승호 옮김 | 신국판 | 380쪽 | 22,000원

| 조선 44 | 용암당유고·괄허집
용암 체조·괄허 취여 | 김종진 옮김 | 신국판 | 404쪽 | 23,000원

| 조선 45 | 운곡집·허백집
운곡 충휘·허백 명조 | 김재희·김두재 옮김 | 신국판 | 514쪽 | 26,000원

| 조선 46 | 용담집·극암집
용담 조관·극암 사성 | 성재헌·이대형 옮김 | 신국판 | 520쪽 | 26,000원

신·라·출·간·본

| 신라 1 | 인왕경소
원측 | 백진순 옮김 | 신국판 | 800쪽 | 35,000원

| 신라 2 | 범망경술기
승장 | 한명숙 옮김 | 신국판 | 620쪽 | 28,000원

| 신라 3 | 대승기신론내의약탐기
태현 | 박인석 옮김 | 신국판 | 248쪽 | 15,000원

| 신라 4 | 해심밀경소 제1 서품
원측 | 백진순 옮김 | 신국판 | 448쪽 | 24,000원

| 신라 5 | 해심밀경소 제2 승의제상품
원측 | 백진순 옮김 | 신국판 | 508쪽 | 26,000원

| 신라 6 | 해심밀경소 제3 심의식상품 제4 일체법상품
원측 | 백진순 옮김 | 신국판 | 332쪽 | 20,000원

| 신라 12 | 무량수경연의술문찬
경흥 | 한명숙 옮김 | 신국판 | 800쪽 | 35,000원

| 신라 13 | 범망경보살계본사기 상권
원효 | 한명숙 옮김 | 신국판 | 272쪽 | 17,000원

| 신라 14 | 화엄일승성불묘의
견등 | 김천학 옮김 | 신국판 | 264쪽 | 15,000원

| 신라 15 | 범망경고적기
태현 | 한명숙 옮김 | 신국판 | 612쪽 | 28,000원

| 신라 17 | 대승기신론소기회본
원효 | 은정희 옮김 | 신국판 | 536쪽 | 27,000원

| 신라 18 | 미륵상생경종요 외
원측 | 성재헌 외 옮김 | 신국판 | 420쪽 | 22,000원

| 신라 19 | 대혜도경종요 외
원효 | 성재헌 외 옮김 | 신국판 | 256쪽 | 15,000원

신라 20 열반종요
원효 | 이평래 옮김 | 신국판 | 272쪽 | 16,000원

고 · 려 · 출 · 간 · 본

고려 1 일승법계도원통기
균여 | 최연식 옮김 | 신국판 | 216쪽 | 12,000원

고려 2 원감국사집
충지 | 이상현 옮김 | 신국판 | 480쪽 | 25,000원

고려 3 자비도량참법집해
조구 | 성재헌 옮김 | 신국판 | 696쪽 | 30,000원

고려 4 천태사교의
제관 | 최기표 옮김 | 4X6판 | 168쪽 | 10,000원

고려 5 대각국사집
의천 | 이상현 옮김 | 신국판 | 752쪽 | 32,000원

고려 6 법계도기총수록
저자 미상 | 해주 옮김 | 신국판 | 628쪽 | 30,000원

고려 7 부제존자삼종가
고봉 법장 | 하혜정 옮김 | 4X6판 | 216쪽 | 12,000원

고려 8 석가여래행적송·천태말학운묵화상경책
운묵 무기 | 김성옥·박인석 옮김 | 신국판 | 424쪽 | 24,000원

고려 9 법화영험전
요원 | 오지연 옮김 | 신국판 | 264쪽 | 17,000원

고려 10 남명천화상송증도가사실
□련 | 성재헌 옮김 | 신국판 | 418쪽 | 23,000원

※ 한글본 한국불교전서는 계속 출간됩니다.

경암 응윤鏡巖應允
(1743~1804)

속성은 여흥驪興 민씨閔氏로 영남의 거족 출신이다. 처음 법명은 관식慣拭인데 뒤에 응윤應允으로 고쳤다. 집이 경호鏡湖에 있었기 때문에 사람들이 호를 '경암'이라고 하였다. 어려서 부모를 여의고 15세에 입산하여 진희震熙 장로를 만나 삭발하고, 한암寒巖 화상에게 구족계를 받았다. 여러 산문의 스님들을 두루 참배하고 추파 홍유秋波泓宥(1718~1774)의 문하로 들어갔다. 28세에 개당開堂하여 20여 년 대중을 교화한 후, 환암喚庵 화상을 좇아 선지禪旨를 받았다. 이에 사방의 학자가 양종兩宗의 대종사大宗師로 칭송하였다. 말년에는 여러 번 포살범망회布薩梵網會를 개설하여 사부대중이 운집하니, 모두들 당대 총림의 최고 설법으로 여겼다. 1743년(영조 19)에 태어나 1804년(순조 4) 1월 13일에 입적하였다.

옮긴이 김재희

전남대학교 중어중문학과를 졸업하고 한학자 만취晩翠 위계도魏啓道 선생으로부터 가르침을 받았다. 현재 광주 백천서당百千書堂에서 학생들을 지도하며, 연세대학교 국학연구원 전문연구원으로 재직중이다. 역서로『삼봉집三峯集』이 있다.

증의
이내형(동국대학교 불교학술원 교수)